德国学前教育 STEM 系列丛书

技术教育

德国学前儿童

【德】瓦西里奥斯·伊曼努埃尔·费纳科斯　主编

滕薇 等　译

华东师范大学出版社

·上海·

图书在版编目（CIP）数据

德国学前儿童技术教育/【德】瓦西里奥斯·伊曼努埃尔·费纳科斯主编；滕薇等译—上海：华东师范大学出版社，2020
ISBN 978-7-5675-9935-2

Ⅰ.①德…　Ⅱ.①瓦…②滕…③纪…　Ⅲ.①学前教育–教学参考资料　Ⅳ.①G613

中国版本图书馆CIP数据核字（2020）第052913号

Natur–Wissen schaffen. Band 4 Frühe technische Bildung
By Fthenakis, W. E., Wendell, A., Daut, M., Eitel, A.& Schmitt, A.
Copyright 2009 Bildungsverlag EINS GmbH, Troisdorf
Chinese Translation Copyright 2020 by East China Normal University Press Ltd.
All rights reserved.

上海市版权局著作权合同登记图字：09-2014-793号

德国学前儿童技术教育

主　　编　【德】瓦西里奥斯·伊曼努埃尔·费纳科斯
译　　者　滕　薇　纪永滨　马慧丽　严莉莉　赵丽韵
责任编辑　沈　岚
审读编辑　胡瑞颖　沈　岚
责任校对　张　沥　时东明
装帧设计　宋学宏　卢晓红

出版发行　华东师范大学出版社
社　　址　上海市中山北路3663号　邮编 200062
网　　址　www.ecnupress.com.cn
电　　话　021-60821666　行政传真 021-62572105
客服电话　021-62865537　门市（邮购）电话 021-62869887
地　　址　上海市中山北路3663号华东师范大学校内先锋路口
网　　店　http://hdsdcbs.tmall.com

印 刷 者　上海新华印刷有限公司
开　　本　787毫米×1092毫米　1/16
印　　张　16.5
字　　数　359千字
版　　次　2020年11月第1版
印　　次　2025年2月第2次
书　　号　ISBN 978-7-5675-9935-2
定　　价　98.00元

出 版 人　王　焰

（如发现本版图书有印订质量问题，请寄回本社客服中心调换或电话021-62865537联系）

目 录

1 及早开始的教育：技术教育从早期开始　　　7

2 技术教育涉及什么：基本立场　　　45

序一

在学前 STEM 教育目标与教学实施方案之间搭建桥梁

朱家雄　华东师范大学教育学部教授

华东师范大学出版社出版了由费纳科斯教授主编的"德国学前教育 STEM 系列丛书",让我为此写序。我不知道这是否是费纳科斯教授的要求,但我可以肯定的是,费纳科斯教授一定会乐于我为他的新书写序。

费纳科斯教授是欧洲最为著名的学前教育家之一,在欧洲乃至全世界极具名望,研究方向是学前教育和家庭教育。他曾获人类学、社会学和教育学 3 个博士学位,曾任德国巴伐利亚州国家学前教育研究所所长,在德国弗莱因大学、意大利布列瑟侬自由大学等多所高校任教。如今虽然他已年过八旬,却仍然活跃在世界学前教育的各种场合。

费纳科斯对我国的学前教育是十分关心的,他不仅将他自己的许多资源无私地贡献给了我们,还对我国学前教育事业的发展提出了许多有益的建议。我与费纳科斯相识已有二、三十个年头了,我们曾一起举办过许多国际学前教育学术研讨会,合作建立了中德合作研究基地,多次策划和组织了中德两国学前教育工作者的互访。

2017 年和 2018 年，由中国教育学会主办了以"学前 STEAM 教育的理论和实践"为主题的两次国际学术会议，费纳科斯作为会议主题报告的演讲者出席了会议，给学术研究的前沿带来了"新风"。

教育是面向未来的事业，学前教育要为培养能适应未来社会发展的人打好最底层的基础。当今，在整个世界范围内，包括学前教育在内的教育都在关注创客教育、STEAM 教育等，为的是培养能够应对未来的人。从字面上讲，S（Science）是科学，T（Technology）是技术，E（Engineering）是工程，M（Math）是数学，合并起来的缩写即 STEM；后来又加上了 A（Art，人文或艺术），成为 STEAM。从本质上讲，无论是 STEM 教育，还是 STEAM 教育，关注的都是科学、数学与生命之间的关联，而技术和工程则能使三者之间的关联成为"看得见、摸得着"的事情，对于培养未来能解决复杂问题的人，这是一种极具意义的教育方向和途径。

尽管在中小学，STEM 或 STEAM 教育开展得如火如荼，但是即使在国际上，学前阶段的 STEAM 教育仍然刚刚起步，而且很不成熟。这是因为在学前教育阶段，实施 STEAM 教育是非常困难的，既不可违背科学事实和规律，又不可违背儿童发展的需要和规律，在理论和实践两个方面要解决很多的问题。

费纳科斯教授主编的这套"德国学前教育 STEM 系列丛书"源起于他主持的一项联结了理论界与实践一线的长期研究项目——"构建自然知识"（Nature-Wissen Schaffen），从教育领域、方法学等不同的维度，从"自然科学教育""数学教育""技术教育""媒介教育""家庭教育""项目式学习""档案袋工具"等多方面展开学前阶段的 STEM 教育，为面向未来的学前教育展现了一幅精彩的画面。这套丛书系统地梳理了德国和世界上一些其他国家的教育实施方案，在此基础上加以总结和提炼，在面向未来的教育目标与幼儿教师的教学实施方案之间搭起了桥梁。

这套丛书既有理论高度，能反映学术研究领域的成果和最新动态，又具有教育实践的可操作性；既有广度，又有深度。我认为，只有像费纳科斯这样有深厚的理论基础、能把握发展方向、并富有实践经验的学者才能胜任这种书籍的主编。

2020 年 2 月 24 日

中国·上海

序二

我们可以向德国学前教育学什么?

孙进　北京师范大学国际与比较教育研究院教授

德国是制度化学前教育诞生的地方。世界上的第一所幼儿园便是由德国教育家福禄贝尔创办的。进入 21 世纪以来,德国在学前教育领域推行了一系列改革,其中之一便是大力提高学前教育的质量。

这套丛书的主编费纳科斯教授是德国享有盛誉的学前教育专家,也是德国学前教育改革的重要推动者。丛书旨在帮助幼儿教师学会设计和开展数学、技术、自然科学和媒介教育,帮助他们将教育大纲中的教学目标转变为日常教学实践,提高他们的专业化水平,进而提高学前教育的质量。

这套丛书不仅为读者提供了扎实的理论知识、实用的档案袋工具和丰富的实践案例,还通过对教学设计原则和项目教学法的详细说明,真正对其使用者做到了不只是授之以鱼,而是授之以渔。除了面向幼儿园教师之外,这套丛书中还有一本专门用来帮助父母改善家庭教育、在家庭中开展高质量教育的分册。

这套丛书在德国已经得到了学前教育工作者的高度认可,并被翻译为俄语和希腊语,引起了国际范围内的关注。如今,华东师范大学出版社慧眼独具,率先将这套丛书引入我国，值得欢迎和肯定。

这套丛书遵循并且很好地体现了德国学前教育的一些基本原则和理念。例如：儿童从一出生便具备了探索世界的兴趣和学习能力；学习不是对既有知识的传授和吸收，而是儿童和成人在互动中共同建构知识的活动；教育者不应独自掌控教育过程，而是要尊重儿童的兴趣和想法，让儿童充分参与教育活动的设计和实施；教育活动要以儿童的生活世界为起点，立足于儿童的日常生活体验；教育者要尊重儿童的个性化兴趣和发展水平差异，不能进行整齐划一的教育；学习的内容和方法要与儿童的年龄相适宜，不能进行超前教育；教师和父母都要有一种"积极的错误观"，允许儿童在探索中犯错误，让儿童学会应对错误与挫折，将其视为学习过程的重要部分，而不是一开始就从成人那里得到现成的答案或解决办法。这些原则和理念在我国也被视为是值得追求的教育理念。只不过，我们目前在实践层面做得还不是很好。这也正是我国学前教育可以向德国学习的地方。

我相信，中国的学前教育工作者和父母可以从这套丛书中收获到许多灵感和启发。希望大家能够立足于中国儿童的需求和生活世界，将这套丛书中行之有效的模式和经验加以本土化，为我国学前教育质量的提升以及儿童的健康发展做出卓越的贡献。

2020 年 2 月 20 日

德国·斯图加特

（左）德国电信基金会主席　克劳斯·金克尔（Klaus Kinkel）博士
（右）德国电信基金会总经理　埃克哈德·温特（Ekkehard Winter）博士

引言

德国电信基金会致力于研究德国教育的定位问题。基金会资助的项目集中在数学、信息科学、自然科学和技术领域，因为我们相信这些是最需要获得特别支持的领域。对于德国这样一个资源匮乏的国家，必须将已有的全部潜能开发到最大程度，才能长期保持自己的科技强国地位。

基金会活跃在系统性教育工作最开始的地方，即保教机构里。在基金会的支持下，幼教工作者和儿童通过"建构自然知识"（Nature-Wissen Schaffen）项目，增强了数学、自然科学、技术以及媒介运用方面的能力。基金会与幼教从业者一起密切合作，研发工具书，通过应用这些工具书，在保教机构的日常工作中落实具体的、可操作的教学计划。一个绝佳的例子就是您手上这本技术教育指南。它是本系列丛书中的一册，在它的帮助下，教师能在各类保教机构中更好地实施德国联邦各级政府制定的教育大纲。

未来，基金会还会为幼教从业者提供焦点话题的相关培训。我们倡议教师们开发与实践创新的做法，并将经验传递给其他感兴趣的保教机构。

作为一个公益性质的基金会，我们注重的是将经验和知识传递给尽可能多的从业者、父母以及儿童。

我们的目标是以德国电信基金会项目的方式促进思考与行动。欢迎您使用我们提供的工具书。

"建构自然知识"项目不来梅大学基地负责人
瓦西里奥斯·伊曼努埃尔·费纳科斯（Wassilios E. Fthenakis）教授

概述："建构自然知识"项目

儿童从出生起就开始体验科学技术的成果。他们使用触觉、嗅觉、听觉和视觉，感知由科学技术创造出的产品和科技行为的成果。早在儿童接触玩具和车轮等可运动的物体之前，他们就已经开始了对塑料、木头、布料等各种材料的体验和认知。他们尝试用这些材料去搭建、组合，并解决日常生活中的问题，比如，房屋的屋顶要怎样搭建才不会倒塌。研究成果显示，儿童一直是问题的解决者，而且在处理技术类问题的过程中，他们自身的能力也不断获得新的发展。培养儿童获得解决问题的能力，并不断巩固和发展，可以帮助他们获得基础认知，便于今后理解复杂的现象、解决复杂的问题，从而保证在科学技术日益更新的社会环境中，能够适应未来的生活。

目前，德国很多联邦州的教育教学都在一定程度上反映和体现出对技术教育的关注，加深儿童对科学技术的理解通常都被列入教育目标之一。但是在技术教育领域的教育目标和教育内容方面，联邦州与州之间却存在着明显的差异。为了实现教育大纲提出的要求，就需要对实施教学的教师在技术教育方面提供具体的指导和支持。

本系列丛书的出版目的

教育大纲提出的目标与教师的教学实施方案之间普遍存在着空白点。本系列丛书的出版目的在于：从元认知的层面对德国现有的、可应用的教育大纲进行系统化梳理，归纳教育目标和教育内容。这项系统化的工程还吸纳了国外同行的知识和经验，并反映了学术研究领域的成果和最新动态。所以，本系列丛书能够提供一个全德国通用的框架性范本，帮助实施教学的一线教师，将教育大纲的要求转化成具体可操作的施教方案和教学方法。

把指导性的教育大纲目标转化为具体的施教方案，还需要更多的信息支持和专业帮助。所以，本系列丛书引用和参考了最新的科研成果，帮助读者理解儿童的发展和教育过程的组织管理；介绍了日常教育行为和师生互动中教师需要了解的教育理论体系和教育原则；为了方便教师在教学过程中制定合适的、个性化的教学方案，本系列丛书还提供了教学法的指导。因为教育过程的成功依赖的是专业化指导，而非经验主义，所以，本系列提供了一般性和专业性的教学指导，以最大程度地辅助教师实现儿童发展和儿童学习过程的优化。我们希望这个系列的丛书能够为教师提供前所未有的专业的指导和帮助。

以上思路在《德国学前儿童技术教育》这本分册中体现得非常清晰：通过介绍全球范围的科研成果，呈现人类对技术进步的理解；引用和参考关于如何分解和实现教育目标的教学法；详细介绍能够体现有效的教育指导和优质的师生互动的教育原理和原则。本分册为教师提供了基础和全面的框架性方案，帮助他们在组织和实施教学的过程中获得指导和信心。本分册还提供了大量来自于实践的具体案例，指导教师如何开展早期技术教育。

本分册为教师提供了专业化的基础，指导他们将教育目标转化为科学有效的施教方案，而且这些知识和能力还将指导和丰富他们在其他专业领域的教学。

"建构自然知识"项目的教育理念

教育理念指导教育行为，是贯穿整个教育过程和制定一切教育方案的基础。本系列丛书的编写遵循并体现了跨学科和知识领域的通用教育理念。

本教育理念贯穿了本系列书目中的数学、自然科学、技术和媒介等领域，呈现在每一个领域的每一个章节中。以普遍的、共性的方式呈现出来，教师在应用中能够获得直观的反思经验，使理念深入他们的教育思维和行为。这些教育理念还指导他们获得超越领域的职业素养和教学能力，更好地组织和反思教学。

本系列丛书聚焦于数学、自然科学、媒介和技术等教育领域，贯穿于各个领域的教学组织方法都结合了元认知理论，在各分册中作了详细的介绍，也通过具体案例呈现了各个领域的实践操作。

"建构自然知识"项目概况

本系列丛书是德国电信基金会"建构自然知识"项目的成果之一。本项目遵循的目标是提高幼儿园的教学质量，帮助幼儿完成进入小学后在数学、自然科学、技术以及媒介运用能力方面的过渡。通过落实教育大纲中的这些教育领域的内容，从而提高学前教育的质量。在这一目标的指引下，项目的第一阶段（2006年9月－2008年8月）完成了以下3个子项目：

- 子项目1：整理数学、自然科学、技术和媒介领域的教育目标，开发能落实教育大纲的工具书；
- 子项目2：针对教学过程记录以及教学工作反馈，开发档案袋工具；
- 子项目3：搜集和整理来自教育实践的创新案例。

"建构自然知识"项目最初的核心服务对象是保教机构，也就是说项目主要针对的是幼儿园里的教育过程。让幼儿园教师接受能落实教育大纲的专业指导，是本项目最迫切的诉求。这也是"建构自然知识"项目在第一阶段的核心目标，即前几个系列开发时不能偏离的方向。

在这之后，我们开始强调，对教育进程的管理不仅仅适用于学前领域，或者通俗地说，不仅仅服务于典型的教育机构，而应在许多其他教育场所（首先是家庭）展开。这一观点在项目的第二阶段（2008年9月—2011年8月）被着重阐释。通过向父母提供学习手册，家庭作为教育场所之一所承载的功能被进一步强化。为此，我们将第一阶段里的材料系统地应用到实践中，同时由教育从业者开发出一套专业的培训模式。也就是以下三个子项目：

- 子项目4：应用工具书与档案袋工具；
- 子项目5：建立教师培训机制；
- 子项目6：加强家庭教育。

更多关于"建构自然知识"项目的信息请登录网站 www.natur-wissen-schaffen.de。

"建构自然知识"项目的多视角原则

对基础教育领域的出版物而言，仅仅关注知识点和专业发展动态是不够的，来自实践领域的一线教师的研究成果和经验，家庭等其他教育环境，尤其是幼儿本身都是不可忽视的关注视角。这一多视角原则将在本项目的一系列出版物中得到充分体现：除了反映专业教师的视角，也兼顾家庭和儿童的视角。

致　谢

参与项目试点的25所保教机构的专业人员以批判性的工作态度和丰富的

实践经验为本项目做出了突出的贡献，再次对他们，尤其是参与案例实施的教师们，致以最诚挚的感谢。

"建构自然知识"项目与位于慕尼黑的德国国家儿童早期教育研究所（IFP）合作，他们的工作人员也参与了本书的编写。特别感谢德国国家儿童早期教育所的负责人法宾纳·贝克尔·施托尔（Fabienne Becker-Stoll）女士（博士）以及工作人员埃娃·赖歇特·加沙哈梅（Eva Reichert-Garschhammer）女士和达格玛·温特哈尔特·扎尔威托（Dagmar Winterhalter-Salvatore）女士，她们都对本书提出了宝贵的专业意见。

本项目中的内容经以下专家审核、补充，在此我要特别感谢：柯思坦·伯恩（Kirsten Bohnen）女士（博士），伊穆嘉德·玛利亚·布尔车（Irmgard Maria Burtscher）女士（博士），露茨·费思尔（Lutz Fiesser）教授（博士），苏珊娜·柯博尔（Susanne Koerber）女士（博士）和卡若恩·瑞克（Karen Rieck）女士（博士）。

我还要感谢"建构自然知识"项目的专业顾问们的积极参与和卓越贡献，他们以专业的视角和多元的创意丰富和完善了本项目内容的编写。

特别感谢不来梅大学及其管理部门，尤其是校长维尔弗里德·米勒（Wilfried Mueller）教授（博士）、第 11、12 学院以及继续教育中心，感谢他们对项目执行上的参与和支持，包括提供了工作场地和基础设施。

感谢德国电信基金会的资金投入，他们在促进学前教育领域学习和成长进程中扮演了重要的角色。特别感谢德国电信基金会主席克劳斯·金克尔（Klaus Kinkel）先生（博士）、总经理埃克哈德·温特（Ekkehard Winter）先生（博士），尤其是负责具体项目的托马斯·施米特（Thomas Schmitt）先生以及基金会的其他成员（在此不一一具名感谢），正是他们不知疲倦的持续参与成就了这个项目。

《德国学前儿童技术教育》分册由阿斯特里德·文德尔（Astrid Wendell）女士（博士）主编。具体参与的编写者有：马里卡·道特（Marike Daut）女士（硕士）；安德烈亚斯·艾特尔（Andreas Eitel）先生（硕士）；安妮特·施米特（Annette Schmitt）女士（博士），法兰兹卡·费伦伯格（Franziska Fellenberg）女士（博士）。玛丽昂·伍尔夫（Marion Wulf）女士（博士）也为本书贡献了丰富的创意。我要对他们具有建设性的友好合作表示衷心感谢。我也感谢安德烈亚·白茨（Andrea Baitz）女士（项目助理）与达娜·普李立普（Dana Prielipp）女士（学生助理）对本项目的付出。

最后还要感谢 EINS 出版社[1]的精诚合作以及宝贵意见，促成了本书的最终出版面世。

希望未来的读者和应用本书的教师们，继续为本项目提供更加精彩和有创意的案例、专业的阐释以及可推广的教学方案，这些贡献也将进一步提高我们的教育质量，为孩子们提供更好的教育条件和机会。在此，我先向您致以感谢！

1　本系列丛书的德国出版方

1

及早开始的教育：
技术教育从早期开始

1 及早开始的教育：技术教育从早期开始

儿童从一出生就
开始体验技术

儿童在一个高速技术化的世界成长，而且从一出生就应用和体验着技术进步的成果。在时间的长河里，技术革命的成果解决了人类社会的很多问题，使我们的生活变得更加便捷。比如，儿童很小的时候就知道，水是自来水管送来的，出行可以搭乘汽车或者火车，家里有很多电器可以帮助我们分担家务，而玩具、电视机、计算机、电话机等物品都是技术进步的应用。

什么是技术?

技术，是人类自己创造的一个重要的生活领域。从远古的人类开始，人们就在利用技术创造和改善着自己的生活：人类远祖最早的技术行为是发明工具、搭建洞穴和房舍，随后人类的技术探索经历了漫长的发展过程。为了特定的目标，人类利用技术手段制造产品以满足工作、生存和业余生活的需求。为了制造各种产品，人类发明了工具、机器和设备。自然科学，尤其是物理学的知识被用在技术领域中解决特定的问题，然后转化为生产和制造产品的方法。从人类发明最初的劳动工具起，技术领域飞速发展，而这些技术发展又与自然科学的进步密不可分：

- 石头、木头、水泥、玻璃、金属等各种材料建成的房屋，决定了一个地域的建筑风格，而该地域的建筑风格则决定了它的人文地理风貌。

- 城市和乡村被公路、轨道和水渠连接着，这些连接实现了人和货物的运输。

- 电话、无线电、电视机和互联网等技术帮助全世界的人类实现了彼此间的沟通和交流。

- 高度技术化的机器帮助人类种植、收获和加工食物。

- 在医疗领域，人们应用高度技术化的设备和设施来治疗疾病、挽救生命。

技术领域的思维和工作模式包括提出问题、解决问题、生产制造、检验测试、优化方案、投入实践和获得产品等步骤。

（Dudon Technik, 2004）

1.1 为什么要在学龄前开展技术教育？

"生命过程本身就是解决问题的过程，所有的生物其实都是发明家和工程师，差别就在于水平高一点或者低一点，问题解决得成功或者不那么成功。动物中，蜘蛛是一个技术成功的典范。人类的技术解决的是人类的问题，例如开凿水渠，获得和储存水源、食物等，就像蜜蜂解决他们的生命问题一样。"（Popper, 2002）

由此我们可以说，技术是生活中很重要的一部分。儿童不仅在这样的环境下长大，而且他们很小的时候就怀着浓厚的兴趣去认识和研究不同的材料，尝试家用设备不同的操作方法和使用功能——他们会按遥控器的按钮，不停地开灯、关灯，按马桶的冲水按钮，痴迷地观察汽车和各种机器，他们喜欢玩这些东西，喜欢组装和搭建。儿童年幼时对身边技术现象的兴趣如果能被及时地捕捉住，并适时地提供技术教育，就可以帮助他们看透简单技术现象的内在关联，

捕捉儿童对日常现象的兴趣

获得对技术的认知经验。儿童的学习能够将其先前经验、理解水平和身体发育程度紧密联系在一起，其中最重要的是儿童的能力获得发展。儿童学习的方式和方法，促进了个体的认知进步和经验积累（Siraj-Blatchford & MacLoed-Brudenell,1999）。

技术的核心：解决问题

早期技术教育一方面使儿童有机会更好地适应高度技术化的日常生活，另一方面也为他们今后迎接更复杂的技术变革作好准备。在这个过程中，他们懂得了技术的核心是解决问题。这也正是基础教育中技术教育的原始出发点。儿童从来都是超越思想家和工程师的问题解决者，因为儿童在与环境互动的过程中，为了实现梦想、解决问题，会不断尝试新办法、创造新工具。婴儿时期，他们用感官去触摸和抓握物品，尝试移动物品，投掷球类。例如，他们在沙坑中用各种材料搭建水渠、桥梁和房屋，可是为什么水总是消失在沙子中，怎样能避免这样的情况发生呢？当儿童试着独自或者和小伙伴一起解决这些问题时，他们就变成了思考者、发明家和工程师，并且在这个过程中他们的认知能力和运动能力得到了强化。不论是以个体的方式，还是团队的方式探索，儿童都学会了创造性和独立性地解决问题（Hope,2004）。他们在技术教育的框架中获得的不只是技术领域的知识，还有运动能力、解决问题的能力，同时也提高了观察、描述和交流等认知能力。

在互动中加强理解

要强化儿童在技术领域的知识和能力，很重要的一点是促进儿童与儿童之间、儿童与成人之间的互动，因为儿童正是在提出问题、表达思想、探索和实验的过程中学习的；在探索和调查中逐步建立更复杂的思维结构，强化经验，并由此获得进步（Siraj-Blatchford & MacLoed-Brudenell,1999）。

1.1.1 教育大纲提出了哪些要求？

技术教育成为新挑战

技术教育能促进儿童的能力发展，这些能力对适应当今的日常生活和社会变化都非常重要，因此技术教育在很多州的教育目标中都被提及。但迄今为止，还没有制定出一个系统的德国各联邦州通用的技术教育目标。由此，在从教育目标向教育实践转化的过程中，就可能出现如下问题：技术教育要求的知识和观点只能部分地、有选择地被介绍给儿童。这一现实向从事教育的教师们提出了挑战。

　　手工、搭建和创造性的建构在很多教育机构中都有悠久的历史，这其中就包含着技术教育的元素，只是儿童和教师们没有意识到这一点。在大多数课程中都会有一些情境，可以把技术领域的知识引入和深化。因此，重要的是弄清楚什么时候开展技术教育，如何深化知识点，让儿童学会在解决问题的过程中利用自己的想象力、创造力，表达出内心的想法（Newton，2005）。

　　为了制定一个全德国通用的，能够实现技术教育主题和目标的框架结构，本项目研究了全德国各联邦州的教育大纲和指南[1]。大多数的教育大纲类文件都描述了技术教育的目标，但是内容却有所差异。例如，黑森州的教育大纲就详细列出了技术教育的目标和内容，而大多数州的教育大纲把自然科学和技术列在一起。一方面，这样的分类很有意义，因为在技术领域里自然科学的知识非常重要，两者的知识点会有重叠；但另一方面，这样的分类可能会遗漏一些技术领域的重要知识，尤其是在解决问题过程中非常重要的知识，以及对于发明、搭建和建构非常重要的知识等。所以，本项目的研究也参考了国际上其他国家成功的技术教育大纲和专业研究成果。

分析教育大纲，构建相关框架

1　在德国的不同州，对教育大纲有不同的表述方式，例如教育计划、框架性计划、指导计划、教育方案、框架性方针等。本书中统一采用"教育大纲"（Bingdungsplaene）这一表述方法（德国教育大纲的详情，见本书第249页）。可以通过以下网址查阅德国教育大纲：http://www.bildungsserver.delzeigern.html?seite=2027

符号和语言表达

· 对观察的描述
· 发展语言表达能力
· 学习新的概念

基本技术经验

1. 在技术应用中丰富体验和经验

· 在日常生活和各种生活情境中应用技术
  — 在幼儿园及家使用的技术
  — 在游乐场使用的技术
  — 在街道、地面上及地下使用的技术
· 使用材料
· 使用工具
· 设计、制造和搭建

儿童是创造者、思考者和问题的解决者

对技术的深化理解

2. 获得技术领域的基础知识

· 拆卸技术设备
· 车轮和轮轴
· 杠杆和斜面
· 滑轮和摩擦
· 平衡
· 能源生产和电力供应
· 技术领域的安全与风险

3. 了解技术的影响和后果

· 对人类生活条件的影响
· 对环境的影响

可持续发展的教育

· 培养保护生态的责任感
· 理解环境、经济和社会发展之间的相互作用

图 1   技术教育的目标、内容及主题概览

接下来的章节简单描述了技术教育的目标，更详细的介绍在本书第4章呈现。除此以外，本章还将逐层深入地介绍技术教育在不同层面的展开，从基本经验到深入的知识理解，以及技术领域主题的不同导入方式等。

以基本经验为起点深化理解

1.1.2 技术教育的目标和展开

儿童对技术的学习可以在不同层面发生，有不同的分类方法。

从内容上，可分为基本技术经验和对技术的深化理解。获得**基本技术经验**后通过专职教师引导完成有计划、有结构的项目式探索学习，达到**对技术的深化理解**。

左侧图1中，把来自生活和环境的技术应用体验作为基本技术经验。这些技术经验可以成为进一步深入理解技术问题的起点，也是获得基础的技术知识的过程。熟练掌握基础的技术知识不是深化理解的唯一途径，这里只是举例。这一点在后面的详细介绍中务必牢记。

当儿童探知他们的世界时，他们会获得新的、感官上的体验，这些体验帮助他们积极地建构知识，建立新的联系（Lind,2005）。对婴幼儿来说，感官体验是最核心的经验，即使大一点的儿童，认识环境也是认知的第一步。**基本技术经验**是指婴幼儿在与物体、材料互动的过程中获得的关于某些现象的感觉经验。儿童接触物品、材料和工具，并获得感觉体验。在生命的最初两年，婴幼儿在自由的认知和探索中就获得了协调肌肉、发展感官的机会（Harlan & Rivkin,2004;Lind,2005）。而在生命的长河中，儿童可以学习的技术现象更是不胜枚举。对环境的认知可以由儿童自己发起，也可以由其他成人或者儿童引导。

从上述教育目标的角度看，日常生活中的技术应用可以帮助儿童获得许多基本技术经验。从遥控器的使用到尝试跷跷板，所有的感觉和认知都是与技术互动的第一步。

对儿童的认知行为来说很重要的一点是创设有趣、启发性的学习环境（以及日常生活环境），为儿童提供安全而充满乐趣的、丰富的材料和工具，激发儿童主动去观察、触摸和倾听。家长和教师可以为儿童创设一个符合其发展水

启发性的学习环境很重要

平的环境，提供合适的材料，控制儿童探索的地点和方式（关于环境创设的内容详见本书第 2 章）。

男孩和女孩的技术教育

在技术教育领域，性别差异是一个很敏感的话题。在学龄前阶段，虽然儿童在兴趣和活动类型上呈现出明显的性别差异（Todt, 2000），例如，男孩和女孩最钟爱的往往是典型的男孩或者女孩玩具（Huston, 1983; Rubbe & Martin, 1998）。但是，不论男孩还是女孩，对科学和技术都有浓厚的兴趣。在他们 3 岁左右的时候就有所表现，而在 5 岁左右的时候更加明显。到了入学年龄，男孩和女孩对科学和技术的兴趣都有所降低，但是女孩的兴趣下降得更为明显（Langeheine, HäuBler, Hoffman, Rost & Sievers, 2000）。

由此，就产生了一个问题：我们应该在儿童的学龄前阶段做些什么，来提高女孩对自然科学和技术的兴趣，而且不让这些兴趣降低呢？各州的教育大纲中以不同的方式涉及到了儿童的性别差异，但是该问题并没有从执行层面被原则性地界定。提及早期技术教育，性别关注就变得特别重要，如此才能保证女孩对技术领域的兴趣不会加速降低。而男孩则需要被引导，在某些不具有典型男性特征的技术领域获得发展（如使用娃娃手推车）。所以，教育工作者的任务是组织积极的日常活动，例如，在活动中提供相应的材料等（MacNaughton, in Vorbereitung; MacNaughton & Williams, 2003），为男孩和女孩创造机会从事非性别典型性的技术活动，从而同样程度地激发女孩和男孩的技术学习潜力。具体的教育实施方法还会在本书中多次提及，例如第 7 章就有所涉及。

基本技术经验

1. 在技术应用中丰富体验和经验

- 在日常生活和各种生活情境中应用技术
  - 在幼儿园及家里使用的技术
  - 在游乐场使用的技术
  - 在街道、地面上及地下使用的技术
- 使用材料
- 使用工具
- 设计、制造和搭建

在技术应用中丰富体验和经验

在此标题下列出的目标，在很多州的教育大纲中都被列为重要的学习内容。应用技术的经验包括儿童日常生活接触的交通工具、机械性能的器具，或者各个生活领域中应用的家用电器，如电话机、录音机、电脑等。 *使用各种机器和电器*

这些目标的提出旨在给儿童创造时间和机会，让他们在日常生活中熟悉和感受这些工具和电器的功能和使用方法。也就是说，在日常生活中激发儿童对技术现象的好奇心，提高其对技术现象的关注度。

儿童获得的知识源于他们在日常活动中提出和产生的问题。儿童早期形成和巩固的技术知识和技能，有助于他们今后理解复杂的问题和现象。所以，在早期教育中引导儿童养成对技术问题的积极态度就格外重要，因为对技术问题的主动关注和钻研是今后开展技术学习的重要前提。

对技术的学习不止局限于使用各种有机械装置的机器。通常理解的"技术"大多指高度复杂的技术装置，如工厂里的设备、计算机、直升机、机器人、太空飞行器、移动电话和电视机等。而早期教育阶段的技术教育则更多涉及的是应用工具、利用材料、设计、制造和搭建等。通过这些活动，儿童能获得对技术的初步认知。他们可以在具体的环境中认识和理解很多物体和现象，能够自己发明和制造，使用少量的工具和材料独立解决问题。这样，儿童就亲自体验了用技术解决问题的过程，也就是有意识、有计划地利用已经存在的材料和工具，以获得方法，解决人们希望和需要解决的问题。 *技术教育包括应用工具和材料*

技术教育的其他核心目标也在很多州（巴伐利亚、黑森、美科伦布－前波默瑞、图林根、不来梅、北莱茵－威斯特法伦）的教育大纲中被提及。如**在技**

15

术应用中丰富体验和经验和使用各种材料的目标描述，要求儿童认识大量的天然和人造材料，熟悉其品质、特征和在生活中的作用和价值。

在这些经验的积累过程中，**符号和语言表达**起着核心的作用。儿童可以试着练习描述材料和物体的特征，对它们进行比较；还可以通过语言、符号，或者更直观的方法，如使用图、卡片和表格等，描述他们正在开展的工作。

技术教育还包括对各种工具的使用经验的积累。一方面，儿童学习把双手当成工具去抓、持、按压，如学会使用刀、叉、调羹等餐具。另一方面，儿童也要认识真正的工具，如锤子、钉子、螺丝刀、刨刀等。在学会使用这些工具的过程中，儿童的精细动作能力和手眼协调能力得到发展。儿童利用各种工具来处理材料，因此工具的使用和材料的利用是交叉进行的。

产生想法并应用
到解决问题中

在认识工具和材料中获得的经验可以应用于**设计、制造和搭建**。这些行为非常有利于提高儿童解决问题的能力和创造力（参见第 2.5 小节，第 53 页）。因为，当儿童建构的时候，会使用一些还不熟悉的材料和工具，这样他们就面临了新的事物和问题。于是，他们获得机会去产生各种想法，尝试创新，并创造性地解决问题。

设计长时期以来没有得到足够的重视。在设计的过程中，除了解决问题的能力和创造能力得到提高，精细动作水平和交流能力也能得到加强。设计既包括逻辑思维，也包含创造思维（Penfold，1988），其重要性在于，儿童会思考自己行为的原因（Siraj-Blatchford & MacLoed-Brudenell，1999），他们可以学习如何有计划地工作和对工作结果进行评估。

过程的重要性

在**制造和搭建**中，儿童发挥能力去选择和使用合适的工具、材料和技术，来解决面临的任务。在这个过程中，儿童可以进行测量、描绘、剪裁和塑造等工作。通常的任务目标是将零件与材料连接起来，这样就会用到不同的技术方法，如粘贴、装订、用螺丝固定、用钉子钉等。在这个任务情境中，儿童首先要学会安全地工作，然后对照先前的计划和目标检验他们的目标是否达到（Newton，2005）。对于年幼的儿童，重点在于制造和搭建的过程，而不在于他们的工作成果。

通过互动加深理解

制造和搭建行为可以在不同的层面发生。儿童积累基本的经验，并借助这些活动加强对技术的理解。下文会进一步阐述这个问题。

儿童从一出生就通过感官、实践活动认识生活中的技术现象、材料和工具。在这些活动中，儿童看到或者参与一些技术活动时，会自发产生问题，并希望能获得对这些现象的准确解释。当系统化探究这些问题时，儿童就获得了**对技术的深化理解**。本书第 1.1.1 小节（第 10 页）讨论教育目标时，通过图 1（第 12 页）详细列举了技术教育能传递的部分基础知识，这些知识深化了儿童的技术经验。值得关注的是，图 1 列举的只是部分知识点，除此之外还有更多。

为了拓展儿童的知识、深化对知识的理解，加强他们对技术原则和规律的适应，也为了学习新的概念，引导儿童就学习的内容开展交流、讨论和反思，是非常有必要的。教师和其他的儿童在这个过程中扮演着**积极的角色**，他们是学习伙伴，互相交流各自的经历。儿童在这个过程中需要与他们有共同任务的伙伴，有时候也需要耐心、努力和紧张地工作。这样，儿童的日常经历就被内化成了自己的知识，并帮助他们深化了对技术问题的理解。

深化理解的过程体现了共同建构知识的教育观，即儿童和成人在互动中实现对知识和认知的共同建构（参见第 1.2 小节，第 20 页）。对技术深入理解的程度，取决于儿童先前掌握了什么知识及其兴趣点在哪里。共同建构知识的重点不在于知识的传递，而在于共同学习的过程。儿童在互动中了解和接受不同的观点和视角，尝试用语言概括自己的想法，并发现事物共同的规律。例如，儿童在生活中应用各种类型的齿轮，了解齿轮的工作原理，通过尝试和实验加深了对齿轮的理解。他们通过总结发现：尽管齿轮在不同的机器中起的作用是不同的，但是其工作原理是相同的（参见 6.1 项目案例，第 152 页）。在这个案例中，关于教育目标的描述，首先从基本经验出发，继而阐述对技术的认知是如何深化的。这样，教师就能获得了具体的指导，包括如何制定教学计划，为学习者创造与其学习和认知能力相匹配的学习机会，同时，兼顾学习团队中不同儿童的发展水平和学习能力差异。

知识的共同建构

例如，当一个小组研究齿轮在果蔬脱水器和开瓶器中的应用时，年幼的儿童可以帮忙做蔬菜脱水的工作，亲自尝试脱水的过程以及观察开瓶过程。而年长一点的儿童就可以一边操作一边用语言描述他们的行为（强化语言表达能力），发现工作原理，观察具有相同工作原理的机器，找出规律，并尝试绘制图纸，或者应用已获得的原理去制作新的工具（对技术的深化理解）。

教育过程中的个性化学习

对技术的深化理解

2. 获得技术领域的基础知识

- 拆卸技术设备
- 轮子和轮轴
- 杠杆和斜面
- 滑轮和摩擦
- 平衡
- 能源生产和电力供应
- 技术领域的安全与风险

3. 了解技术的影响和后果

- 对人类生活条件的影响
- 对环境的影响

获得技术领域的基础知识

系统地调查问题和探究主题

在多样化的实践探索中，儿童可以获得基础的技术知识，加深对技术的理解。当儿童研究家用电器的时候，要关注和捕捉他们的想法和问题，例如，机器的里面是什么样的。教师和儿童可以试试，拆开家里的一些旧机器看一看。在拆解机器的过程中，儿童有机会用到各种工具以及研究零件。如果这个机器已经坏了，甚至还可以试试看能不能修好它，或重新组装，甚至用部分零件发明一个新机器。

简单的物理学原理是技术的基础，也属于基础性的技术知识。如轮子、杠杆、轮轴、滑轮、斜面、摩擦、平衡和热能等，所有这些现象在生活中都有大量的应用实例。例如，运动场上的每一次摔倒都是学习摩擦现象的机会，跷跷板离不开平衡和杠杆原理，而杠杆和车轮的技术在手推车上结合得特别完美。儿童玩的时候、成人工作的时候，都是学习技术的好时机。技术的基本知识还包括能源生产、电子供应以及技术的安全和风险等。

了解技术的影响和后果

技术的负面影响

儿童在日常生活中，不仅能体验到技术带来的便捷，也同样能感受到技术的负面影响，比如噪音、废气、废水等是很常见的问题。[1] 所以，学习不同的技术主题时又可以和其他领域的问题联系起来，比如，技术进步为解决废水、废气和噪音等问题提供了怎样的办法（如净水厂、汽车中过滤废气的特殊装置等）？污染和环境保护等问题也可以关联到这些话题中。这样，儿童就懂得了怎样的行为有利于环境发展，怎样能避免环境污染，怎样能改善环境（如拾起垃圾）。

> **可持续发展的教育**
>
> - 培养保护生态的责任感
> - 理解环境、经济和社会发展之间的相互作用

由此，就说到了另一个在技术教育中必须强调的重要目标：儿童必须懂得，我们生活的环境是极易遭到破坏且无法再生的；要树立对生态环境的责任感，

---

1 黑森州社会事务部 & 黑森州文化部，2007

懂得保护环境，为子孙后代保持自然的生存基础。其中，环境、经济和社会之间的相互影响是非常重要的话题。当我们谈论经济进步的时候，也要顾及社会公平、人类尊严、民主和生态契约等问题。1992 年的里约热内卢联合国大会以"为持久发展而教育"为主题召开，此后，正式提出了环境教育的观点，这一点也应该是技术教育所关注的内容之一。[1]可持续发展的教育理念强调的是，人类应该具备基本的能力和正确的观念，为将来的子孙后代保留一个有生存价值的环境。

符号和语言表达

- 对观察的描述
- 发展语言表达能力
- 学习新的概念

在与技术教育相关的所有主题中，**符号和语言表达**都起着核心的作用。这一点也反映在所有的教育大纲中。教育的一个重要目标是，儿童要学会描述他观察到的事物和自己的行为，学习概念，丰富词汇，获得和提高语言表达能力。

除了让儿童获得技术知识、关联到其他教育领域、促进语言能力发展以外，技术教育还能促进儿童**其他基础素养的提高**。其中包括自我实现、自信心、认知能力、解决问题的能力、抗挫折能力、创造力和动手能力等。（关于这部分的具体介绍参见本书第 2 章）

1　巴伐利亚州劳动和社会事务、家庭和妇女部 & 国家儿童早期教育研究所，2007；Stdtenberg, 2008

1.2 学前教育阶段的基本教育理念

教育理念的传播

教育行为的原则往往源于某个基本的教育理念。它是基本的态度，包含：人应该拥有哪些能力和潜力，通过怎样的教育过程，传递怎样的教育内容，实现怎样的教育目标。这些基本的教育理念和态度决定了现实中具体的施教方案和教育行为。

本系列丛书也同样是在统一的教育理念的指导下编写的，并体现在分册的每一章节中。这些基本的教育理念不仅揭示了儿童的发展特点、教育和教学的实质，同时也为教师提供了指导，使其符合教育大纲的要求。因为教育大纲中包含了不同领域对课程和教育活动的要求，

融合各学科实施整体教育

从语言到运动、数学等。教师需要具备将不同的领域贯穿在一起的能力，而不是孤立地组织不同领域的教育活动。跨领域的教育理念帮助教师在不同的领域间转换、把握住跨领域的教育机会。基本的教育理念就像一个框架，把不同的领域整合在一起。

学前教育阶段的基本教育理念包含以下四个维度，以指导教育的计划和实施：

1. 对发展的理解
2. 对教育的理解
3. 对儿童的理解
4. 有关教育过程设计和实施的原则

1.2.1 对发展的理解

哪些因素决定了儿童的发展？对这个问题的基本认识很大程度上影响着教育者的教育行为。对于"发展"，通常的理解是：从一个初始起点到一个全新稳定状态之间的变化过程（Montada，2002）。

目前，关于发展有四种基本理论流派（Montada，2002）：内因发展论、外因发展论、自我发展论和互动发展论。这些理论流派的区别在于对儿童的角色的理解，即在成长所处的外部环境中，儿童究竟是主动的还是被动的角

色。所以问题讨论的出发点是，儿童是自身发展的主动决定者，还是在成长过程中同时受到了内外各种因素的影响。

内因发展论（自然成熟论）将儿童的发展看作一个由天赋决定的过程，整个成长都是依循"既定的计划"（Montada，2002）而展开的。在这个成长和发展的过程中，环境和儿童自身都扮演着被动的角色，只有在特定的敏感期，外部环境才会对"基因设定的成长程序"起到一定的影响。这样的发展观严重限制了教育发挥作用的可能性。

内因发展论：发展是自然成熟的过程

外因发展论的基本出发点是，外部影响决定了人的成长变化。特定的刺激，如奖励和惩罚，会影响行为举止。这类理论与行为主义一样，认为人的行为是由外界环境塑造形成的，这种观点为传统课堂教学提供了理论基础（Krapp & Weidenmann，2001）。课堂教学的标志特征是，教和学发生在外部环境中，由一个主动的施教者（成人）引导和控制，这样的环境通常是学校，并以教师传授型教学为主。教师的任务是以学习者能够理解的方式传授知识，而学习者在其中扮演的是被动接受的角色。学习被理解为一个按照一定的规则进行的信息处理的过程，整个过程由施教者按照一定的教学方式组织完成。

外因发展论：外部影响塑造发展过程

与此相反，**自我发展论**将人视为自身发展的积极组织者，会追求特定的目标，并对周围的环境产生影响。人以经验为基础进行活动，并以内省的方式对这些经验进行反思与分析，而反思的标准是已有的经验与知识。这种观点为个体建构（自学）提供了理论基础，将儿童看作是发展过程中主动的自我建构者。同时，外部环境在这个发展过程中以被动的方式起作用。

自我发展论：人是自身发展的主动组织者

而**互动发展论**将学习者和其所处的外部环境都看作是发展过程中的主动方。不论是学习者，还是其所在的外部的社会和文化环境，都是既建构自我，又彼此施加影响。发展的过程也就是人与环境不断地互相影响的过程。无论是人还是环境，在这个过程中都在发生变化，而其变化又对发展过程不断产生新的影响。互动发展论为共同建构式的学习提供了理论基础，认为教师和儿童共同决定了学习和发展的过程。

互动发展论：人和环境共同主动作用于发展

	环境是主动的	环境是被动的
儿童是主动的	互动发展论： 共同建构	自我发展论： 个体建构（自学）
儿童是被动的	外因发展论： （合作的）传授式教学	内因发展论： 自然成熟

（Montada，2002）

1.2.2 对教育的理解

教育是伴随终身
的过程

教育为人类发展而服务，并促进人类的发展。教育被理解为伴随终身的过程，即终身学习，也就是说，即使是成人的知识也在不断地变化，知识面在不断地拓宽，认识在不断地重新建构。同样，儿童对世界的认知也是持续性变化的。但是，人类从经历某一事物，到建构认知的过程究竟是怎样发生的，最终才形成了其对这类事物的认知呢？

> **思考：对你而言，教育意味着什么？**
>
> - 儿童如何获得对世界的认知，如何获得对某一事物的认知？
> - 对你而言，基础教育（包括学前阶段）的教育目标是什么？
> - 根据你个人对教育的理解，教育应该产生什么样的结果？

建构主义视角下的学习发展过程

儿童是其知识的
主动建构者

建构主义理论将儿童看作是知识的主动构建者。建构的过程受其个体经历、先前的固有知识影响。学习者感受到了什么，与他之前的经历和已经掌握的知识有密切关系。面对同一事件，即使他们都获得了最佳的刺激方式，不同的个体获得的主观经验也是不同的。感知的过程是一个主观行为，而不是一个独立于学习者之外会产生相同结果的客观过程。我们的学习和感知不同于照相机拍照的过程，而是一个建构的过程，受学习者自身的经验和知识影响。人类建构知识的内在基础是已经掌握的知识和已经获得的经验（Gisbert，2004；Lindemann，2006）。

社会建构主义的视角

社会互动是知识
建构的关键

社会建构主义理论是编写本系列丛书的理论基础，也是本分册的理论基础。根据这一理论，人与社会的互动被认为是个人获得知识和建立个人思想的关键（Gisbert，2004）。

学习和教育被视为一种社会行为，其中教与学的双方都是积极主动的参与者。根据这一认识基础，"知识"和"意义"是在一个社会活动的过程中逐步形成并确定的。在这个过程中，个体的原有知识和经验很重要，但也被深深打上了所处社会和文化观念的影响。因此，一个人对世界的理解和获得的知识来自人与人之间的交流、观点交换，并总是受到某种社会文化背景的影响。[1]

下文中来自非洲农夫们的的分类案例，可以清楚表明，个体知识和意义的建构与其所处的社会文化背景有着怎样的紧密联系。

案例：社会背景下的意义建构

来自非洲克佩勒（Kpelle）某部落的农夫们参加了一次心理学测试，测试要求参与者将看到的物品以合理的方式进行分类。实验为参与者提供了一系列食材（如橙子、马铃薯）和工具（如刀、锄头）。

测试结果显示，大部分来自非洲的参与者反复按照物品之间的功能关系做了分类：将橙子与刀分在一组，因为吃橙子需要用到刀；而马铃薯则与锄头分在一组，因为用锄头才能从地里挖出马铃薯。与此形成对比的是，来自西方国家的参与者都是按照物品的抽象概念进行分类，将食品和食品、工具和工具分在一起。

而当测试人员请参与者假设一下：一个傻瓜会如何分类这些物品时，非洲农夫们立刻根据食材与工具的组别进行了归类。

（Miller, 1993）

社会文化背景的影响

社会和文化背景对儿童的学习和发展至关重要。儿童在某一社会文化环境中，通过在与富有社会经验的成人的互动来掌握"社会文化工具"——语言、文字、数字和重要的社会习俗等。成人帮助儿童感性地参与到这个过程中，学习使用这些"工具"。例如，成人与儿童共读图画书，或者在做蛋糕的时候称量面粉。在社会活动中，成人潜移默化地传递着社会默认的价值观和风俗习惯，这些都会影响教育过程，也对儿童的学习和发展过程 (Fthenakis, 2004) 产生影响。

维果茨基的社会文化理论

前苏联心理学家维果茨基（1896-1934）以他的社会文化理论成为发展心理学的先驱。按照他的理论，社会和文化因素影响着儿童的学习，并对其发展起着决定性的作用。学习的前提条件是儿童与其伙伴的社会互动和对社会活动的参与。按照维果茨基的理论，人类所有的典型性和高级的思维活动都来源于社会和文化背景。社会和文化背景是发展的组成部分，也是促进发展的媒介。

互动是知识建构的核心环节

要理解和帮助一个儿童个体的发展，就需要充分关注其所属的社会和文化环境

1　参见"社会建构的基本立场"（Grundpositionen des Sozialkonstruktivismus），Laucken, 1998

的结构（Bondrova & Leong,2007;Gisbert,2004；Miller,1993）。只有了解了一个儿童的社会文化背景，教师才能够为其提供个性化的社会互动。

对儿童来说，他对世界的认识和他累积的知识都是他与其他人互动的结果。儿童在与其他人讨论和交换想法的过程中形成自己对世界的认知、意义的匹配与对事物概念的理解。因此，人们在共同的活动过程中一起建构和确定对世界的认知以及对事物概念的理解。认知世界和获得知识产生于人与社会互相影响的过程，这一观点即社会建构主义理论。根据该理论，预设的学习成果不能作为学习的目标（Fthenakis,2004;Gisbert,2004）。

共同建构的学习方法

学习被看作是交流和合作的行为

由此，儿童的学习并不是将现有的、已成"定稿"的知识原封不动地进行传递的过程，而是成人与儿童共同参与、积极合作和交流的过程，在这个过程中，人们共同建构意义，发展新的能力。这种学习策略被称为共同建构，教育被认为是个体之间经由社会互动所形成的结果。这种社会化的互动过程在儿童的行为中表现得非常显著，儿童从出生开始就处在社会关系中，这些关系刺激着儿童学习，并为学习提供条件和可能（Fthenakis,2004）。

儿童习得语言的现象可以很好地证明：教育是个社会性过程。儿童学习语言的时候，善解人意的社交伙伴能够理解其（不完整的）语言表达，赋予其意义，积极地回应和肯定儿童，例如，当孩子发出单个音节时，妈妈会帮忙翻译："哦，你是想要球对吗？"然后把球递给孩子（Bruner,Herrmann & Aeschbacher,2002）。同理，其他领域的知识也是在特定的文化历史背景中逐步积累而成的，如数字的学习。在学习这些受到社会和文化背景影响的知识时，儿童的学习行为通常需要依靠某个互动伙伴的具体支持才能实现（Stern,2004）。

在技术教育领域实施共同建构的教育原则

共同建构是技术教育领域中贯彻始终的教育原则，目标是通过与儿童的对话帮助其获得对技术现象的理解。其中涉及到：在环境中共同发现技术现象，追寻原因，研究原理。在建构时，通过一个共同参与的过程解决问题，获得动手能力。

在本书的第 6 章中，将以具体的实践案例充分解读共同建构的教育原则。

如果教育工作者以此为出发点，即在社会性过程中实现意义的匹配和知识的建构，那么教育就会产生如下结果：教育活动应该发生在一个充满爱、能激发学习行为的环境中，这为有效的、共同建构的互动和学习过程提供了基本条件。其中的重点是，为儿童创建一个具有启发性、鼓励交流的环境，使儿童在其中感觉到安全和包容，愿意与他人交流。理想的状态是，儿童在学习环境中是积极主动参与的角色。而如下表所示的个体建构模式，听任儿童通过自学实现教育，显然是不够的（见下表）。

给儿童带来安全感的学习环境

共同建构与个体建构的区别

个体建构（自学）		共同建构（合作）
建构主义视角认为：所有的知识都是由儿童通过其自身的认知能力建构的。	学习和发展是如何发生的？	社会建构主义视角认为：学习和发展在社会互动中实现。
认为教育不依赖于社会文化和历史背景。	教育与社会文化的关系如何？	认为社会文化背景对儿童的教育有着决定性的影响，教育过程必须充分考虑其所处的社会文化背景，并成为其中的一部分。
"成人必须接受和包容儿童在与外部世界的互动中显示出的独特性，为其能够在环境中获得最大可能性的发展提供支持"。（Schäfer, 2001）→教育重点在于，如何创建一个激发儿童自主学习的环境。	教育应产生怎样的结果？	从儿童出生起，核心问题就是儿童与成人之间，或者儿童与他人之间的合理、有效的互动方式。→教育重点在于，如何设置互动模式，有效促进儿童自身和其能力的发展。

（Gisbert, 2004）

对儿童的发展而言，教育者和儿童之间的**互动方式**起着决定性的作用（Sylva 等，2004）。

对儿童的发展起着重要支持作用的另一个因素，是来自共同思考过程的激励。共同思考过程的关键在于，两名或者若干名成员共同形成某一思维路径，

共同思考过程的激励

以解决问题或者探寻意义。重要的是，思考的双方——教师和儿童，或者儿童和儿童——在共同思考的过程中积极参与，形成、表达或者拓展自己对某一问题的理解。在共同建构意义和价值观的过程中，儿童的兴趣和问题是行为的出发点。研究证明，在学习效果显著的儿童教育机构中，有一半活动是由儿童发起的，既包含了一定的智力挑战，又得到了教师的接受和陪伴，并激发出共同思考的过程（Sylva 等 ,2004）。

共同建构的学习过程的特征

知识和意义是在一个社会性过程中共同建构的，儿童和他的外部环境（教师与其他儿童）都是这一过程的积极参与者，这个过程具有以下特征：

- 探究事物的意愿是首要前提
- 了解不同的观点
- 与他人共同解决问题
- 扩展自身的理解程度
- 形成自己的观点，积极表达，并与其他人交流和讨论

尊重儿童的想法和兴趣

在共同建构原则下，对教育工作者提出了以下要求：不要试图独自去掌控儿童的整个学习过程，要对儿童的想法和兴趣给予足够的尊重和接纳；教师自身也应充满好奇地参与儿童的学习过程，留出足够的时间陪伴儿童，让他们表达自己的理解和想法；不过早干预，耐心等待儿童主动寻求帮助，积极倾听，这些都是共同建构的学习过程的关键点（Mülders,Petersein,Schmahl &

Wilhelm，2007）。

共同建构的不同
水平

　　教师的介入要符合儿童的发展水平和实际需求。在教育学中，将教师的干预行为划分为三个等级，这一划分标准也同样适用于共同建构的学习过程：最底层的介入是指儿童之间的共同建构，例如儿童在共同的游戏中，获得知识和形成表征符号体系；中等的干预由教师发起，例如在和儿童共同游戏的过程中丰富游戏内容，扩展儿童的认知范畴；最高层的干预是由教师和儿童共同完成的，即教师和儿童之间是亲密的合作伙伴关系，这种共同建构的学习过程能满足儿童特殊的、个性化的学习需求（van Kuyk，2003）。

　　因此，教师和儿童之间的关系，对于共同建构的学习过程的效果起着非常重要的作用。

教育愿景、基础素养与教育领域[1]

　　在儿童的学习和发展过程中实施的具体方式方法与教育愿景紧密相关，教育愿景描述了教师和儿童共同参与的教育行为的长远目标，主要包含以下五个维度：

教育愿景：乐于
学习、探究和发
现的儿童

- 身体强壮的儿童
- 具有语言交流和数字媒介素养的儿童
- 具有创造力、想象力和艺术爱好的儿童
- 乐于学习、探究和发现的儿童
- 有责任心，根据正确的价值取向行事的儿童

　　以上的教育愿景要通过相应的教育领域得以实现。[2] 例如，与"具有语言交流和数字媒介素养的儿童"的教育愿景对应的主要是早期媒介教育和语言、读写领域的教育。而数学、自然科学和技术教育则与"乐于学习、探究和发现的儿童"的教育愿景关联。

　　基于以上对教育的理解，除了与教育领域相联系的各种更具体的教育目标（参见第4章）以外，还有培养四种基础素养的目标要求。这四种基础素养都指向一定的范畴，包含了若干更具体的能力。对于基础素养，人们将其理解为"某些个性特征……它们使儿童能彼此融合，或使儿童融入成人世界，还使儿童能分析身边的一切事物"。[3] 通过加强儿童的这些基础素养，教育愿景的五个维度就能得以实现。加强基础素养属于教育的主要目标，无论在哪一个具体的教育领域，都必须顾及到这一目标。四种基础素养的范畴指向如下：

1　详细介绍参见：巴伐利亚州劳动和社会事务、家庭和妇女部 & 国家儿童早期教育研究所，2007；黑森州社会事务部 & 黑森州文化部，2007

2　教育愿景、基础素养与教育领域之间的对应关系，详见表格"教育愿景、基础素养与教育领域之间是何关系？"（第28页）

3　详细介绍参见：巴伐利亚州劳动和社会事务、家庭和妇女部 & 国家儿童早期教育研究所，2007；黑森州社会事务部 & 黑森州文化部，2007

（1）个体素养

- 自我认知的能力，如自我价值认同和积极的自我意识
- 自我激励的能力
- 情绪管理的能力
- 认知能力
- 身体机能

（2）社会素养

- 社会交往的能力
- 形成价值观与自我价值导向的能力
- 承担责任的能力与意愿
- 民主参与的能力与意愿

（3）掌握学习方法的素养（学会如何学习）

（4）应对变化与挫折的素养

关于"掌握学习方法的素养"与"应对变化与挫折的素养"由"个体素养"与"社会素养"组合提炼而成。

教育愿景、基础素养与教育领域三者之间是何关系？

教育愿景 ← 通过提高基础素养，实现教育愿景 → **基础素养**

- 身体强壮的儿童
- 具有语言交流和数字媒介素养的儿童
- 具有创造力、想象力和艺术爱好的儿童
- 乐于学习、探究和发现的儿童
- 有责任心，根据正确的价值取向行事的儿童

- （1）个体素养
- （2）社会素养
- （3）掌握学习方法的素养（学会如何学习）
- （4）应对变化与挫折的素养

教育领域

- 教育领域可与不同的教育愿景组合，以便在相应的领域中实现教育愿景
- 在各个教育领域内实现的具体教育目标，始终与提高基础素养息息相关

通过提高**个体素养**与**社会素养**，儿童可以实现自我组织，并了解自己的优、缺点，从而形成健康的自我认知和评价。所以，一方面，应该为儿童留出尽可能多的自由发展空间；另一方面，也应为儿童创造机会，使他们在处理事务的同时体验社会责任。这就意味着，儿童要思考自身的行为给自己及他人带来的后果，并就此调整自己的行动计划。

个体素养与社会素养

就**掌握学习方法的素养**而言，主要包括学会如何学习，以及加强获取知识的能力。为实现这一目标，可以在学习过程中利用集体或个人形式进行自我认知及自我调控。人类的知识不断发展、变化，基于这样的事实，人不可能在某一段时间就习得未来需要的所有知识。为了实现终身学习，绝对不能疏忽对学习能力的培养。必须帮助儿童建立对自我学习的理解，包括加强自我反思及掌握适当的学习策略，以便于掌握及调控自己的学习行为。本书第 5 章会进一步介绍这一内容，并同时探讨教育实践中的可能形式。

掌握学习方法的素养

借助元认知来掌握学习方法

对于元认知（Metakognition），我们通常理解为对思考行为本身的思考。在这个过程中，个人的认知过程成为自我反思及调控的对象。能主动意识到这样的认知过程，即为实现元认知的基本特征。

元认知包括两个方面：

- 了解自我认知过程的存在
- 掌握并调控这些认知过程

如果具有**掌握学习方法的素养**，就能选择应对各种问题与挑战的学习方式及解决方法（学习策略），也就能用最佳方式进行学习及解决问题。

而具有该素养的前提是需要具有元认知的能力。

核心的教育问题是：

- 如何促使儿童进行自我反思？
- 如何帮助儿童加强掌握学习方法的素养，使得学习过程更高效？

（Gisbert, 2004; Hasselhorn, 2006）

在技术教育领域中，加强掌握学习方法的素养

除了加强对技术的理解，技术教育还涉及掌握学习方法。如果儿童研究各种技术现象并能解决具有共性的问题，他们就能获取新的知识。即使只是搭建积木，儿童也能从中发展出新的手工能力及运动能力。如果与儿童共同总结和反思新的知识是如何获得的，儿童就会掌握学习方法，例如：我们是怎样发现天平的工作原理的？对于瓦片不会从屋顶滑落，你怎么看？

在技术教育领域，有一点也非常重要，即儿童在研究过程中能意识到，他们正在**学着学习**以及研究**如何学习**。

本书第 6 章将对技术教育领域中的这方面内容加以详述。

应对变化和困难

在提高**应对变化与挫折的素养**方面，心理应挫研究（Wustmann, 2007）的成果是出发点，其主要研究内容为儿童面对困难如何健康、积极地成长。包括以下问题：如果儿童面临特别的压力，为了保证心理健康与稳定，他们应具备哪些条件？事实证明，心理应挫（心理抗压能力）并非天生，也并非一成不变，而是取决于儿童的个人及社会条件。个人条件包含解决问题的能力、较高的自我价值感或较高的社会交往能力；社会条件则包括与某人可靠而稳定的关系，也包括开放的、互相尊重与支持的氛围。如果儿童拥有以上条件，就能以适当的方式成功应对变化与压力。教育的目的也正在于此，即加强儿童的能力与素养，使其能够建设性地应对变化与挫折。如果要培养这样的素养，儿童与教育者及儿童与家长之间的关系尤为重要。

总结：对教育的理解

- 教育表现为社会交往过程，而且伴随终身。
  - → 教育是互动、交流与合作的过程。
  - → 在教育过程中，儿童与教师之间，以及儿童彼此之间的互动关系尤为重要。

- 教育服务于儿童的发展，并最终促进其发展。
- 基于原有的经验，同时与伙伴互动、交流，儿童通过这种方式建构他们的知识，理解事物的意义。
  → 不对儿童传授"现成的"知识。
- 儿童与成人都要积极参与教育过程。
- 教育过程发生于具体的社会文化环境中，受其制约并依附于它。
- 更高层次的教育目标针对基础素养的培养与加强。
  → 这包括教育儿童做出负责任的行为：无论是对自己、他人，还是对身边的环境（教育是为了可持续发展）

以上对教育概念的描述与可持续发展的理念（德国教科文组织委员会，2007；Stoltenberg，2008）一致，认为教育是实际知识、价值导向与能力建构的综合体。能力建构是以价值为导向的行为能力。可持续发展的教育观点认为，要加强儿童的能力与提高儿童的认识，以便为后世维持一个适宜生活的世界。

1.2.3 对儿童的理解

不管有无表达出来，任何教育理念或教育行为都拥有的基础就是某种特定的儿童观，即对儿童的理解。如何制定教育策略、组织实施教育行为，都取决于其遵循的儿童观。

思考：你如何描述你的"儿童观"？

- 你认为儿童从出生起就具有哪些能力？
- 儿童拥有哪些权利？
- 在教育过程中，儿童应该被摆在怎样的位置？
- 儿童如何参与教育的组织过程？

本书遵循的儿童观，是把童年理解为一个发展智力、体力与内心世界的生命阶段，因为培养儿童的创造力在这个时期尤为重要（Kluge，2006）。根据以往对婴幼儿的研究可以确定，儿童自出生起就拥有一定能力，他们的能力覆盖多个方面，一旦呱呱坠地，就开始探索身边的世界（Dornes，2004）。

拥有一定能力的儿童

在技术教育领域中"拥有一定能力"的儿童

新生儿就已经开始探索身边的（技术）环境，他们从一出生就具备运动机能，并策略性地将其用于解决身边的问题。本书第 3 章将对这些能力加以详述。

社会性的儿童

如前所述，儿童自出生起就与身边的人互动。他们需要与他人建立某种关系，并与他人交流信息。通过与相关人员及身边的世界交流与互动，儿童将自己的个性与能力展现在众人面前。因此，儿童自身在自己的学习与发展过程中起很大作用。在社会交往与教育行为的互动中，儿童被视为平等的伙伴，积极主动地共同参与建构知识，并与身边的社会环境保持交流。

积极、主动的儿童

这种主动参与符合儿童的某些需要，包括体验自己的能力及其成果、自我管理与决策的需求，也包括融入社会环境的需求。（Deci & Ryan，1993）也就是说，儿童表现出强烈的倾向，希望在某个社会环境中感觉到与他人融为一体，希望在这个环境中发挥主动作用，还希望感觉到自己拥有决策的能力。在这一过程中，儿童高度主动并保持着足够的新鲜感。[1]

个性化的儿童

每个儿童都因为独特的个性而与众不同，都通过个人的方式，建构对世界的理解，并赋予事物以特定的含义。在互动的同时，教育者可以因人而异地创

1　巴伐利亚州劳动和社会事务、家庭和妇女部 & 国家儿童早期教育研究所，2007; Deci Ryan, 1993; Krieg, 2004

造个性化的教育过程，以此来适应每一个儿童。儿童的表达形式各有不同、富有创造力。因此，每个儿童的发展都是一个完整的、个性化的过程。为尊重这一事实，建议将每个儿童的发展都视为独特的过程，同时关注儿童的每个发展阶段。[1]

儿童都拥有特定的权利，这些权利应得到尊重。正如联合国《儿童权利公约》中关于儿童权利的内容，确保了儿童能够获得条件允许的最高层次的教育。[2] *儿童的权利*
这些权利使儿童能充分发展自己的个性、天赋以及社交能力。就这点而言，儿童有对如何制定自己的学习、发展过程发表意见的权利，与这一权利紧密关联的是加强儿童的自我管理及社会责任感。此外，儿童的权利还包括获得情感关注、获得信任。[3]

总结：对儿童的理解

- 儿童拥有多方面的能力。
- 儿童有与他人建立某种关系、与他人交流的需要。
- 儿童主动参与受教育过程。在获得知识方面，儿童是积极主动的共同建构者。
- 儿童具有好奇心，他们有学习的愿望，希望了解和研究身边的世界。
- 每个儿童都因为独特的个性而不同。
- 每个儿童的发展都是一个完整的、个性化的过程，不宜将儿童互相比较。
- 儿童拥有各种权利，包括：
  - 一出生就获得条件允许的最高层次的教育
  - 发展自己的个性
  - 对如何制定自己的学习过程发表意见
  - 获得情感上的关注与认知上的激励

1.2.4 有关教育过程设计和实施的原则

前文描述的基本教育理念会对制定教育大纲及实施教育过程产生影响。 *互动过程的意义*
对儿童的发展而言，其与教育者之间的**互动过程**具有重要意义。调查表明：儿童与教育者之间互动的质量对加强儿童的社交能力非常重要（Sylva 等，2004）。

1　巴伐利亚州劳动和社会事务、家庭和妇女部 & 国家儿童早期教育研究所 , 2007; Stenger, 2001

2　联邦妇女和青年部（波恩）, 1993; Nutbrown, 2004

3　巴伐利亚州劳动和社会事务、家庭和妇女部 & 国家儿童早期教育研究所 , 2007; Krieg, 2004

- 你会依据哪些原则来计划和实施教育工作？
- 在开展教育工作时，你应用了哪些儿童观的结论？
- 你个人对教育的理解会对你计划和实施教育工作产生哪些影响？

（1）在教育者与儿童之间建立关系

师幼关系是教育过程的基础

对幼儿园教育而言，教师与儿童之间的关系是基础。教师必须对儿童保持敏锐的关注（有同理心和支持的态度），并始终予以积极回应（主动与儿童互动）。两者之间的关系以互相尊重为基础，教师对此不应提出附加条件。由此，教师和儿童之间得以建立起稳定的关系，为儿童的学习及发展过程创造适宜的框架。儿童在其中感觉到安全和包容。在幼儿园内，成人与儿童以及儿童彼此间关系的质量决定了儿童的内心舒适感，也同时决定了教育的质量（Fthenakis, 2003；Fthenakis, 2007b；Hoenisch Niggemeyer, 2003）。

关于师幼互动重要性的部分研究结果

高质量的学前教育的关键特征表现在师幼互动中（Howes& Galinsky, 1995）。以往的国际研究的结果证明：师幼互动的程度与幼儿个人发展之间存在显著的相关性（Goelman & Pence, 1988; Lamb 等, 1988; McCartney, 1984）：

- 师幼之间建立恰当的语言互动是促进幼儿个人发展的重要因素（McCartney 等, 1982）。
- 如果师幼间的语言互动情感充沛、信息丰富，会促进幼儿语言及认知能力的发展（McCartney 等, 1982）。
- 如果教师积极投入而又体贴入微，会更好地促进幼儿的探索行为，并促使其发展与同龄幼儿之间的关系。（Anderson 等, 1981）
- 大量的语言激励、信息量与幼儿语言能力的发展（McCartney, 1984; Rubenstein & Howes, 1983）及社交能力发展之间，存在一定的关联（Golden 等, 1978; Phillips, McCartney & Scarr, 1987）。

- 如果师幼之间的沟通有限，幼儿就不会很主动地去探索身边的世界，而是花更多的时间无目的地闲逛（Lamb 等，1988）。这些幼儿的游戏水平与个人语言发展水平都相对较低（Whitebook, Howes Phillips, 1990）。

- 如果面对的教师体贴入微而又回应积极，幼儿就很有可能与教师建立起稳定的联系（Galinsky 等，1994; Helburn, 1995）。

  这一结论非常重要，因为幼儿只有在安全、充满爱的环境中才能开展学习（Howes & Galinsky, 1995）。

- 如果身在幼儿园，又面对体贴入微、反应迅速的教师，幼儿就更容易探究身边的世界，而这又会提高他们的学习能力。在与同龄幼儿的交往中，他们会表现出更为积极的行为方式（Anderson 等，1981; Whitebook 等，1990）、更强的社交能力（Holloway & Reichhart-Erikson, 1988; Whitebook 等，1990）及更高水平的语言或认知能力（Carew, 1980; Helburn, 1995）。以上结论不仅适用于教育机构，也同样适用于家庭教育。

（2）接受并尊重儿童的实际状况

儿童的实际状况自有其实际价值，应该无条件地得到尊重与认同。这包括用充满同理心的尊重态度来对待儿童，绝不允许以轻蔑的态度让儿童感到羞愧或损害他们的自我意识。每个儿童都有权利得到肯定与认可，无论他先天的条件与状态如何（Preissing, 2003; Schwarzer & Posse, 1986）。

无条件地认同儿童的价值

（3）调动儿童所有感官、情感与智力因素学习

儿童的学习不宜分割成若干各自独立的部分。儿童是作为一个整体的人学习并发展的。在规划和组织教育活动时，应充分调动儿童的感官、情感与智力因素，以支持儿童的整体性发展。[1]

（4）支持儿童跨领域发展

从教师的角度出发，一方面要鼓励儿童以各种形式学习，调动儿童的所有感官（视觉、听觉、触觉、嗅觉、味觉）去领会和吸收学习内容；另一方面，要为儿童创造条件，实现跨领域学习。关于跨领域学习，首先意味着接触不同的教育领域（例如自然科学、数学、语言与运动），同时也意味着学习的主题要最大程度地体现领域之间的融合。这样儿童就可以在各个教育领域都有所学习，提高了各项基础素养，也实现了整体性的全面发展。[2]

所有感官参与的学习

1　巴伐利亚州劳动和社会事务、家庭和妇女部 & 国家儿童早期教育研究所，2007; Veidt, 1997; Zitzelsperger, 1989

2　巴伐利亚州劳动和社会事务、家庭和妇女部 & 国家儿童早期教育研究所，2007

从两个层面理解"整体性"

- **使儿童借助于所有感官、情感及智力因素来学习**

  即儿童作为"完整的"人进行学习

  → 此处的"整体性"指的是儿童全面发展的整体性（从儿童的角度来看）

- **使儿童跨领域接触事物，并从不同角度研究同一个主题**

  即将主题放在一个更大的关联范围内考虑，同时加强儿童的综合能力（基础素养及与具体领域相关的能力）

  → 此处的"整体性"指的是整个教育活动规划的整体性（从教师的角度来看）

本书所提及的"整体性"概念包含了以上两个层面，或指儿童借助于所有感官、情感及智力因素进行学习，或指给儿童创造跨领域地接触事物、将多领域整合在同一主题下进行学习的机会。

在技术教育领域中，借助所有感官进行整体性学习

- **使儿童借助于所有感官、情感及智力因素来学习**

  如果儿童研究电话机，他们不仅会观察并触摸它，还会倾听电话发出的声音，谈论自己的使用体验及学到的内容。在技术教育领域，很适合儿童开展"整体性"学习。

- **使儿童跨领域接触事物，并从不同角度研究同一个主题**

  如果儿童研究电话机这一主题，可同时与技术领域内其他内容建立许多联系，例如：接触制造电话机的各种材料；了解通讯发展历史；还可以亲手仿制有线电话机，从而体验电话的技术原理。

  由此，就可以利用关联的方式研究电话机。儿童不仅独立地探究了制造电话机的材料，还了解了电话机在人类生活中的作用与意义。

  此外，技术教育领域还可与其他教育领域建立多样化的关联。例如，学习数字，通过键盘加深对数字符号的理解（数学教育领域）；仿制电话机（运动与运动机能教育领域）；画电话机（艺术教育领域）；研究声学主题（自然科学教育领域）；彼此通话，了解新的概念，如键盘、塑料及通讯（语言教育领域）。所以，除了技术教育领域内的具体目标，儿童的基础素养也得到了加强。

  关于体现跨领域教育原则的例子，可参考本书第4章中的实例，也可参考第6章的实践案例。

（5）规划和组织因人而异的教育过程

为满足每个儿童的需求，规划和组织教育过程时要体现因人而异（个性化）的原则，因为儿童有各自不同的学习方法，达成目标的路径也各不相同。在规划教育活动时，既要以各个儿童的优势与兴趣为出发点，又要遵循因人而异的原则。即教师要针对儿童的特点组织教育活动，尽可能照顾到每一个人，关注儿童在学习内容、学习水平、学习目标、学习时间及使用材料上的差异。

教师对儿童的帮助与指导，可以根据每个儿童的需要及现场情况进行调整。这样的安排不仅照顾到了儿童的个体差异，还完美地支持了儿童的个人发展。这一切的基础是对每一个儿童的学习过程进行观察与记录，从而了解儿童的兴趣、学习主题、学习方式与需求。[1]

规划因人而异的教育过程

提供因人而异的帮助

同时，因人而异地规划和组织教育过程也能使教育活动与儿童的发展阶段相匹配，并支持儿童进入下一个发展阶段。因此，这些教育活动应该具有挑战性，并以共同建构的方式，帮助儿童完成个人的学习与发展过程。因人而异实施教育的目的在于，尊重并适应每个儿童的个性，与他们不断变化的学习及发展步调保持一致。[2]

> **在技术教育领域中，实施因人而异的教育**
>
> 在技术教育领域，与儿童共同建构因人而异的教育过程有许多可能。本书第4章中列举的教育目标并非是标准，不适用于所有儿童。恰恰相反，每个儿童的能力、愿望与兴趣都各不相同，儿童才是教育行为的中心。教育目标仅提供了框架，实践中可以按照不同的级别展开技术领域的主题，相关例证可见6.1项目案例（第152页）：在研究自行车及齿轮主题的过程中，儿童会在使用自行车的时候得到个性化的指导。项目教学法是使教育过程变得更个性化的一种教育方法，关于这一方法，将在第5章中加以详述，在第6章中也配了实际案例来说明，同时还可参见"（9）设计与发展水平相适宜的教育活动"的内容（第40页）。

1　详见本系列丛书的《德国学前儿童档案袋工具》分册

2　巴伐利亚州劳动和社会事务、家庭和妇女部 & 国家儿童早期教育研究所，2007; Gronlund & Engel, 2001; 青年部和文化部，2004; 美国幼儿教育协会（NAEYC），1997

（6）利用个体差异，尊重多样性

个体差异（不同）被视为与生俱来的，通过普通的个人经历得以展现。个体差异既指个体的具体不同，例如儿童的个体发展速度不同，也指因不同出身或不同宗教信仰而导致的文化多样性。这些个体差异应得到人们的认可与尊重，并被用于彼此之间的交流中。

差异拓宽了共性

个体差异丰富了群体，可以被用于创造多样化的学习机会。这些差异来自于群体内部的年龄差异、性别差异、文化与社会背景差异以及儿童的特殊需求，例如发展较快的儿童的需求及发展较为迟缓的儿童的需求。[1]人们有必要对这些差异进行反思。

在制定教育大纲的时候，就应从正面评价这些个体差异，并将其视为创造丰富学习经验的源泉。基于这一理解，新西兰的教育课程"TeWhariki"既考虑到毛利人（原住民）的传统，又照顾到欧洲人（西方移民）的文化。在这个案例中，人们并没有否认文化差异，而是对其加以适当考虑并建设性地纳入教育大纲之中（Smith，2004）。

根据德曼·斯帕克斯（Derman-Sparks，1992）的说法，如果一项教育大纲尊重个体差异，视差异为丰富资源，就会追求这样的教育目标：建立稳定的自我认同感；带着善意，以恰当的行为方式与不同背景的人进行交往；对偏见持批判和反思的态度；在接触到别人充满偏见的态度和行为时，也能坚定立场，不受影响。关于如何在教育中克服社会偏见，可参见下文内容。

在技术教育领域中，利用个体差异、尊重多样性

新西兰的教育大纲明确表达了对个体差异的尊重，这一点也同样适用于技术教育领域。不同的文化会影响毛利人及欧洲人的技术发展，可以在技术教育领域考虑到这点，以此来理解社会文化背景对技术发展的影响，并体会由个体差异带来的丰富多样性。关于这一点，第2.4小节（第51页）会加以详述。

在教育中克服社会偏见

在社会生活中，人们按照各种标准将儿童划分成不同的类别，这些标准包括：

- 社会地位、国籍、性别、种族、性取向、个人特征等。

这些用以区分的标准与特定的价值及期望值相联系，影响着人们和儿童的交往。

1　巴伐利亚州劳动和社会事务、家庭和妇女部 & 国家儿童早期教育研究所，2007; Fthenakis，2007b

一旦因为这些用以区分的标准而产生偏见，就会对儿童的自我认知产生负面影响。

在教育中克服社会偏见，教育者要注意以下内容：

- 将交往双方置于平等地位，双方共同努力提高相处的质量；
- 讨论确实存在的差异，帮助儿童理解文化的多样性和社会的多样性；
- 意识到儿童身边的群体会影响儿童的自我认同；
- 正视以下事实：因为儿童及其家庭属于社会中被歧视的群体，教师在感知儿童的个体性格时会受到相关影响；
- 认可、重视与尊重每个儿童，使其勇于表现自己的优势；
- 让每个儿童及其家庭在幼儿园中感受到被欢迎、被接纳；
- 不承认文化有等级之分，让每个儿童在幼儿园有归属感，无论其属于何种家庭文化，使用何种语言；
- 支持男孩和女孩尝试不同事物，通过这种方式避免儿童过早地受到来自于性别意识影响的自我行为限制；
- 鼓励教师间相互讨论交流自己的文化背景及社会群体归属。

（Preissing，2003）

（7）加强儿童对民主的基本理解与参与

在一个民主社会，教育过程也应该按照民主参与的原则组织安排。个人的权利应当得到尊重与保护，此为基本原则之一；另一原则是保障个人自由；还有人人享有平等的权利，包括享有平等的教育机会的权利。

儿童教育的基本民主原则

为了把儿童培养成民主社会的公民，应该加强他们的判断力、民主参与以

及承担责任的能力。而只有按照民主参与的原则组织安排的教育过程，才能实现这样的人才培养。

因此，教育者与儿童要共同建构教育过程，表现为以下若干特点：儿童可以提出建议，在面临选择的时候可以做出抉择，承担与其发展阶段相适应的责任，享有选择行为方式的自由。

此外，共同建构的教育过程也包括贯彻民主价值观，例如平等、参与、合作、尊重他人以及对个人自由的保障。如果儿童有机会参与安排自己的生活与周遭的社会环境，则可将其视为儿童参与了社会群体生活，也从另外一方面支持了他们的个人发展（Kelly，2004）。

> **在技术教育领域中，加强儿童对民主的基本理解与参与**
>
> 项目教学法很适合用在技术教育领域，它调动儿童积极参与策划、组织并实施自己的受教育过程。儿童们集思广益，讨论想搭建的物品及使用的材料，并给出解决方案。通过这种方式，他们积极地参与活动，表达自己的观点与想法。这样的情境还教会儿童如何表决、服从多数成员同意的表决结果等。在本书第 6 章的具体案例中，将详述如何贯彻这一原则。

（8）关注儿童的优势

每个儿童都有长处

教师的目光应聚焦于儿童的优势、能力及兴趣（能力导向），而非其弱势（负面视角）。教师关注儿童的能力与优势，目的在于鼓励儿童克服困难，为进一步的发展开辟道路（Fthenakis，2007b）。

就这点而言，关于儿童抗压能力的研究结果也值得关注。该结果表明：儿童的抗压及应对困难的能力取决于三个互相影响的因素群。这三个因素群包括儿童的自身特征、儿童的家庭特点及儿童所处环境的状况。就儿童本身而言，其自身条件，例如现有的基础素养，属于决定性的因素。因此，强化个人的基础素养有利于提高其抗压、抗风险的能力。根据抗压能力研究结果分析，只要充分开发儿童的个人条件及优势，同时又不低估或放任儿童面临的问题及困难，就可以有效提高儿童的基础素养（Wustmann，2003）。

（9）设计与发展水平相适宜的教育活动

与儿童发展相关的知识

与发展水平相适宜意味着，设计教育活动时，应考虑到儿童的社会、认知、情感及身体发展水平。教师应该具备关于儿童学习与发展的常识性知识，这是基本的出发点。但从发展心理学的角度而言，不能急于对**个别儿童的**发展做出评价性结论。因为儿童的个体发展速度不同，其优势、劣势及兴趣关注点也不尽相同。而儿童的社会文化背景也决定了，在某个儿童的世界中哪些问题与主题更有意义。无论对儿童的学习和发展过程、个人特质与经历、社会与文化背景有何种认识，这种认识随时有可能被颠覆。因此，需要教师不断提高和更新其对儿童发展的认识水平。[1]

为设计与儿童发展水平相适宜的教育活动，除了掌握关于儿童学习与发展的专业知识，教师还需要了解群体中每个儿童的优势、兴趣、需要以及他们个性化的社会文化背景。这意味着**教育活动要符合特定环境下的特定儿童的发展水平**（而非符合特定年龄组中"标准儿童"的一般水平）。因此，与发展水平相适宜的教育内容也是个性化实施的教育内容（详见"（5）规划和组织因人而异的教育过程"，第37页）。

（10）开放并联结教育场所

儿童在幼儿园中获得大量的教育机会。除此以外，家庭也是教育儿童的最佳场所，家庭生活提供了最基础的教育，对儿童个性的养成有着重要影响。为了发挥家庭这一重要的教育场所的意义，幼儿园有必要与家长建立教育伙伴关系。

家庭是重要的教育场所

除了在幼儿园与家庭之间建立联系，也应开放其他场所，为儿童学习社会、文化和经济提供可能性。这样，儿童的学习才能不局限于封闭的"儿童世界"。如果儿童的学习可以发生在儿童活动范围内的任意地点，他们就更容易发现事物之间的关系，从而完整地认识真实的世界。[2]

在技术教育领域中，开放并联结教育场所

对于技术教育而言，这种联结意味着儿童不仅可以在幼儿园，还可以在其他场所研究技术。通过在家里提问及继续开展相关活动，儿童及教师可以动员家长共同参与学习。儿童最初就是在家里，如在厨房、浴室里接触到各种技术现象，或者接触到多种媒介。许多家长本身从事技术工作，在某些主题上可以作为专家参与。如果儿童在社区内或附近调研，例如前往消防部门、拜访面包师或参观书店，也可以将这些地点作为教育场所。关于这点，将在本书第6章及第7.1小节（第224页）中加以详述。

（11）认识到儿童在游戏中学习

对儿童而言，游戏是基本的学习方式。在游戏的过程中，儿童会研究身边

---

1 巴伐利亚州劳动和社会事务、家庭和妇女部 & 国家儿童早期教育研究所，2007；美国幼儿教育协会，1997
2 德国联邦、州教育规划与科学研究促进委员会教育论坛（Arbeitsstab Forum Bildung in der Geschäftsstelle der Bund-Länder-Kommission für Bildungsplanung und Forschungsförderung），2001；Colberg-Schrader, 2003

发生的各种现象、总结经验并扩展知识。通过游戏，儿童得以与他人互动，建立起自己的社会关系，表达自己的情感，同时也增强了自我调控的能力。在游戏中，儿童学会了各种表征意义的表达方式，扮演了新的角色，尝试了新的技能，并学习如何解决问题。

游戏与学习不可分离

游戏与学习应该被当作一个整体来看待。通过游戏的学习过程，儿童了解了自己与周围世界，与外界进行交流。教师计划并陪伴儿童进行各种活动，游戏既是这些活动的出发点，也是这些活动的重要组成部分。例如，教师可以通过观察儿童游戏的情况，了解儿童的兴趣、回答他们提出的问题，这便成为师幼共同建构实践项目的起点。[1]

在技术教育领域中开展游戏与学习

在技术教育领域，游戏与学习也密不可分：如果儿童使用玩具，例如玩具车，就会积累关于轮子的机械原理知识。在本书第2章、第4章及第6章中，一方面探究了儿童的游戏如何成为深化技术主题的出发点，另一方面也探究了如何使游戏贯穿于整个教育过程。

（12）重视儿童在日常生活中的学习

日常生活经验提供了教育过程的起点

儿童的学习与日常生活同样密不可分，学习并不仅仅在特定环境下围绕特定内容展开，同样也发生在儿童熟悉的普通生活场景中。教师有必要利用日常生活中的种种学习机会，与儿童一起确定学习内容，并详细地讨论学习过程，通过这种方式提高儿童的学习能力。

---

1 巴伐利亚州劳动和社会事务、家庭和妇女部 & 国家儿童早期教育研究所，2007; 美国幼儿教育协会，1997; Pramling Samuelsson Carlsson, 2007

借助日常生活经验学习技术知识

在技术教育领域，教育活动涉及并加深儿童的日常生活经验，例如使用技术设备。通过这种方式，技术经验就植根于儿童的日常生活经验及各种感官认识中。在本书第4章，通过实例表明了，在共同建构的教育过程中，哪些日常经验可以深化为基础的技术知识。在第2章中，对上述方面也有详述。

（13）用积极的态度应对儿童的错误

由于发展的局限，儿童对事物的解读不仅迥异于成人，而且会用许多不同的方式表达。瑞吉欧教育体系基于此提出了"儿童的一百种语言"。儿童需要先发展自己的思维方式，尽管从成人的角度来看，这种思维方式极不完善，充满了各种错误，但这种成人眼中的错误恰恰属于学习过程的一部分。它们是有价值的，可以成为大家共同探讨、反思的出发点。通过反思，儿童得到启发，并重新认识、甚至改变自己对事物的理解。而这一切都有个前提，即成人要重视儿童的思想，并将重点放在发现儿童已经掌握的能力上，不要纠结于他们尚不能完成的地方。

错误是学习过程的重要组成部分

成人应该小心应对并研究儿童看似错误的表达，清楚儿童在作出这种表达的时候，头脑中伴随着什么样的想法，从而更好地了解儿童看问题的视角。之后，成人与儿童共同寻找问题的解决办法，从而促进儿童的学习与发展。[1]

在技术教育领域中，用积极的态度应对儿童的错误

在共同进行的研究性学习中，误解与错误是不可避免的。在研究技术主题时，儿童也会认识到，某些想法的实现并非如个人所愿，结果也可能有悖于预期。这使儿童有机会面对错误与挫败，并将其视为学习过程的重要组成部分。之后，儿童会思考并重新尝试从另一个角度解决问题：房屋的顶部会一再塌陷，原因何在？可以使用其他材料吗？可以向谁发问？谁会继续提供帮助？

1　巴伐利亚州劳动和社会事务、家庭和妇女部 & 国家儿童早期教育研究所，2007; 美国幼儿教育协会，1997; Spiegel Selter, 2004

2

技术教育涉及什么：
基本立场

2 技术教育涉及什么：基本立场

通过学习技术领域的知识，儿童获得了关于仪器和器械的运作原理方面的知识，提高了设计、制造和搭建的能力。他们在系统和有效的学习中，也关注到自己的思考过程，获得元认知的能力（学会学习的能力）。

接下来关于技术教育基本立场的讨论，描述并深入阐释了技术教育领域的大纲、目标和内容如何在日常教学中贯彻实施（参见第 1.2 小节，第 20 页）。成长的环境、日常生活中的现象以及以游戏为主的活动方式，为技术教育提供了捕捉儿童兴趣点并开展教育的机会。学习过程始于生活，也发生在日常生活中，技术教育要着眼于此并深化这些学习过程。在技术领域中，儿童也在游戏中学习：如带有轮子和滚轴的玩具是儿童深化学习的起点；在室外游戏时，儿童会搬运物体，发展力量，并亲自体验如何解决技术方面的问题。如果儿童的这些活动能够和他们的日常生活和经历有意义地紧密联系，那么他们的学习将达到最好的效果。如果能够抓住儿童的兴趣、问题和想法，如家里和周边社区正在发生的事，这些就会促使他们把日常生活与技术学习相连接（Glauert，1998）。

通过这样的方式，儿童的基础素养就能获得提高，这些素养不仅在技术教育领域至关重要，在儿童认知、社交及情感发展方面也扮演着重要角色。

下一页的图 2 展示了在技术教育领域中，哪些基础素养是最特别的，并且大致概括了基本立场的内容，其后的段落将对此作深入阐释。

2.1 发现所处环境中的技术并进行交流	2.2 创建具有启发性的学习环境	2.3 培养积极的态度及自我效能感
• 通过互动认识到活动中潜在的技术学习机会 • 涉及的基础素养：感知、观察、语言	• 在有技术设施的室内和室外区域提供探索机会 • 涉及的基础素养：感知、观察、运动	• 制造完成自己的作品，并将它归因于自己的能力 • 涉及的基础素养：自信心、自我效能感、兴趣

2.8 重视安全	技术教育的基本立场	2.4 关注技术的社会文化背景
• 和儿童一起讨论并制定安全规则 • 涉及的基础素养：对自己的行为负责，接受并遵守规则		• 在自然科学知识和情境中，利用技术知识解决生活中的问题 • 涉及的基础素养：解决问题、同理心

2.7 处理技术领域的解释	2.6 发展运动能力和动手能力	2.5 提高解决问题的能力和创造力
• 和儿童一起组织对问题的解释 • 涉及的基础素养：学会如何学习	• 用工具和材料进行实验和搭建 • 涉及的基础素养：粗大动作、精细动作、手眼协调	• 想法的产生、表达与落实 • 涉及的基础素养：解决问题、创造力、语言

图 2　技术教育的基本立场概览

2.1 发现所处环境中的技术并进行交流

对儿童而言，通过有意义的实践活动来研究他所处的环境非常重要，他们会使用一切感官去学习，所以活动中要调动他们不同的感觉器官。当然，讨论、思考和想象也同样重要（Glauert,1998），为了**发现这些活动中潜在的技术问**

有意识地感知技术现象

题并揭示这些现象，和儿童的互动是必不可少的，即在场的其他成人和儿童在学习过程中也扮演着至关重要的角色，他们鼓励儿童说出自己的想法，和儿童一起反思这些活动和研究。例如：在玩跷跷板时，儿童应该知道这和平衡有关，并注意到这和杠杆是一样的原理；或在用积木搭房子时，成人可以和儿童一起探讨和解决遇到的各种问题，讨论还有哪些问题可以由大家共同去解决等。这样，大家一起思考、反思、讨论运用了什么知识，发现了什么，学到了什么。儿童对待不同现象有自己的直觉，在技术领域亦是如此。这就意味着在学习技术时，不仅仅要学新知识，同时也要深入思考、讨论、反思自己已有的知识，并将新想法融入到实际活动中（Glauert，1998）。

语言

学习新的概念和词汇

技术教育为儿童提供了向他人描述并解释自己想法的机会，还可以和他人讨论这些想法（Newton，2005）。这样，儿童不仅提高了研究技术问题的方法和能力，也提高了自己的语言表达和符号表达水平。因此，教师不仅要创造不同的机会使儿童对具体情境进行思考，同时也应鼓励他们用语言表达自己的想法。教师可以鼓励儿童讲述、描写和解释他们看到了什么，以及一直在思考什么（Pamling Samuelsson & Carlsson，2007）。

对不同年龄段的儿童而言，语言在学习中表现出不同的作用。事物和现象的感官体验，对年龄较小的儿童非常重要，他们常常完全专注于感觉的过程，并学着用语言参与这个过程。在和教师的互动中，儿童接触到新的概念和技术词汇，丰富了他们的词汇量。而年龄较大的儿童已经能够具体观察并描述，学习知识的过程和语言的互动密不可分。他们在和教师的互动中拓展自己的技术词汇量，如："齿轮"、"重量"这样的名词，或者"滑的"、"重的"这样的形容词。当他们用语言表述他们观察到的内容和想法、进行比较、提出猜想和发表观点时，他们的语言表达能力得到了提高（Jampert，Zehnbauer，Leuckefeld & Best，2006）。

当然，在成人为儿童朗读或者编写的故事里，也会有技术现象出现，这些现象可能是引发儿童继续对该主题进行研究的起点。

（涉及的基础素养：个体素养→认知能力与社会交往的能力→语言能力，参见第27页相关内容）

2.2 创建具有启发性的学习环境

无论是室内还是室外，只要有看得见的、可以接触的物品和器具，就可以成为一个有趣的学习环境，成为儿童探索技术问题的起点。技术教育使用的材料不一定是昂贵讲究的，有许多就是日常生活中的家居用品。把这些物品集中起来，供儿童利用，会让儿童觉得有趣而富有吸引力。重要的是，儿童在研究、设计和搭建这些材料时能获得愉悦的情绪体验。在使用这些材料时，最重要的前提就是安全和适宜儿童的发展阶段，这样，它们不仅能唤起儿童的兴趣和好奇心，而且能保证儿童不受伤害。

探索环境

教育机构的户外环境和周边区域

此外，教育机构的户外活动区域（操场上的器材），或者周边社区开放的室外区域也可以为儿童提供平日里接触不到的有趣的探索环境。例如，附近是否有建筑工地、自来水厂、垃圾回收站、农庄或港口？其实，就算街角的面包房和汽车修理场，也能为儿童提供探索技术现象的有利环境。因此，在技术教育领域可以安排很多有学习价值的探索路线。在各种博物馆里，儿童也能获得技术主题研究方面的启发。

教育机构的室内环境

下表中列举了若干种体验技术所需要的设备、材料及出处。在第4.1小节（第82页）中，还会对此作深入阐释。

每家每户都有现成材料

室内环境提供的材料

- **可回收材料：**
不同材质和大小的容器，比如：纸板箱、塑料瓶；各种纸和布料
- **用来拼贴的材料：**
布料、丝、线、花边
- **不同属性的物品：**
例如：透明的、半透明的、不透明的；光滑的、粗糙的、不平整的；有弹性的、可弯曲的、有磁性的、可浮起的、下沉的
- **用来测量、标记和观察的材料：**
放大镜，测量工具：刻度尺、秒表、沙钟、温度计、秤、直尺，测量容器
- **工具：**
参见第 4.1.3 小节（第 117 页）中关于工具的内容[1]

功能性区域

　　功能性区域是指幼儿园这类学前教育机构的主要活动区域，包括运动场所、手工教室、探索室等，它们可以为儿童使用材料、开展不同的探索活动提供理想场所。只要提供适合的材料和物品，通过布置功能区域，或者开辟一些常被忽视的空间如走廊、储物室或者厨房等，就会大大提高室内空间的利用率，为儿童增加探索的机会和可能（Knauf,Düx,Schlüter & Gärtner,2007），儿童也就能实现探索、研究、实验的愿望。重要的是：在布置这些功能区域时，儿童也要参与其中，而且他们自己的想法和兴趣，要融合到环境创设中去。（参见 6.2 项目案例，第 163 页）

1　Siraj–Blatchford&Macleod – Brudenell, 1999; Glauert, 1998; Hope, 2004; Newton, 2005

2.3 培养积极的态度及自我效能感

如果在学习过程中，儿童能体验到成功与进步，有可视的成绩，有掌控感，获得信任、自信，那么学习就能激励儿童。如果儿童在技术领域有上述经历，那么这将积极地促进他的自我效能感的发展。自我效能感即对能依靠自我能力完成任务的坚信，这种信念是自信心的重要基石。

自我效能感是自信心的基石

设计、制造和搭建的过程就是关注自己想法并将它们付诸实施。儿童通过此过程完成自己的作品并体会到进步。但是，在这个学习过程中，冒险对儿童来说也是必不可少的：他们尝试新材料和新技术并表述自己的想法。尽管可能会出现错误、返工和失败，但是他们会明白这些是学习过程中的重要部分，在接下来的学习过程中会用到这些失败的经验。也正是通过这样的方式，他们学着面对挫折并为今后积累经验，最终达到目标，这样，他们便体会到了自我效能感（Siraj-Blachford & MacLeod-Brudenell,1999）。

如果儿童在技术领域获得了自我效能感、积累了经验、学到了知识，那么他们就获得了继续在这一领域前行的动力。这样，一方面儿童增强了对这一领域的兴趣，另一方面他们建立起对技术内容的积极态度，这一态度对他们在这一领域的继续学习十分重要。

（涉及的基础素养：个体素养→自我认知的能力与自我激励的能力→自信心与自我效能感，参见第 27 页相关内容）

2.4 关注技术的社会文化背景

技术教育超越了自然科学教育的范畴，因为在技术领域不但要应用自然科学知识解决问题，还要通过发展的、历史的视角来解释问题。最早的时候，技术并不是对自然科学原理的应用，而是对利用一切可能的条件解决实际问题的探索：在 200 万年前的石器时代，人们已经开始运用技术；狩猎部落也使用技

通过技术教育理解其他文化

术，他们编织、锯木头、建造住所、制作打猎工具和器具来开发土地。新西兰的教育大纲中尤其重视这段技术发展历史，他们既尊重西方移民所带来的技术发展，也尊重毛利人（原住民）的技术贡献。[1]

"波利尼西亚（Polynesten）[2] 文化中的设计长期以来受到其所处自然环境的影响，这体现在波利尼西亚的建筑、工具、电器和服装上……其基本的设计技术来源于波利尼西亚，在新西兰得以发展……一个新的环境提供新的材料，这又使得技术、工艺和加工方法得以发展。在过去的八个世纪里，几代创新型人才用这些材料进行尝试和实践，不断发展技术与设计。"[3]

因而人类的文化发展和技术发展紧密相关。为了更好地理解人类早期的生活方式，可以带儿童去认识这些时代的工具、设备和技术。比如：

埃及人是如何建造金字塔的？

他们是如何灌溉庄稼的？

他们是如何制作亚麻衣服的？

石器时代的人没有电视机，那么他们下午和晚上都在干什么？

他们没有洗衣机，那么他们是怎么洗衣服的？

他们没有手机，那他们是如何相互交流的？

通过这种方式，儿童在技术领域获得对文化的理解，并学会感受其他文化。我们身边的来自世界各地的工具和物件都有可能带来对技术探索的启发。食物（如储存和烹饪的不同技术）和其他国家的节日也能激励儿童去研究这些主题。有关不同国家住所、交通和农业的问题使儿童对不同国家的文化有一个总体理解，同时，这些问题也展示了人类可以运用多种方式来满足自己的需求和解决问题。

这样，儿童就意识到，除了我们主体文化中日常惯用的解决问题方案，还有其他不同的解决方法。

所以，技术教育中也可以让儿童与其他文化背景的伙伴交流。儿童之间可

1　Hope, 2004; 新西兰教育部，2001（引自 Hope, 2004）

2　波利尼西亚位于太平洋中南部，由一大群超过 100 个以上的岛屿组成（编者注）

3　新西兰教育部，2001（引自 Hope, 2004）

以通过图片、照片、建构与设计模型相互介绍本土文化，如服装（娃娃）、房屋乡村的模型、食物及节日的庆祝方式等。

2.5 提高解决问题的能力和创造力

解决问题的能力

技术教育特别适合提高儿童解决问题的能力。一方面，儿童可以学习其他人解决问题的过程，他们在研究技术发展和技术成果时了解到，之前几代人和来自其他文化的人都曾经面临了哪些问题，是怎么解决的。例如涉及到人类进步的问题，人类通过造出自行车、马车、汽车、飞机来解决距离遥远的问题，但是其中的每一个发明都包含着大大小小的解决步骤，儿童可以学习、研究和思考这些步骤。通过这种方式，儿童学会了自然科学中的一些原理，这些原理是许多发明的基础。

儿童产生想法并把它付诸实施

另一方面，儿童试着自己解决技术问题。他们提出、规划和表达一个想法，并使用工具和材料去实现它。在这一过程中，他们还会不断检查是否能达到自己的目标（Hope，2004）。

非常重要的是：为了推动这个进程，儿童要做试验、乐于接受各种可能的事物、学着将新方法和旧方法相结合、从不同角度看问题。在技术领域中，儿童也能学会如何处理错误：在解决问题的过程中会遇到困难和死胡同，可以通过自己思考或借助于他人加以解决。这能增强个人的恒心、信心以及对自我的肯定。

（涉及的基础素养：个体素养→认知能力→解决问题的能力，参见第27页相关内容）

创造力

产生创造性的解决方案

　　无论在设计时，还是面对技术现象时，儿童的创造力都必不可少，在探索、调查中要以开放的心态接受不同的可能性和想法。儿童会试着从不同的视角看待某一状况或问题，寻找革新方案，在解决问题和将想法付诸实施时充满了想象力与创造力。技术领域的创造力不仅指有好的想法，也需要对问题的解决方案如何运作有一定的把握。因而这种创造力和艺术领域的创造力不同，在艺术领域，人们通过图片、雕塑或者其他媒介来表达或交流某一被观察到的事物或一种情感。而在技术领域，目的是找到一种在这一特殊案例中可运作、且参与者自己或其他人可以使用的解决方案。这一方案可能看上去光鲜亮丽，在色彩、比例和形式上都具有美观的效果，但如果没能解决问题，它就没有达到目的。因而，实用性在技术领域非常重要。

　　可是，在学前教育阶段，过程比结果更重要，那么刚刚提到的技术实用性这一说法就可能引出矛盾。我们在早期技术教育中应该鼓励儿童表达新想法并把它们付诸实际，即便这些想法看起来完全不切实际。这样，儿童才能学会区分幻想与现实，了解什么可以付诸实施，什么不能（Hope,2004）。

　　说到技术领域的创造力发展，可能会有这样的情况：结果不符合想象，或事先设定的不同方案让结果符合想象，但过程却缺乏创造性。由于技术领域的设计、制造和搭建既涉及到动手能力的运用，也涉及到创造力，因此，这种矛盾原则上并没有标准答案，只能根据儿童个体情况进行具体分析（Hope,2004）。

　　（涉及的基础素养：个体素养→认知能力→创造力，参见第27页相关内容）

2.6 发展运动能力和动手能力

　　在技术领域，儿童能发展自己的手眼协调能力、动手能力以及探查周围环境的能力。例如，如果儿童会用剪刀剪纸，那么他们也会试着在其他材料上使用剪刀，这样他们就拓展了对于不同材料的了解，同时又继续发展了自己的动作技能。

儿童的动手能力、对于特殊工具的运用取决于不同的精细动作技能。像剪刀、锉刀、锯子、手摇钻、直尺这样的工具需要用不同的力来握住、转动、按压、推送和拉动，这就需要手和眼的协调。这种协调可以通过许多活动来加以培养，如沿着简单图形的边缘用剪刀剪，或者沿着纸的折痕做出一定的造型（Stewart，1990）。

发展粗大动作和精细动作

用材料进行搭建同样也需要这样的动手能力，如果儿童有机会练习，那么这种能力就得以发展。像用剪刀剪、测量、粘贴这些精细动作技能，无法通过攀爬、保持平衡等大肌肉运动获得。如果儿童有了一定的动手能力并且动手搭建，那么他们就能继续发展空间想象能力。他们还需要认识事物及材料的属性、大小、形状及特征，并且使之与相应的概念匹配。对技术和搭建而言，空间方向感、动手能力以及语言、逻辑和数学运用都必不可少，[1] 这一观点将在本书第 3 章中详述。

（涉及的基础素养：个体素养→身体机能→动作，参见第 27 页的内容）

2.7 处理技术领域的解释

要获得关于技术话题的知识，显然有不同的途径和方法。其中研究型、探索型的方法非常重要。儿童和成人的共同探究与思考创造了一种共同建构的学习模式——他们共同获得知识和形成理解。同时，儿童获得启发，形成独立的解决问题的方法，并付诸实施。在这个过程中，儿童的形象就是个创造者、思考者和问题的解决者。在被问及和儿童一同开展技术项目后的收获时，一位教师回答道："就是要给儿童时间，让他们自己走向问题，而且要接受他们找到的答案和解决方法，即便这些方案乍一看好像不切实际。同时，自己也应和儿童一样，自由而坦然地面对可能出现的错误。"[2]

共同得出解释

在技术和自然科学领域，成人总是忍不住在儿童遇到问题时很快给他们一

1　Craft, 1997（引自 Siraj-Blatchford & Macleod-Brudenell, 1999）；参见本系列丛书的《德国学前儿童数学教育》分册

2　德国巴伐利亚州立美术馆，2007

个预先设定好的解释、开展一个调查并把知识传授给他们。但是，这样的话，儿童的研究欲就会受到遏制，他们不想再通过调查得出些什么，不再富有创造性地去解决问题。儿童不仅在试图发现事物的内在联系及原理的时候如此，在设计、制造和搭建时也是如此。其中至关重要的是，儿童表述自己的想法、假设和思考的内容，教师应鼓励儿童表达，并且坦然接受和尊重这些表述。教师还要仔细地询问儿童如何得出这样的解释，并和他们共同验证这个推理和想法是否真的能解释现象，儿童的想象因此得到了尊重和关注。儿童也可能凭自己的直觉对特定现象得出一些理论（参见第3章），即整体现象中融入了一些儿童的个人观点，这些观点可能不符合成人已有的理论，也可能会有错误。

如果成人不询问儿童是如何得出这些理论和假设，而只是纠正他们表述中的个别错误，那么，儿童会将新知识和自己的错误想象结合在一起，最终这种状况很难被改变。但是，如果让儿童检验自己所做的假设并与其他人进行探讨，那么他们的积极性和自我效能感就会增强，他们会认为自己很有能力去尝试不同的方法、去面对问题，而不是泄气。

这当然也是针对教师的建议，即教师需要把自己看作儿童的学习伙伴，既不是工程师、物理学家，也不是化学家，而是共同建构知识的伙伴。重要的并非是教师"随时都有"所有问题的解释，而是和儿童一起反复研究。教师的想法和假设也并非一直正确，他们并不能回答所有的问题，因此，他们要和儿童一起查阅书籍、询问他人，从而有所收获。

关于教师如何应对解释，在有关特定领域的教育目标这一章节中会重点阐述（如本书第4章）。其中会介绍几种解释方法，让教师了解这些主题，并对要研究的问题和解释产生兴趣。但是，这些示范的解释并不是用来直接向儿童"传授知识"的。

2.8 重视安全

*共同制定安全
条例*

技术教育包含实践性活动，儿童在这些活动中得到鼓励，将自己的想法付诸实施，并通过操作仪器、材料、工具发展能力。因此，在技术教育中，一方面要给儿童创造这样的条件，另一个必不可少的是创造一个安全的、没有危险的环境，这不仅指对材料的保管和保护，也指对它们的安全使用。非常必要的是，成人要和儿童一起制定安全条例，向他们示范怎样安全使用特定仪器，并告知可能存在的危险。

对材料和工具的保管和保护

教师决定哪些材料和工具可供儿童使用，哪些应放置在远离儿童的区域。儿童经常使用并熟悉使用方法的工具可以放在儿童可触及的区域，如圆弧花边剪刀和穿孔机。而其他诸如钻头、锯子、锥子这样的工具则需要保管好，只有在成人监护下儿童才能使用。

安全条例

专业人员在任何情况下都应该确保儿童能安全地使用各种工具，儿童也要明白，安全操作工具可以使自己免受伤害。按规定操作工具也是安全的前提条件。为了避免危险，必须定期检查工具和材料。儿童必须知道，哪些工具被允许独自使用，哪些只能在监护下使用。教师应该和儿童一起思考：为了达到某一目的，哪种工具是最为合适的；还应考虑安全因素，例如，当儿童试着用剪刀在塑料上钻孔时，剪刀可能会滑落伤人。

3

儿童知道什么和学习什么：
发展心理学的基本理论

3 儿童知道什么和学习什么：发展心理学的基本理论

　　教育大纲强调，早在幼儿时期，儿童就已具备研究技术性主题的认知能力。那么，究竟哪些思维过程使儿童有能力探讨技术性的主题？在儿童研究技术性主题时，又有哪些思维过程会得到进一步的发展？这里所讲的技术是指：怎样通过对一定问题的解决使人们的生活和工作得到改善。就这点而言，解决问题扮演着一个核心的角色。

　　在技术教育中，重要的不仅仅是对于内容的思索（如问题解决方案）和学习内容本身（如类似于"齿轮"这样的基础物理学原理），更涉及到使用器具和通过初步的设计、制作和苦思冥想而独立解决技术问题。因此，精细动作技能意义重大，这一能力的发展与感觉和认知的发展紧密相关。

　　本章首先会探讨感觉和动作的发展。这不仅是技术领域内设计、制作和搭建的基础（如工具的使用），而且能为观察和探索环境器械和仪器积累基础的经验（参见第 3.1 小节，第 61 页）。

　　然后，本章还会探讨解决问题能力的发展（参见第 3.2 小节，第 67 页），并且会在最后进一步阐述，对儿童思维发展有着基础性意义的物理知识是如何形成的（参见第 3.3 小节，第 69 页）。

当今发展心理学的研究发现

婴幼儿和学前儿童的能力远远超过我们的预期

　　近些年来发展心理学领域有一个重要的研究发现：婴幼儿和学前儿童的能力远远超过我们之前的理解，尤其是在思维发展方面。**思维（认知）**指儿童获得环境信息的过程和能力。这包括儿童从一出生就拥有的**基础能力**，如：感知、注意力、学习、形象记忆和回忆（记忆）；以及更高**层次的心理机能**，如概念形成、推断结论和解决问题（Gowami, 2001; Sodian, 2007）。

3.1 感知、观察和运动能力的发展

儿童用所有的感官进行学习，他们用视觉、听觉、嗅觉和触觉去探索世界。在技术领域，儿童也以这种方式积累**基本经验**。儿童感知周围的世界，观察它并与之进行互动。是从何时起，他们能像成人般地使用这些感官？本节将会通过**视觉**（第3.1.1小节）和**听觉**（第3.1.2小节）来研究儿童的观察行为，并且在此基础上阐述动作能力的发展——**手眼协调并用**（第3.1.3小节），以及**使用工具能力**的发展（第3.1.4小节）。

儿童利用所有感官学习

探索系统（感知系统）

感知觉扮演着一个非常重要的角色，是儿童观察探索世界的第一步。主动地看和听，如通过眼睛和身体的移动以及用嘴和手触碰给儿童带来最初级的运动活动。探索系统也能促进儿童开发新的运动行为并帮助儿童掌控当下的运动。

因此，探索系统对于儿童的发展有着关键性的意义。它在儿童早期就已形成；儿童在出生后几个月就以运动的方式观察和探索周围的世界。

（Krist，2006）

视觉在发展初期尤其重要。即使婴儿出生时，视觉系统在很多方面尚未发育成熟（Siehe Atkinson & Braddick，1989），但是最新的研究表明：新生儿的视觉发展水平比我们先前所估计的要高（Goswami，2001）。

3.1.1 视觉

视力是识别世界和合理地掌控我们行为的最重要的基础条件之一。在刚出生的两三个月里，婴儿还不能看见微小的细节内容，也就

感知是学习发生的前提条件

是说婴儿在这个时期视力较弱。到 6 个月时，婴儿的视力明显提高，而 1 岁时的视力已经提升了 45 倍，基本达到成人的标准（Banks & Salapatek，1983；Dobson & Teller，1978；Wilkening & Krist，2002）。但是，儿童是如何感知周围的物体的？是否与成人一样呢？

形状和物体感知

观察物体始于婴儿时期

许多关于物体（三维）感知方面的研究调查（Spelke，1990）证实，婴儿是生活在一个物体化的感知世界里的，这个感知世界在基本特质方面与成人的一致。而且这种状况在婴儿有目的地抓取或者行走前就已经形成。然而，在新生儿时期，儿童的物体感知也会产生一系列变化：在 3 个月的时候，如果两个物体是间隔一段距离摆放的，婴儿就会认为这是两个分开的物体；但如果这两个物体相互碰触在一起，那么婴儿会认为这是一个物体，即使这两个物体在形状和颜色上相异；在 4 个月的时候，也就是过了一个月之后，婴儿会使用**外观的异同**信息来区分这是两个物体还是一个。根据李约瑟的研究（Needham，2000），这种能力与对物体积极探索（观察）的能力一起发展，这对于技术领域的基本经验的积累，如对不同种类材质的观察发现，有着决定性的意义。

接下来的几个月，婴儿在这些领域会获得明显的发展，以至于他们会如同成人一般，能感知到物体的边界。在八个月的时候，他们则拥有了对物体的物理直觉。除了**物体空间上的距离，物体运动的信息**也很重要，例如：如果两个物体之间存在相互运动，即使它们碰触到一起，几个月大的婴儿也能够辨别这两个物体之间是互相分隔的。

联系不同感官获得的信息

还有研究证明，婴儿在 4 个月的时候，就已经能够突破视觉感知的限制去认识物体。[1]他们不只通过视觉感知，还会通过不同的感官，如听觉、触觉来获得信息。这种能力在发展心理学中被称为**感觉的相互作用**，在技术教育领域指的就是儿童的整体性学习。几个月大的婴儿就已经具备将通过触觉获取的信息转化为视觉信息的能力：在实验条件下，他们只能通过嘴巴或者手来触碰物体，随后在见到这一物体时就能辨认出来[2]。在婴儿 2 到 3 个月的时候，他们仅通过触觉就能辨别物体（Streri，1987）。

---

1   Huttel & Needham, 2000; Needham & Baillageon, 1997（引自 Wilkening & Krist, 2002）

2   Gibson & Walker, 1984; Meltzoff & Borton, 1979; Streri, 1993; Wilkening & Krist, 2002

3.1.2 听觉

听觉是最重要的感官之一，我们可以听到远距离的声音信息，并且与视觉不同，我们还能感知到在我们身后所发生的事情。听力对于语言能力的发展也至关重要，是形成依赖语言的人际交往的基础 (Wilkening & Krist, 2002)。近年来的一系列研究证明，妊娠期 28 周左右的胎儿就已具备听觉，并能在出生后 4 天辨别出母亲的声音。许多研究发现都认为，儿童天生具备声觉感知机制，他们在出生前就对人的声音敏感并具备基本的感知声响的能力。除了区分低频音以外，6 个月大的婴儿在区分声音能力方面与成人无异。

儿童在成长初期时，就已经能在一定的空间中定位一个声源。定位的信息来源于时间差，即声音传达到左耳或右耳的时间差。6 个月大的婴儿就能意识到，与脸部中线位置 15 度的偏差，一年后精度则会提高三至四倍。由于随着儿童的成长，其两耳间的距离在改变，时间差也必须随着身体发育带来的变化而调整。

出生伊始，儿童就使用感官来感知周围世界。此时，他们用不同的感觉通道来探索他们周围世界的能力是非常重要的。以这种方式，他们的技能不断得到发展，如根据不同的外观区分物体，将来源于不同感官的信息建立联系（感觉的相互作用）。此外，手指、手掌、手臂的碰触也属于发展心理学中运动机制的发展。在技术教育领域中，这些能力是接触、区分不同的材料和工具以及制作、设计的基础。

感知觉还有助于儿童选择并掌控合适的行为和运动。通过触觉和视觉的感觉信息来执行运动的过程以及适应每一个不同的状况。手眼协调是感知和运动

手眼协调能力是使用工具的前提

中的重要技能，下一段落将展开探讨 (Wilkening & Krist, 2002)。

3.1.3 运动机能的发展：手眼协调

手眼协调指的是，利用视觉获取的信息来掌控手臂、手或手指的运动。在儿童观察和探索周围世界时，这一能力会帮助他们抓取物体和碰触物体。这一领域的研究已经比较成熟，本小节谈及的是处理信息的相互作用中一个特殊的情况。对触觉和视觉获取的信息进行有效处理的能力是运动过程的基础，它比感知能力的发展缓慢一些。

研究表明：**新生儿就已具备简单的手眼协调能力**。新生儿会通过将手臂伸向一个大致方向的形式来确定目标；**4 至 5 个月**时就能通过手的运动来接近目标，这一年龄段的婴儿还能通过身体的运动来获取信息，如抓取运动的物体。

0-1 岁学习抓握

在婴儿半岁的时候，抓取能力会有快速的发展。在 **9 至 10 个月**的时候，这一能力会到达一个短暂的顶峰：婴儿会改变自己手掌打开的幅度来适应抓取物的大小。他们能根据对象的形状来调整自己的手指开合，比如，为了稳稳地捡起小物件，他们会协调拇指和食指（Wilkening & Krist, 2002）。

手眼协调这一技能的发展并不会随着抓取能力的不断完善而终结。工具的使用，比如用勺子吃饭、用剪刀剪裁，这样的活动要求手眼协调技能的进一步发展。

运动机能的培养与感觉和认知是密不可分的，因此人们也称之为感知运动技能。认知的组成要素一方面包含学习过程，在此过程中对于他人的模仿和对

语言指示的回应是重中之重；另一方面也包含运动机能方面的行为能力。

在剪纸时，除了前面提到的手眼协调能力，计划和判断也是重要的能力，这些技能伴随着认知能力的完善同步发展。所有这些组成要素都能帮助儿童在童年的成长过程中提升感知运动技能（Wilkening & Krist, 2002）。

动作机能的发展和认知发展紧密关联

3.1.4　使用工具能力的发展

如果儿童掌握了抓取，那么他们会在 2 岁时开始发展日常生活所必须的运动机能，包括用叉勺吃饭、独立穿戴、系鞋带、使用剪刀和其他工具、画画写字以及玩耍球类（Krist, 2006）。

儿童最先学习使用的工具之一是勺子。虽然大多数的儿童在约 14 个月的时候能独立进食，但是他们在满 1 周岁前就已经开始尝试了。对儿童而言，在这个学习过程中，最艰难的是，把手的抓握动作转移到勺子或者其他工具的前端。这个学习过程的目的是对这个工具的前端部分要像自己身体的一部分一样掌控自如，这也被称为工具转换（Heuer, 1983）。这个工具转换能力在嬉戏中以尝试的方式进行，从而促进婴幼儿的身心发展。这个发展过程如何发生，这一问题至今也未被系统地研究过，但还是有一个里程碑式的研究值得一提：这个研究展示了儿童如何将工具拿到手中，关注到成人给出的任务，并显现出解决问题的行为。下面将详细地介绍此研究：

拓展阅读：麦卡蒂等人的研究[1]

此研究的对象分别是 9 个月、14 个月和 19 个月的婴幼儿，通过观察他们抓取和使用勺子的情况，以研究婴幼儿在一个需要解决问题的情形下会选择怎么样的行为。前提假设是，儿童的行为方式能够反映出他们是如何看待问题，并如何选择解决方法的。有的策略对于解决问题无效，但有些则能通过预先计划来规避问题。如果儿童通常能表现出有效的行为方式，则说明他们使用了合适的策略。

实验中，有一勺苹果泥被多次放在婴幼儿面前的一个仪器上，每次摆放的位置都不一样：勺柄有时朝右，有时朝左。当婴幼儿坐在这样的装置前面，为了吃到苹果泥，合理的策略就是去抓勺子，用手握住勺柄，拇指指向苹果泥的方向，将勺子中的苹果泥送入嘴中。

研究结果

9 个月大的婴幼儿行为趋向于习惯使用手（事先已查明被试是否习惯使用左手或右手）去抓握勺子就近的位置，这个策略有时能够成功，

1　McCarty, Clifton, Collard, 1999

有时也会导致将勺柄而非苹果泥送进嘴中。14 个月大的婴幼儿也是如此，他们也表现出用习惯使用手伸向勺子。但是他们与 9 个月大的婴幼儿的区别在于，如有可能，他们会在将勺子送入嘴中之前调整抓握位置，因此，他们从来没有将勺柄喂入嘴中，吃到的始终都是苹果泥。19 个月大的婴幼儿则是并不偏向于使用自己的习惯手，而是使用能更容易达到目的的那一侧手，也就是按照勺柄的方向来制定计划。

该研究非常清晰地显示了婴幼儿在抓取勺子这个行为中的发展性进步：开始时，按照自己的习惯进行抓取，然后能够修正自己的策略，到最终能完整地计划自己的行为。在抓取勺子前，婴幼儿用眼睛精确地判断勺子的位置，然后解决问题，也就是如何将苹果泥送入嘴中。这个过程中，他也会使用自己的非习惯使用手。这样的策略是有效的，而且在执行前也需要仔细思考。最后一个发展步骤在规划自己的行为方式时是至关重要的，因为这样就不必发生错误以致要修改错误。越频繁地练习这样的行为，儿童的反应也会越快。

儿童永远追求更有效的策略

研究结果显示，使用工具促进了儿童的发展，在这个过程中，儿童会尝试去找到更有效、更经济的答案（Krist，2006）。一方面，可以通过简单的奖励鼓励学习，如儿童通过正确的行为吃到苹果泥就是一种奖励，另一方面，儿童也会改变自己的行为方式。他们不会一成不变地使用已经发现的成功可行的策略，而是会不断尝试其他的策略，并且以这种方式从中发展出更有效的方案（Krist，2006）。儿童会通过反复完成同一个任务而优化心理活动机能，他们

也需要尝试新行为来获取新的运动模式。这种探索模式不仅在婴幼儿阶段十分重要，在接触并练习使用工具时也是如此。

有研究指出[1]，当儿童在发展使用工具的能力时，成人的帮助和提示也起着重要作用。21 个月大的年幼儿童面临一个需要解决的问题时，若自身无法独立使用工具，成人的提示可以帮助他成功地解决问题。

以上描述的研究显示了儿童使用工具能力的发展。同时也很清楚地说明，儿童在 1 岁的时候就已经是积极的问题解决者。一方面，他们需要机会，反复试验自己的能力和尝试新的行为，另一方面他们也需要榜样，其他的儿童或者成人能够在过程中通过提示来支持他们的行为，并能跟他们一起发展新的能力。由于在技术领域中这种解决问题的过程至关重要，下一小节将详细探讨解决问题能力的发展。

1　Chen & Siegler，2000（引自 Sodian，2008）

3.2 解决问题能力和推理思维的发展

婴儿的推理能力和解决问题能力的发展早于麦卡蒂等人的研究中发现并证明的时间点，巴亚尔容（Baillargeon）和其他人的无数实验证明，5 个月的婴儿就已经拥有这样的能力了。解决问题能力的发展是以一定的认知过程为前提的，如感觉、语言、记忆和概念的发展。下面探讨的是普遍意义上的儿童的**解决问题能力**，以及某一项问题的解决步骤，如**推理思维**。推理能力是儿童经常使用的思维能力，而且其进一步的发展有助于使问题的解决更为高效（Siegler，2001）。

3.2.1　解决问题能力

所谓**问题**，是指人们通过可支配行为不足以完成的一项任务。纽厄尔（Newell）和西蒙（Simon）[1] 对"问题"的定义如下："当人有一定的愿望或目的，但又不知道以何种方式来付诸行动达成时，人所面临的就是问题。"**解决问题**包含了能克服问题并达成目的的**策略**。

威尔曼（Wellman，1988）认为**解决问题的策略**可以被理解为"有目的性的，经过深思熟虑的，能达成目的的方法"。如果是第一次使用这样的策略，那么通常而言，这是有意识的活动，并且需要付出一定的努力。但是如果经常使用的话，这样的行为就会成为下意识的动作，以至于成为无意识的行为。

解决问题的策略可以自发形成

一些研究证实，3 岁以下的儿童已经能在解决问题时使用**策略**，如同麦卡蒂等人（McCarty 等,1999）在研究儿童的运动机能发展中得出的结论一样。威尔拉斯（Willatts）[2] 等人断言 2 岁的儿童就已经有了使用策略的能力。在一次实验中，他们在儿童面前摆放了一个可转动平台，平台上放着一个玩具。如果儿童想要获得在其面前转动的玩具，合适的策略就是转动平台。根据实验中儿童们应用的策略，可以将其分为 4 组：

- 试图直接伸向玩具，如爬到桌上或者跑到玩具边上；
- 试图通过拉拽或者撞击的方式使平台移动；
- 部分地转动平台；

1　Newell & Simon, 1972（引自 Oerter & Derher, 2002）

2　Willatts, Domminney & Rosie, 1989（引自 Oerter & Dreher, 2002）

- 转动平台并成功地拿到玩具。

大部分儿童最先使用的是简单的策略，即直接去够玩具，然后转变到难度高一点的策略，最终会想到成功拿到玩具的综合性的策略。近一半的儿童使用不同的策略试验了好几次来解决问题。这一策略的转换就是以目标为指向的解决问题能力。儿童与成人或其他同龄人互动，他们的榜样作用和帮助在策略能力的进一步发展中有决定性的作用，这一点也在先前提及的陈（Chen）和西格勒（Siegler）[1] 的研究中被提到（参见第 3.1.4 小节，第 65 页）。

协作解决问题

儿童不仅很早就显示出有目的地解决问题的能力，而且一项研究表明[2]：在 18 个月时，儿童就可以与他人合作共同解决问题。在这项实验中，实验人员需要依靠儿童的帮忙来解决问题，结果显示：儿童不需要实验人员明说就很快明白了其意图。2 岁时，儿童就会使用方法来解决他人的、而不是自己的问题。这一能力在人际合作的发展中扮演着重要的角色。

3.2.2 推理思维

推理思维是日常生活的一部分，也是一项基本的能力，推理思维甚至能帮助婴儿从其行为结果得出对于未来的经验教训。通过推理思维，儿童试图发现规律，并以此解释自己周围的世界，因此这也是解决问题过程中的一部分。

1　Chen & Siegler, 2000（引自 Sodian, 2008）
2　Warneken & Tomasello, 2006（引自 Sodian, 2008）

一般而言，推理思维是指人们从已知的事物中推断出新的结论。在这个过程中，从已被解决的问题中获取的知识在解决新问题时有着重大的意义。人们也称之为"类推式思维"，这种思维方式在解决日常生活问题和科学问题时非常重要。

那么，从何时起，儿童能进行类推式的推理呢？在一项研究中显示：10至13个月的婴儿就已经可以成功地使用类推式思维。[1] 儿童能在后续的类似问题中使用先前解决问题的经验。在题目"鸟：鸟巢 = 狗：X"中，大部分4岁的儿童都能正确回答，这说明三四岁的儿童在解决问题时同样能使用推理思维。推断是一个意义深远的学习机制。

推理思维简化了问题的解决

先前人们认为，根据皮亚杰的理论，这种类型的思维在儿童形式运算阶段才有可能出现，也就是在11至12岁的时候。当然也有一些学者并不同意这样的说法。[2]

从已知事实中推导出结论也是科学性思维的一个重要组成部分。这类思维方式指的是，设定假设并检验假设、发现条件之间的关联、进行预测或者对一定事件的出现进行可能性判定。

这些论断表明，儿童出生伊始就是积极的问题解决者。在技术领域研究问题时，儿童可以运用自身能力，如推理思维，并使自身能力得到进一步发展。这样他们就进一步强化了自身解决问题的能力，这是更深层次思维方式的基础，也能使儿童有能力解决日常生活中其他领域的问题。这也通用于与他人合作解决问题。

3.3 特定领域知识的发展

前文已经指出，研究发现，儿童从出生起就具备与它周围的世界相互作用、相互影响的能力。如果儿童有机会观察和探索仪器、材料和工具，以及结合其他知识进行互动的话，基础素养（如运动技能和解决问题能力）就会继续发展。

在技术领域，不仅仅是以上所提及的能力非常重要，自然科学知识也扮演着重要的角色，如在解决技术问题时使用到的知识，正如在有关技术教育目标

1　Chen，Sanchez & Campbell, 1997（引自 Sodian, 2008）
2　如 Donaldson（1982）演绎推理的研究以及 Goswami（1992）对类比思维的研究

的章节中描述过的，这既是对基础技术知识的认知，也是对基本技术经验的深化，这些知识是儿童用来解释技术现象的基础。

最近的发展心理学研究显示，这些知识的获取对于思维的发展至关重要。研究证明，儿童思维的许多发展来自于他们知识的增长（Goswami，2001）。认知能力、技巧和策略不能脱离基础知识的发展而提高。因此基础知识具有重要意义，并被划分成不同的**知识领域**。

那么，哪些领域的知识与思维的发展相关并且为其提供基础呢？基础知识是后续知识形成的基础，如概念，并且能为更好地理解后续知识创造前提，即一些对于发展有更多影响力的概念和知识。从发展心理学的角度而言，重要的是真正理解一个概念，如"小汽车"，而不是知道与该事物相关的一个事实，例如"黑色的汽车比紫罗兰色的汽车更常见"（Wellman & Gelman,1998）。

与技术教育相关的作为基础知识的自然科学，主要包含以下几个领域：**物理学**、**心理学**和**生物学**。

心理学、生物学
和物理学，保证
生存的知识

从人类的发展史来看，以上领域对于人类的生存和日常人际交流都非常重要。心理学，即关于他人及其行为的知识，对于共同生活、择偶和抚养后代都很重要。生物学方面的知识，如关于动植物的知识，对于寻找食物而言是不可或缺的，还能确保人类健康。物理学知识能预知人类行为动作带来的效果，帮助人类有效地**使用工具，对各类建造工程意义重大**，并且最终保证了人类的生存（Mähler,1999；Wellman & Gelman,1998）。对于技术教育而言，物理学知识是重中之重，因此会在第 3.3.3 小节（第 75 页）中进行重点讲解。

以专业领域为原
则划分基础知识

与某个领域知识相关的理论，以及关于基础知识发展的理论被称为某一**特定领域的认知发展理论**。依据新的理论原则，结合对儿童发展过程中重要知识领域建构的理解，认知发展得到了新的解读。尤其深度解读了，**在这些领域，儿童是如何建构知识，并随着发展而不断调整和变化的**（Wellman & Gelman,1998）。

"关于理论的理
论"：阐释日常
生活理论的理论

这里尤其要提到**"关于理论的理论"**。所谓"关于理论的理论"说的是，我们的**知识**都是在直觉型的日常生活中形成的，但这些日常生活理论的主要特征与科学理论类似。科学理论和日常理论都可以帮助人类解释和建构世界。"关于理论的理论"定义了哪些现象属于哪一领域。

关于儿童日常生活理论的几个例子[1]

- "如果一个球从行驶的汽车中掉落，那么球会垂直落到地面"（Sodian, 2008）
- "泡沫塑料称上去没有重量，因为用手掂量它并不重"

这些理论的内容是什么，它们是如何被发展出来的？在这些理论中，**概念**扮演了一个重要角色（在第 3.3.2 小节中会详细阐述概念的发展，第 73 页）。概念不仅仅界定事物的特定特征，也是**对世界的一种设想**。

概念对认知发展有重要作用

什么是概念？

概念包含特质、事件、状态、个体和抽象化的想法。概念被置于一个更大的知识结构中，并不能被理解为孤立的结构（Gelman & Kalish, 2006）。举例而言，汽车这个概念是与一系列特征一起被保存在我们脑海中的（"特征联想"，如有 4 个轮子，需要汽油，人可以驾驶它等），并且构成了一个知识单元。这些知识单元可以涉及某一单独的个体（如猫王普雷斯利）或者某一类别范畴（如汽车、货车、挖土机）。这些知识单元也同样融入于更大的知识领域中，这些知识领域也就是之前提及的物理学、生物学和心理学。这些概念的体系也被称为直觉（日常）理论（Sodian, 2002）。

威尔曼和格尔曼（Wellman & Gelman, 1998）把这些设想称为理论性设想，因为这些设想都允许有相互关联的预测和对具体现象领域的解释，如物理现象领域。**因果解释和联系**是我们的概念性知识的一个重要部分（Keil, 1994；Sodian, 2002）；儿童喜欢探寻原因的天性有助于概念的形成。因果性的解释会回答儿童对于"为什么"的提问。例如，关于"为什么要开车？"这样的问题，儿童一方面运用到了"车"这个概念，另一方面他们也在寻找问题的解释，这些解释与这个概念相联系，并一起被保存在儿童的记忆中。

因果解释是概念性知识的一部分

以下内容会首先阐述因果思维的发展（第 3.3.1 小节），然后就概念的发展进行探讨（第 3.3.2 小节）

由概念和相关的解释所组成的物理知识对于儿童认知的发展有着非同一般的意义：物理领域属于认知的基础知识领域，以此为基础能构建起新的知识结构。如果儿童在基础知识领域认识一些新的概念并发展出对此的解释，那么他们就能进一步拓展知识结构，其思维同时也得到进一步的发展。

1　Sodian, 1998; Sodian, 2008; Vosniadou, 1991

3.3.1 因果思维的发展

儿童的"为什么"
有重要意义

　　儿童喜欢就他们亲身经历的现象问个不停，例如，为什么船在水里开，自行车能在地面上骑。在早期技术教育中也会涉及到探究问题，并与儿童一起在一个共同建构的学习过程中获得对问题的深入理解。这些问题以及儿童天生的刨根问底的特质是思维发展的重要因素（Goswami，2001）。与因果相关的信息和因果思维帮助儿童解释周围的世界，对此作出一些预判，并最终让他们更好地适应自己所处的环境。这个的前提条件是，儿童对于自己周围环境的基本认识以及对于因果关系的了解。因果关系的习得对于儿童思维的发展有着重大的意义，同时也说明儿童很早就已经具备了推理思维的能力（Goswami，2001）。

　　因果性解释和联系是概念性知识的重要组成部分[1]。

儿童寻找因果性
解释

　　因果思维也是皮亚杰认知发展理论的核心内容。皮亚杰称学前儿童的思维为"前因果"思维，因为在解释周围世界中的具体现象时，儿童极少给出推理性的原因。此时的儿童也无法给出物理学方面的原因和心理学方面的原因（如愿望和意图）。而皮亚杰的批判者认为，此阶段的儿童仅仅是缺少相关的专门领域的知识来解释一些现象而已，如船在水上开以及蒸汽机的运行原理（Sodian，2005）。

儿童拥有和成人
一样的推理机制

　　在不同的研究中（Bullock，Gelman & Baillargeon，1982；Sodian，2005），这些观点被证明是正确的。儿童基本上以和成人相同的方式进行**因果式推断**：他们能坚定地推理（通常某一事件总有原因），根据时间优先原则进行思维判断（只有先发事件才能定义为原因），然后运用因果思维机制，也就是说他们会提出一个设想，解释某个结果是如何产生的。

　　有研究者[2]指出，3 至 4 岁的儿童能区分一个物理反应中，哪些变化是相关的，哪些是不相关的，当然前提是涉及的机制原理要简单到儿童能理解的程度，如儿童观察多米诺骨牌的连锁反应，这个连锁反应可以通过撞倒一个木头兔子从而让兔子倒在它的兔窝中。3 岁的儿童已经可以理解简单的**因果**原理，他们可以区分，多米诺牌的颜色或者材质对于结果不会产生影响，但是改变排列的紧密度或者取出一个骨牌则会影响结果。

　　总而言之可以得出以下结论，学前儿童并非不能进行因果思维，而是他们在很多情况下缺乏相关领域的知识来解释现象和结果，这类知识通常是物理知识。人类从儿童时期到成人阶段对于因果的理解力并非如皮亚杰设想的那样呈现阶梯状（Sodian，1998，2005）。

　　1　Keil, 1994（引自 Sodian, 2001）

　　2　Baillargeon & Gelman, 1980（引自 Sodian, 2005）

因果思维一方面使儿童能够理解他们周围的世界，另一方面使儿童能够对一定的事件有所预判，并对事件有一定的掌控。儿童所提的"为什么"的问题以及对于答案和解释的寻找，都对思维的发展有重要的积极的作用。

3.3.2 概念知识的发展

儿童所习得的知识被组织在记忆中并会不断减少。在儿童的早期发展中，概念在知识（基础知识）以及不同领域的知识建构中发挥了重要的作用。概念性知识的发展是与分类能力紧密相联的，而感知觉是发展这一能力的早期重要的信息来源。所谓**分类**指的是，"以一定方式等价地看待一定数量的事物，将其等量地归到一组，给它们相似的名称并给予同等对待"。[1] 例如，如果儿童感知到小汽车的特征，如"4 个轮子""人们可以开着它向前移动"都是相关联的现象，那么儿童就能知道，汽车是一个类别。在这个基础上，儿童就有能力将小汽车与其他种类的交通工具加以区分（Goswami，2001）。

分类是建立概念的基础

语言在概念性思维的发展中很重要，因为部分对概念和类别的组织是通过语言特征决定的。人们在研究语言习得时得出以下结论：儿童在学习名词时，会将名词作为上一级的类别来理解，而将形容词作为下一级类别（Goswami，2001），动词形式的名称则能帮助 2 岁的儿童区分概念。

语言帮助区分概念

对于前面已经阐述过的**推理总结能力**，分类能力也是其重要的基础。研究结果显示，3 个月大的婴儿在观察探索新的汽车时，就运用到了他们已经了解的关于汽车的特征（Hayne & Rovee-Collier，1995）。

在儿童的发展过程中存在一个**量变**的知识增长过程，也就是说儿童的知识

量变的知识增长

---

1 Neiseer，1987（引自 Goswami，2001）

和概念会不断地变宽变深。一般而言，10 岁的儿童比 4 岁的儿童认识更多种类的汽车，并能准确地描述它们的特征。

具有领域特征的因果解释

如前所述，概念在儿童的日常直觉理论中处于核心地位。儿童在不同领域中的直觉认识是以类似理论的方式组织起来的，并且存在于相互联系的解释体系中，这便形成了"关于理论的理论"。基于不同领域的理论体系给出的因果解释（对于原因的解释）是不同的：因此我们对于人类行为的解释（心理学）与对于植物生长的解释（生物学）是不一样的。

儿童的直觉理论是不同于成人的。发展心理学研究的就是概念性知识是如何发生**质变**的。也就是说，发展心理学关注儿童认知中概念的涵义是如何变化的。

发展是理论变化的过程

如果直觉认知确实是以类似于理论的方式被组织起来的，那么儿童的认知发展就是一个**理论变化**的过程。在每个领域中不断发展**对概念的理解**，同时也意味着儿童身心发展的进步。先习得的理论引导着后续理论的发展并决定了儿童在每个知识领域的思维（Sodian，2002）。如果习得的解释和预判不能再运用到新的现象中了，那么就会引发理论的进一步发展。当原来的规则不再适用于新现象，之前的预判就会在新情况中一再出错。刚开始时，这些偏差错误会被儿童忽视，但是如果这些情况一再出现，那么就会引起儿童对概念的重新组织和重新安排，从而进一步对理论进行建构(Wellman & Gelman,1998)。以

内容的根本性变化

下来自于物理学以及天文学领域的例子，能清晰地阐明这一情况。对于物理理解的发展，则会在第 3.3.3 小节（第 75 页）详细阐述。

儿童的理论变化

儿童最先认为地球是平的。如沃斯尼阿多（Vosniadou, 1991）在与儿童进行的不同的交流中所发现的那样，儿童的这个看法是很难被纠正的。如果儿童从成人口中得知地球是个球体，他们会将这个信息先融入到他们心中天真的宇宙观中，并试图为这个新的信息找出一个合理的解读。所以儿童会思考，人们如何能够在一个球体的下半部分生活而不掉下来。有一个儿童这样解读，如果地球是个球体，那么肯定是一个上面开放的空心球，人们生活在球内部的下半个空间里。这些交流结果显示：儿童心中的相关联的知识体系并不能用单个的正确答案去逐一改变。儿童有解读新信息的框架体系，这个解读框架的改变并不是一朝一夕的，而是需要几年时间。这个改变如何进行？对此的解释是，在发展的过程中核心概念的意义发生改变，继而在直觉理论中也产生了相应的变化。"关于理论的理论"的研究者认为：这样的意义变化在物理理解能力的发展中分了多个步骤进行。

　　根据"关于理论的理论"，知识的内容范围会发生巨大的变化，这些变化都是发生在具体领域的，因此内容（生物或物理）各有不同。

　　最新的研究显示，先前那些关注儿童概念发展的理论过于强调儿童与成人之间的差异，事实上，儿童的概念更多具有情境性和领域性的特点。关于儿童如何发展物理领域知识，会在下一节（第 3.3.3 小节）进行描述。

概念是有情境性和领域性的

　　如果儿童的认知结构具有理论结构特征，那么就很好理解为何儿童的很多思维错误很难被纠正，因为纠正只有在整个体系都改变的情况下才有可能进行。这里涉及的是另一种思维方式，而不仅仅是单个的实际错误。儿童接受教育时，他们在直觉理论的框架中解读新的信息。儿童的理论框架的发展是缓慢的，需要经历较长时间，并且教育不可能直接顺利地改变这一过程。

　　所以在技术教育中重要的是理解儿童的认知发展理论，并且跟他们一起通过互动的方式去建构、深化和改变新的知识结构，而不是去纠正他们。

3.3.3 物理领域知识

物理直觉

　　即使不上物理课，每个人也都具备对物理现象的一定直觉，如**物体的物理属性**，这些知识能帮助人们熟悉周围环境。例如，物体都是固体的、三维的，如果一个球在桌面上回弹，球是不会穿透桌子的。

　　2.5 个月大的婴儿就已经知晓固体性（物体是固体的，不会被其他物体穿透而过）和永久性（物体会继续存在下去，即使人们看不见）这样的物理原理，那么就可以推测，这些知识是人类天生就具备的。然而，儿童并非一直会运用这些原理，那么也有可能这些天生就有的知识为以后的知识习得提供了一

先天性知识是获得认知的基础

个初步的基础，这些知识在发展的过程中会变得更复杂、更具体化（Wilkening, Huber & Cacchione, 2006；Spelke 等, 1992）。

物体属性

婴儿模糊的物理
属性认知

从其他方面而言，6 个月大的婴儿所具备的物理直觉与成人的并不一样。婴儿要判断对象是一个物体还是两个物体时，需要借助时空信息（两个物体间的间隙暗示这里是两个物体）和运动信息。成人则还需要借助物体属性方面的信息进行判断。如果一辆自行车驶入隧道，一辆摩托车从另一头驶出隧道，那么成人的推断是，即使这两者有时空上持续的运动轨道，但是这依然是两个物体（Sodian, 2002）。

巴亚尔容在研究中指出，6 个月的婴儿就已经能观察物体的大小了（Baillargeon, 1994），他们不仅能回忆起伞后面有一个物体，还能回忆起这个物体的大小。12 个月大的婴儿不仅能观察物体的大小，还能同时关注到它的重量（Wang & Baillargeon, 2003）。12 个月大的儿童被证明能与成人一样使用关于物体种类和物体属性方面的信息（Sodian, 2002）。

总之，可以确定的是：只有几个月大的婴儿已经认识物体的物理属性了。

重力和惯性

8 至 10 个月才了
解重力

4 至 6 个月大的婴儿虽然已经关注到稳定性原理和持续性原理，但他们并没有像成人一样具备**重力**（物体向下坠落，直至遇到一个支撑体）和**惯性**（运动的物体会持续运动，直至遇到阻碍物）的直觉。这个阶段的婴儿还不能区分哪些事件是违背重力和惯性原理的，哪些是符合物理原理的。例如，一个球在不被握住时一直停留在空中，这一事例就是违背物理原理的，而球掉落到桌面上就是符合物理原理的事件。婴儿在 8 至 10 个月时，才可能习得关于重力的知识，而关于重力的知识则要到 3 周岁后才能掌握。Spelke 等人（Spelke 等, 1992）总结认为，惯性原理并不属于物理知识的核心内容，而之前所提及的物理稳定性和持续性原理则是核心内容。

重量、密度和物质结构

关于物质的知识也属于物理直觉领域。物体呈现三种状态：固态、液态和气态。儿童从出生起就要面对由各种材质组成的不同密度的物体（Wilkening 等, 2006）。

学龄前儿童已经
能区分现实和
梦境

儿童所具备的关于物质的概念对于儿童的日常生活是十分有帮助的，如学前儿童就已经能够区分真实世界和做梦以及愿望间的区别。从 4 岁起，儿童才能习得对有形物体和无形物体间的根本区别（Mähler, 1999）。

但是研究也显示，儿童对于物质的概念与被广泛认可的自然科学定理并不一致。儿童区分时并不总是依据"有形－无形"这一标准进行。在一个对固体、液体、气体进行归类的任务中，4 至 11 岁的儿童将温度、回声以及影子看作是物质。

凯里（Carey，1991）针对儿童对**物质、质量、重量、密度**和**空气**的理解进行过不同的研究。关于物质，儿童拥有一套与自己内在统一的理论，而这一理论又与成人的有明显的偏差，所以更年幼的儿童认为重量和密度或者空气和空无一物之间并没有区别。凯里向学前儿童提问：一小块泡沫塑料或者一粒米称上去很重、有点重还是没有分量？绝大多数儿童认为它们是没有分量的。根据这些回答可以得出，儿童是根据感知觉的信息来进行评定的，也就是以用手感觉的方式判断这个物体的重量。物质和重量不会分化成无形物体，这种不依赖感知觉的观点直到儿童 9 岁才会形成（Wilkening 等，2006）。

儿童理论与成人理论的偏差

年幼的儿童在理解密度这一概念时也存在一定的问题：8 岁的儿童普遍不能区分一个物体（如圆柱体）的重量和材质（Sodian，2002）。这说明了学前时期的儿童对于重量和密度并没有一定的概念，而这两者在成人的概念中并没有相似之处。凯里认为，儿童所理解的密度就相当于一个以物体形式存在的可以感觉到的重量。从 4 岁起，儿童才能了解有形物体和无形物体间的根本区别（Mähler，1999）。

这一论断指出，在物理知识方面，儿童和成人具备相似的直觉理论。如前所述，这在婴儿期就已经存在，因为他们对于物体物理属性的预判跟成人相近。学前儿童具备的物理知识比皮亚杰所认为的更多。而且很多思维错误也并非如皮亚杰所认为的那样是儿童的基本认知错误，如路径、时间和速度。皮亚杰得出的研究结果更多的是因为采用了不符合儿童年龄的研究方法。采用当代的研究方法得出的结论显示，学龄前儿童已经可以理解许多基本概念，如路径、时间和速度。他们也可以完成融入了不同类别综合信息（如时间和路程）的任务。[1]

儿童的直觉认知体系和成人的理论体系在很多领域是一致的

1　Anderson & Wilkening, 1991; Wilkening, 1981（引自 Sodian, 2002）

　　总之，儿童在早期就具备及习得一定的物理知识（Mähler，1999），并且就"概念模式"而言，这些知识大体是与生俱来的（Sodian，2002）。除了这些早期物理知识能力的例子外，还有一些研究认为：儿童也有一些错误的物理想法。这些错误想法直到成人时期还固执地存在，并且即使因此经历大量的错误也依然会顽固地继续存在下去（例证参见第 3.3.2 小节，第 73 页）。

　　如前所述，**特定领域的概念性知识**对于认知发展具有巨大的意义。另一个重要的决定因素则是知识习得、思考和学习中的**元认知和元认知理解力**。

　　元认知和元认知理解力是指，对自身知识习得（思考和学习）的认识和想法。有研究指出，缺乏元认知能力是对某一特定知识领域学习的障碍，尤其是在自然科学概念的习得中。[1]由于这个方面对于认知发展的决定性作用，关于元认知的内容会在本书第 5 章进行详细探讨。

1　Carey 等，1989; Carey & Smith, 1993（引自 Sodian, 2002）

3.4 技术教育相关的发展心理学理论总结

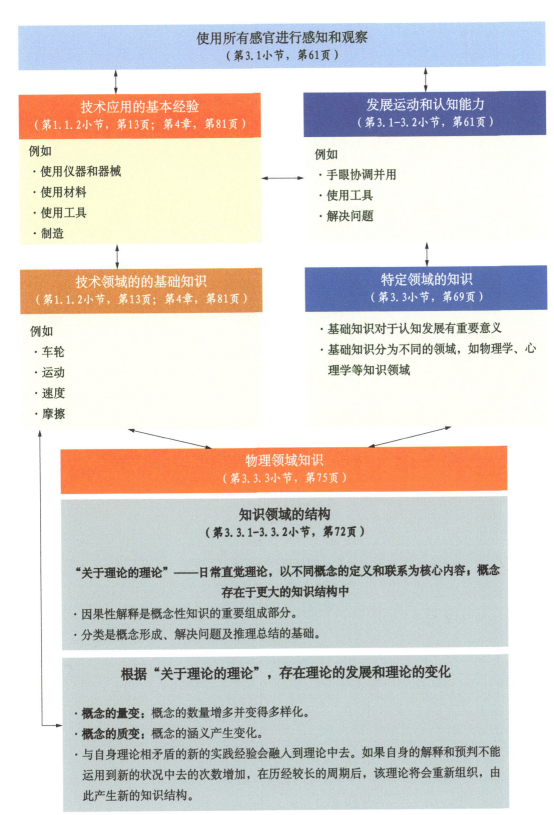

图3 技术教育相关的发展心理学理论总结

4

技术教育的目标

4 技术教育的目标

关于技术教育的基本目标，第 1.1.2 小节（第 13 页）中已有概要说明，本章将更详细地介绍教育内容及教育目标，包括获得基本技术经验、加深对技术的认识、语言表达及符号表达。同时，也将涉及一些教学方法。

本章并不能详细说明所有可能的技术领域的主题，重要的是介绍一些教学方法，借助实例说明如何获得基本的技术经验，包括如何使用设备和工具，以及如何深化认识等。为了说明如何通过日常生活经验获得对技术的基本认识，将对一些主题展开详述，例如教师与儿童通过互动传授关于齿轮的知识。而传授技术基础知识总发生在这样的情境中：既能获得基本生活经验，又能在此基础上尽可能地深化认识。这些情境并非通过一个独立的段落进行描述，而是通过一些具体项目的实例来呈现，其中一些实例将在第 6 章再次详细介绍。

4.1 具有基本技术经验和技术基础知识

4.1.1 在日常生活中获得技术经验

关于日常生活中的**技术经验**，本处特指儿童在日常生活中**使用技术设备的经验**，即初次接触技术设备、学习使用并描述其日常功用。包括接触简单的技术设备，如**电灯开关**及**抽水马桶**；也可以学习独立操作**录音机**、**电话机**或使用简单的**电脑软件**。同时，儿童也可以接触某些设备或车辆，虽然无法独立操作、也不是触手可及，但这些设备或车辆却在生活中占有一席之地，例如汽车和挖掘机，也包括火车和飞机。**图 4**（第 84 页）展示了生活中的某些情境，儿童身在其中并会对此产生兴趣。图 4 中涉及的内容仅为范例，用以示范主题可以

如何分类。除此之外，还有其他分类可能，例如按功能分为"会飞的东西"、 不一样的主题分
"会行驶的东西"、"会转的东西"等。 类方法

当成人向儿童介绍某种设备或机器时，除了回答他们提出的具体问题，还
应关注以下问题：

关于设备与机器运行方式的问题

- 这样的地方（如工地、厨房）会有什么设备？
- 这些设备是什么样的？
- 怎么使用这些设备？
- 这些设备怎么工作？
- 这些设备由哪些部分组成？
- 这些设备给人们解决了什么问题？
- 没有发明这些设备之前，人们如何完成工作？

技术基础知识：机器

如何从技术角度出发给机器下定义？普遍的定义认为：机器可以传
导力并同时做功。某些机器可以同时将一种能转化为另一种能。简单的
机器包括杠杆、滑轮及斜面，而复杂些的机器包括自行车、汽车及飞机。
早在石器时代，人们已经会利用简单机器原理制造陷阱以及弓箭。

任何机器都由活动组件构成，例如杠杆、齿轮、传送带、轮子、传
动挡块、曲柄及弹簧等。部分组件运动速度很慢，几乎难以察觉；而部
分组件运动速度又很快，例如车轴飞快转动、齿轮飞转，让人应接不暇。

这些机器都有一个共同点：它们需要力或动力驱动，它们传送力并改变力的形式。

功也可以"存储"，人们称之为能量：能量可以做功。能量有不同的存在形式，例如动能、势能、化学能、电能、光能、热能、核能等。人们可以使各种形式的能互相转化。通过水的流动，涡轮机可以将部分动能转为电能；食物中蕴含着化学能，人的身体可将其转为动能及热能。关于能量的基本原理是：能量不会被创造出来，而只是一直以不同形式存在着。

（Macaulay & Ardley, 2004）

儿童在日常生活中应用技术的基本经验

(1) 在幼儿园及家里使用的技术

厨房
· 炉灶和面包机
· 冰箱
· 手持搅拌器
· 厨房秤
· 果蔬脱水器
· 吸尘器

浴室
· 家庭供水系统
· 抽水马桶
· 水龙头

信息与通信设备
· 电话机
· 电脑
· 电视机
· 收音机

在工地使用的技术
· 挖掘机
· 起重机
· 混凝土搅拌机

(2) 在游乐场使用的技术
· 滑梯
· 跷跷板
· 秋千
· 转盘或旋转木马

在飞机场及火车站使用的技术
· 飞机
· 飞行
· 火车

垃圾回收使用的技术
· 垃圾车
· 垃圾回收利用
· 垃圾焚烧

消防使用的技术
· 消防车
· 灭火的水从哪来

(3) 在街道、地面上及地下使用的技术
· 车辆
· 货物运输
· 交通信号灯
· 建筑
· 地下管线

留给教师的问题
还有哪些儿童特别感兴趣的技术问题？
· _____
· _____
· _____
· _____
· _____
· _____
· _____

在农场使用的技术
· 拖拉机与联合收割机
· 犁、播种机与水压机
· 挤奶机

图4　儿童在日常生活中的各种技术应用

1　标有（1）、（2）、（3）的内容将在后文相应段落详细展开（编者注）

（1）在幼儿园及家里使用的技术：厨房、浴室、信息与通信设备[1]

厨房

日常生活中，儿童对家里的各种设备再熟悉不过，厨房里有各种设备及电器（Rübel Holzwarth-Reather,2003），借助于**图 5**（第 86 页）可以大致认识它们。儿童认识"自家"厨房里的哪些设备？微波炉、冰箱、洗碗机、炉灶、面包机、咖啡机，还是手持搅拌器？这些设备各自派何用场？它们每天都被使用，方便了人们的日常生活，所以儿童有很多练习操作及使用的机会。用搅拌器将一根香蕉制成果泥，儿童会乐在其中；将一根胡萝卜塞进榨汁机，汁水流出的样子也深深吸引着他们；绞肉机不是每个家庭都有，儿童对此有强烈的兴趣观察，希望能亲力亲为。

将家庭和幼儿园里的学习联系起来

这些设备的内部构造如何？它们的工作原理是什么？儿童可以将废旧的设备带至幼儿园，并在**"拆卸工坊"**里仔细观察、拆卸（Gäschel Kaiser-Zundel,2007），适合此类操作的设备有果蔬脱水器和普通搅拌器等。

操作实例建议

在艾格斯多夫的布拉提诺幼儿园，儿童就有这样的机会，他们可以在**"拆卸工坊"**拆卸废旧、损坏的家用电器，并研究它们的内部构造。儿童学习使用螺丝刀、组合钳、内六角扳手、螺母扳手等。在这过程中，儿童和教师一起为下列问题寻找答案：

- 各个部件的名称是什么？
- 各个部件分别有什么功能？

拆卸过程中会"出现"各个组件，这会使儿童产生一个想法，即用这些部件组装新的设备——创建一个**"发明家工坊"**。除了拆卸过程中产生的各种部件，儿童还可使用各种形状的木块、塑料瓶、小盒子、螺旋盖、

1　标题中的颜色与后文相应段落的颜色对应，便于查找（编者注）

> 按钮及纸盒，借助于钉子、螺栓、胶水、绳子和丝线等材料发明新物品。至于较大的部件，则可利用热胶喷枪及电烙铁将其粘连。从安全的角度考虑，只有成人在场的时候才可以使用上述两种工具。
>
> （具体案例参见本系列丛书的《德国学前儿童项目式学习案例》分册）

手持搅拌器
- 儿童的日常技术经验：
  搅拌奶油、和面
- 技术基础知识：
  传动、齿轮
- 相关的其他领域：
  果蔬脱水器、烘焙

留给教师的问题
- 还有哪些儿童特别感兴趣的技术问题？
- ＿＿＿＿＿＿＿
- ＿＿＿＿＿＿＿
- ＿＿＿＿＿＿＿
- ＿＿＿＿＿＿＿
- ＿＿＿＿＿＿＿
- ＿＿＿＿＿＿＿
- ＿＿＿＿＿＿＿

厨房秤
- 儿童的日常技术经验：
  称量糕点或给菜肴配料
- 技术基础知识：
  平衡、杠杆原理、弹簧

厨房

炉灶、烤箱和面包机
- 儿童的日常技术经验：烧水及烧饭、加热披萨、烘烤糕点、烤面包片
- 物理基础知识：
  电能与热能
- 相关的其他领域：
  烘烤与烹饪、水的三种状态、烘烤过程中产生的化学反应

厨房内的其他设备，例如开瓶器、果蔬脱水器、胡椒研磨器
- 儿童的日常技术经验：
  开启瓶塞，果蔬脱水，研磨粮食、咖啡、胡椒
- 技术基础知识：
  开启瓶塞、研磨及脱水果蔬时应用到杠杆、齿轮原理

冰箱、冰柜
- 儿童的日常技术经验：
  冷藏饮料、食品，冰冻食品
- 自然科学基础知识：
  水的三种状态
- 相关的其他领域：
  水的状态及温度：固态与液态

图5　各种厨房设备的技术应用

儿童可以在厨房观察、发现并研究许多吸引人的东西，但成人还应该告诉儿童，厨房里也会有危险，要学会安全操作：

- 如果不使用某种设备，应使其插头与插座处于分离状态。
- 插座应一直处于安全防护状态（有防触电贴）。
- 儿童拆卸设备之前，必须确定设备没有尖锐的边角，以降低受伤害风险。
- 让儿童知道，烹饪状态下的炉灶、烤箱及冒出的蒸汽都是高温高热的。

无论器械还是电器，其工作原理都建立在一系列科学原理的基础上。所以，可以利用这些设备向儿童强化科学或技术原理：不同的设备分别会应用到杠杆（如厨房秤）、曲柄（如手持搅拌器）及齿轮（如果蔬脱水器），这些设备激发并加强了儿童天然的兴趣（Näger，2004）。通过研究设备，还能接触到能、热及水等自然科学的主题，也可以对其进一步了解。例如，认识和研究炉灶的时候，可以同时研究水，如果利用炉灶烹饪，就可以同时了解水的三种状态（固态、液态和气态）；同样，如果研究冰箱和冰柜，就可以了解水的冰冻状态。关于这些设备，下文将有进一步介绍。

技术领域的基础知识：齿轮

与媒介、信息及通信技术的联系

- 控制技术的应用：例如调节"厨房钟"、微波炉计时装置，设置烤箱的温度等

与自然科学及数学的联系

- 称重与测量

炉灶、烤箱与面包机

这些设备可以派什么用场？它们怎么工作？如果启动电炉或烤箱，会发生什么？炉灶上的工作台面安装了热导体，如果有电流通过，热导体则升温，铸铁炉盘及玻璃陶瓷区产生热量。该热量传导至炉灶上的锅体及锅内烹煮物。通常，炉灶前部的旋钮可以调节炉盘温度；如果是新式设备，则通过电子或数码方式调节。借助于炉灶，儿童会加深对热力的理解：炉灶需要的电流来自哪里？热量如何从炉盘传导至锅体部分？如果借助水来展示这一原理，将盛有水的锅置于炉灶上加热，可以观察水在加热过程中的变化。如果降低温度，又会怎么

技术领域的基础知识：能量

样？儿童可以思考所有相关问题、表达自己的想法，并与同伴及教师一起深入分析。

通常，炉灶下方是**烤箱**。儿童可以研究烤箱的内部，其上部、下部的加热棒都会升温，从而加热放置于烤箱内的食物。儿童可以提出问题：披萨放在哪个位置热得最快，烤箱上部，烤箱下部，还是烤箱中间的位置？为什么？如果研究的是热风循环烤箱，其内部装有风扇，热空气则平均分布于烤箱内部。这种烤箱的优点是可以同时加热多个食物。[1]

与自然科学的联系

- 使用炉灶将水加热，从而观察水的状态变化。
- 空气升温，从而加热烤箱内部的食物。
- 烘烤糕点的过程中会产生化学反应，发酵粉在其中起什么作用？

其他问题

- 从前没有炉灶，人们如何加热食物？
- 炉灶（烤箱）还应用于何处？面包师使用何种烤箱或炉灶？

面包机也利用热能工作。儿童可以学习使用面包机，并研究吐司机内部的工作原理。一旦压下把手，就会接通导热装置。如果朝面包机里看去（注意：内部高温会有热气喷出），就会看到其内部构造——侧壁及中间隔断处均有导线。电流通过导线，导线升温发烫，从而加热面包片。面包机内部装有温度传感器，如果达到事先设定的温度，则发出信号，面包片自动送出。在面包机内烘烤越久，面包越脆。可是，如果因为外送装置故障等原因，面包在机器内部时间过长，则可能会被烤焦（此处可与自然科学中的火相联系）。过于干燥的面包片会很快变色。[2]面包机的其他方面也可深入研究，例如温度及温度传感器：什么地方也会用到温度传感器？如何在吐司机外部测量温度？如果谁家里有废旧的面包机，可以拿来拆卸并研究。

---

1   来自《儿童技术活动大百科》（Der Kinder Brockhaus Technik），2005
2   《儿童技术活动大百科》，2005；Rübel & Holzwarth-Reather, 2003

与儿童一起烘焙蛋糕：幼儿园里的烘焙工坊

　　德国不来梅有一家圣约翰内斯·阿斯顿幼儿园，那里曾开办过多种"店"，例如花房、书店和画廊，除此以外还曾开办过"烘焙工坊"，儿童们可以在那里生产饼干和面包。生产中需要使用手持搅拌器和烤炉，儿童们因此不断积累使用设备的经验。另外，他们还尝试使用酵母和发酵粉，加深对自然科学知识的理解。然后，儿童们接受订单、销售产品，为此会初次接触电脑、应用文字处理程序（与教师一起用电脑设计、填写订单）。无论是处理订单，还是计算销售价格，都要理解其中的数学关系。总之，除了烘焙时所用的技术，称量原料、采购材料以及销售点心都需要用到数学内容。

　　在该项目的后续阶段，儿童们还参观了幼儿园附近的面包房，实地了解和面机的工作过程，以及如何擀面、面包如何成形。

（具体案例参见本系列丛书的《德国学前儿童项目式学习案例》分册）

冰箱

　　冰箱在家庭中很常见，幼儿园中也可能会有，所以儿童从小就熟悉这种电器。儿童会有这样的生活经验：如果把食品直接从冰箱内取出来，会感觉特别冰冷。人们为什么要将食品与饮料放在冰箱里？这样是为了解决什么问题？如果食品不放在冰箱里，又会怎么样？冰箱这个主题很适合与自然科学相联系：儿童可以做实验，比较冰箱内外的食品有什么不同。另外，也可以借助这一主题加深对数学知识的理解。冰箱内的温度到底有多低？如何测量冰箱内的温度？冰箱内也有冷冻区，那里有多冷？冷藏区和冷冻区的温度有何区别？

与自然科学相关的内容：物体的状态

　　基于以上内容，可以从技术角度研究冰箱，也可以基于此深化对自然科学与数学的认识。

与自然科学的联系

- 水的各种状态：固态与液态
- 自制棒冰

与数学的联系

- 测量温度：冰箱内的空气温度为多少？水在冰箱内的温度是多少？
- 结冰：水的冰点是多少？水从液态开始转为固态，需要多长时间？水完全结冰，需要多长时间？

从历史发展的角度看技术

- 以前没有冰箱，人们如何保存食物？
- 如果长时间乘船出海，船员或海盗如何保存食物？

手持搅拌器

手持搅拌器是日常生活中的另一种技术设备。它使儿童明白，技术设备可以极大地方便人们的日常生活。此外，儿童还可以认识打蛋器及机械式搅拌器。搅拌布丁、面团或奶油时，他们可以先使用操作简便的打蛋器。如果感觉操作费力，就换成更快速、更方便的机械式搅拌器。各种设备的功能得到了具体的展示，从而深化了儿童对技术知识的认识与了解。其中的"传动器"是一种机械装置，直接通过齿轮或由链条连接的齿轮传递运动，使各部分彼此推动。也就是说，一个传动装置包括多个齿轮。

技术基础知识：轮子与齿轮

就技术领域而言，轮子是最重要的构造元素之一。轮子常见于汽车、自行车、直排轮滑等物件上，若干轮子被固定在一根轴上，以传递动力。轮子的意义重大，齿轮也同样重要，齿轮的大小形状不一，最常见的是正齿轮和锥齿轮。在许多家用电器上可以找到齿轮，汽车上也有。

（Macaulay & Ardley, 2004）

至于手摇搅拌棒，则是一种应用了锥齿轮的传动装置。

什么是锥齿轮传动装置？

两个齿轮就可以构成传动装置。锥齿轮传动装置的啮合方式为锥齿啮合。在这种传动形式中，两个传动齿轮之间形成90度夹角（见左图）。

手摇搅拌棒中的锥齿传动

两根搅拌棒与锥齿轮同轴固定，通常，齿轮大小迥异。手的运动通过齿轮传递到两根搅拌棒。手柄的运动速度较慢，而搅拌棒的速度较快、且互相对向转动。借助于手柄，人们驱动较大型的双锥齿传动轮，后者又驱动两个锥齿轮。

如果两个同等尺寸的齿轮彼此啮合，则其转动速度相同；如果两个齿轮尺寸不同，则较小者转动速度快于较大者。如此，通过齿轮的机械装置，人们实现了从慢到快地做功，搅拌棒帮助人们减少了做功（Rübel Holzwarth-Reather, 2003）。

搅拌速度更快、更实际方便（也更难以握持）的是电动搅拌棒。其实，这也是一种应用了齿轮的机器，但其驱动力并非来自手柄，而是来自转速较快的小型马达。电动搅拌棒也配置了两根搅拌棒，它们的转动方向完全相反。

什么是行星齿轮装置？

果蔬脱水器，则涉及到行星齿轮装置：一个外置的齿轮圈驱动一个内置的行星齿轮，行星齿轮又驱动一个位于中央的较小恒星齿轮（太阳齿轮）。上述现象在果蔬脱水器中得到完全展示（见右图）。

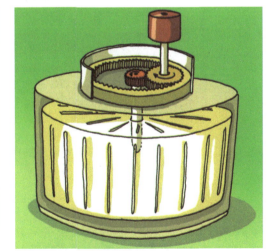

与其他领域的联系

- 什么地方还应用了传动装置？
- 什么地方可以观察到传动装置？
- 有无可能自行拆卸及制造一个传动装置？

操作实例建议

从苹果削皮机到自行车：齿轮传动的机器

在巴伐利亚州的一家幼儿园，儿童曾经基于苹果削皮机（一种厨房用具）研究各种齿轮。具体案例描述可参见 6.1 项目案例（第 152 页）。

厨房秤

借助于厨房秤，儿童一方面可以深入了解技术知识，另一方面也可以学习使用这种设备。新式厨房秤属于电子设备，也就是说，它需要使用电池或外接电源才能工作。虽然新式厨房秤使用方便，但就积累使用经验、深化知识而言，弹簧秤或普通天平可以更好地帮助儿童理解技术原理。

了解秤的工作原理

利用厨房秤学习称重的技术原理是因为儿童很喜欢天平，其原理等同于游乐场的跷跷板（参见"跷跷板"部分内容，第101页）。

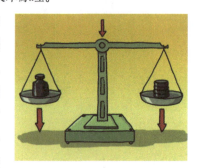

天平是一种衡器，由支点（轴）在梁的中心支撑天平梁而形成两臂，每条臂上挂有一盘。如果要称量物体，则将其置于其中一个盘上，另一个盘上不断放置砝码，直至天平横梁处于水平状态。儿童可以尝试将多种物体置于平衡状态，借此产生基本认识。烘焙、烹饪时需要称量调料，此时也可以使用天平。

杠杆原理是什么？

杠杆是一根棍，它被固定在某个支点并围绕其运动。通过**牵引**或**按压**，向杠杆的一端施力，杠杆则围绕支点运动，可克服阻力或支起杠杆另一端的重物。作用力到支点的垂直距离为力臂。力臂的长短与施加于杠杆的作用力的大小有一定联系。如果延长力臂的长度，力则相应减小。

杠杆原理即为：动力 × 动力臂 ＝ 阻力 × 阻力臂

(Macaulay &Ardley, 2004)

下图中杠杆的支点刚好位于杠杆的中点（动力臂＝阻力臂），动力与阻力大小相等。

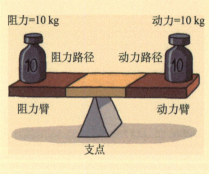

下图中支点并非位于杠杆的中心点。动力与支点的距离是阻力与支点距离的 2 倍，动力却是阻力的一半。

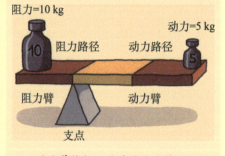

动力臂越长，需要的力就越小。

等重和杠杆原理

为加深对技术知识的理解，儿童可以和教师一起找出天平的技术依据。天平实际起着杠杆的作用：如果天平横梁保持水平，则意味着砝码与被称物等重。幼儿可以利用这一原理做实验，自行制造天平。为此需要一根木棍和可用作秤盘的物品。通过这种方式，幼儿可以亲身体验相关技术原理、进行精确实验，从而学习技术常识。可以想想，其他什么领域还能应用到这种原理呢？

厨房里哪些工具会应用到杠杆？

开瓶器：开瓶器是一种单臂杠杆，其支点位于杠杆的一端，外力作用于另一端，而阻力施力点则位于二者当中。动力与支点的距离大于阻力与支点的距离。通过向上提拉杠杆，人们可以较省力地克服瓶盖的阻力。

坚果钳：坚果钳由两个单臂杠杆组成，二者共同的支点位于连接轴处。

剪刀：普通剪刀是一种等臂杠杆，利用靠近轴的部位来剪则最省力。

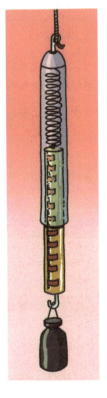

弹簧秤

弹簧秤只有一个秤盘（或挂钩），与一根可伸缩的弹簧相连接。称量重物时，弹簧被拉长，拉长的长度与重物的重量（重力）成正比。固定在弹簧上的指针会显示被称物体的重量。[1]该弹簧秤为机械式弹簧秤，可拆卸并进一步观察研究。

浴室

家庭供水系统

拧开龙头，水就会自动流出，儿童很熟悉这种现象。可是，水管里的水来自哪里呢？湖泊、河流，还是地下？水进入各个家庭之前，都需要经过自来水厂的净化处理，幼儿园所在区域有自来水厂吗？经过自来水厂的增压，水就通

认识排水系统

1　《儿童技术活动大百科》（Der Kinder Brockhaus Technik），2005

过地下水管来到我们的浴室。给水施加的压力要足够大，因为它不会自行向上流淌。在龙头被拧开之前，水停在水管里。一部分水流出水管之后，空出的地方又马上被填满。如果希望水管里流出热水，则须预先加热。儿童可以在幼儿园思考：什么地方铺设有自来水管？铺设水管需要方案或者设计图纸吗？

水龙头

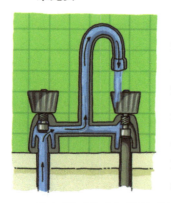

水龙头必须能承受很大的压力。经历过水龙头爆裂、水管破损，或试图堵住水龙头的人知道，水承载了多大的压力，对抗这种压力又有多么难。在水龙头内部，主要借助于螺纹技术对抗水压，通过轮与轴的做功，密封片阻挡水流出。一旦拧上水龙头，摩擦力会防止水龙头松动。大多数儿童都会熟练使用水龙头，但其背后的技术原理也值得人们去深入探究（Macaulay Ardley，2004）。

水龙头的螺纹

为加深对技术知识的理解，可以拆卸一只水龙头，以便儿童认识螺纹。为更好地展示其内部，也可将水龙头剖开。儿童还知道其他用到水龙头的场合吗？许多儿童应该见过螺栓和螺母，他们能够认出并叫出它们的名称。什么地方会用到螺栓？人们可以用什么方式紧固以及拆卸螺栓？

螺　栓

所有螺栓都有一个共同点：外部有螺纹。不同之处在于形状，有圆柱形的螺栓也有锥形的螺栓。锥形的螺栓一端为尖头，可以将其钉入木板。圆柱形的螺栓通体粗细一致，可将其与另一内螺纹啮合，或与专用螺帽配合。徒手、使用六角扳手或螺丝刀拧螺母时，分别需用多大的力？如果使用六角扳手或螺丝刀，操作人能够更加省力。

(Macaulay & Ardley, 2004)

抽水马桶

抽水马桶的吸力

使用抽水马桶的时候，儿童会很好奇到底发生了什么。无论是在家里，还是在幼儿园，儿童都很熟悉抽水马桶，总是愿意亲手按下冲水按钮。抽水马桶到底是如何工作的？水从哪里来？为什么必须要等一下才能再次冲水？如果按动水箱上的按钮，会发生什么？儿童可以与教师一起观察水箱，从而加深认识。一旦按下按钮，水箱底部的塞子就被提起，水箱里的存水轰然冲下，下水处则会产生吸力，而同时又会有水慢慢注入水箱。与冲水相比，进水速度稍慢，所以必须稍等片刻，直至再一次蓄足存水，才可冲水。冲水的过程中，一旦水箱内剩余的水量少到一定程度，塞子会自动落下，再次堵住出水口，水箱内才能继续存水。可是水箱怎么"知道"水量是否存够了呢？水面上有一个小塑料件，即"浮球"，它能保证水箱内的水不外溢。一旦水面到达一定的高度，浮球漂起带动入水口关闭，此时水箱里的水量就足够下次使用了。这个设计既不需要电力，也不需要电脑程序，背后藏着巧思妙想的机械原理（Berger，2004）。

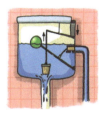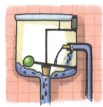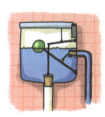

操作实例建议

在莱因河畔蒙海姆有一家幼儿园，在"可持续发展"的教育理念下，那里的儿童开展了"幼儿园中水的使用"主题活动。该幼儿园曾被改造过，面盆上方安装了透明的水箱，面盆下方是存水弯管。一方面便于观察水流，另一方面便于他们就技术问题提问。有的时候，幼儿园也会将面盆下面的存水弯管撤掉。实验过程中，儿童们一边刷牙，一边任凭水龙头出水，紧接着，他们要测量这种情况下会浪费掉多少水。幼儿园利用这种方法来提醒儿童，应该节约使用水这种宝贵的资源。

（具体案例参见本系列丛书的《德国学前儿童项目式学习案例》分册）

吹风机

吹风机是一种家用电器，通常见于浴室中，不仅可以用来吹干头发，还可以快速吹干衣服上的水渍。吹风机也是很好的技术教育突破口，它将电转化为热与风，可以加深儿童对烘干、空气和风的理解。吹风机内置电力驱动的风扇，

电转化为热

风扇产生的气流经过炙热的加热线圈，变成热风。加热线圈的温度可控，它通过多级开关来调节温度。一旦加热到需要的温度，加热线圈的某条电热丝则断电；一旦温度过低，加热线圈则又自动通电。

与自然科学的联系

- 空气主题：洗过的衣服如何快速变干？
- 哪些技术设备可以让衣服更快地变干？

留给教师的问题

- 还有哪些儿童特别感兴趣的技术问题？
- _____
- _____
- _____
- _____
- _____

水龙头

- **儿童的日常技术经验：**
  洗手，打开及关闭水龙头
- **技术基础知识：**
  水压，螺纹
- **与其他领域的联系：**
  各种螺栓及螺纹

可持续发展的教育

- 洗浴的时候应节约用水
- 人们使用清洁剂和香皂，造成了环境污染

家庭供水系统

- **儿童的日常技术经验：**
  浴室、厨房、花园等各处用水
- **技术基础知识：**
  水压，管道系统
- **与其他领域的联系：**
  自来水厂，净化厂，水井

浴室

吹风机

- **儿童的日常技术经验：**
  头发、被水打湿的衣物、热水淋过的镜子，都可以用吹风机吹干
- **技术基础知识：**
  电流、热、空气
- **与其他领域的联系：**
  风与太阳、热风、冷风

抽水马桶

- **儿童的日常技术经验：**
  使用抽水马桶
- **技术基础知识：**
  抽水马桶的机械过程
- **与其他领域的联系：**
  家庭供水，水从何而来，污水又去向何方？

图 6　各种浴室设备的技术应用

信息与通信设备[1]

儿童从小就接触到信息与通信设备。他们好奇遥控器上的每一个按钮，观察成人如何使用电话机，尝试接通 CD 机的电源，也着魔似地注视着电视屏幕上发生的一切。许多儿童也熟悉家用电脑，人们可以通过它查看照片及玩游戏。图 7 概括介绍了许多家庭中使用的信息与通信设备。

电脑

- 儿童的日常技术经验：
  电脑游戏，网络
- 技术基础知识：
  将电脑联网，网络
- 与其他领域的联系：
  打字机

留给教师的问题

- 还有哪些儿童特别感兴趣的技术问题？
- _____
  _____
  _____
  _____
  _____
  _____
  _____
  _____
  _____
- _____

电话机、手机和传真机

- 儿童的日常技术经验：
  使用座机、手机
- 技术基础知识：
  电话线，卫星
- 设计与制造：
  组装盒式电话机

信息与通信设备

电视、视频和照片

- 儿童的日常技术经验：
  遥控电视机，看电视，录像和摄影
- 技术基础知识：
  照片如何产生
- 与其他领域的联系：
  通过拍摄的手段来记录自己的项目

控制技术

- 儿童的日常技术经验：
  调节微波炉与炉灶，使用秒表
- 技术基础知识：
  拆卸与组装电器
- 与其他领域的联系：
  在烘焙与烹饪的时候使用秒表与煮蛋计时器，时间

收音机、CD机和录音机

- 儿童的日常技术经验：
  听收音机、CD与磁带
- 技术基础知识：
  拆卸并组装各种技术设备
- 与其他领域的联系：
  借助磁带记录采访内容

图 7   各种信息与通信设备的技术应用

---

1   更多内容参见本系列丛书的《德国学前儿童媒介教育》分册

电脑

除了能在家庭中使用，电脑在社会生活中发挥着更大的作用。借助于专门软件，电脑可以处理文档和图片、查看照片、扫描、绘图、计算、排序、管理及通过网络发送文件。电脑是迄今为止用途最广泛的机器（Macaulay Ardley，2004）。处处都有电脑的身影：无数的工作岗位上、超市的收银台里以及汽车里。儿童还能想到哪些例子？他们父母的工作中是否用到了电脑？日常工作以及休闲生活中，电脑都派何用场？如何开启电脑？哪些部件与开启电脑有关？儿童曾自己写过邮件吗？儿童可以在成人的帮助下建立自己的邮箱，发送邮件及照片。有废弃电脑的家庭可以将旧电脑带到幼儿园，供儿童拆卸研究。

操作实例建议

除了使用电脑，儿童也有兴趣看到电脑的内部。在一家幼儿园里，一块小磁铁从电脑的某个开口掉了进去，于是儿童们想到要拆开电脑。他们拧下一个个螺丝，又敲又打，榔头、螺丝刀和钳子轮番上阵。6.2 项目案例（第 163 页）对此有详细介绍。

电脑与网络通过学习软件为儿童提供了许多机会去接触并学习各种信息。相关内容将在本系列丛书的《德国学前儿童媒介教育》分册中加以详述。

键盘不仅可以使用，还可以通过拆卸的方式加深对知识的理解。就这点而言，另外一种机器也值得向儿童推荐，也许有的人家里还能发现它的身影，那就是打字机。许多儿童已经不认识它，可如果用它将字母直接打在纸上，也许儿童会和他们的长辈一样开心。一方面，儿童可以观察打字机的工作原理；另一方面，儿童会将其与电脑进行比较。

打字机利用杠杆装置工作：按动某个字母键，该字母借助若干杠杆装置（通常为 5 个）最终出现在纸上。而键盘并非通过机械方式，而是采用电子方式工作（Macaulay Ardley,2004）。

电话机

电话机的发展历史也是一个可以与儿童一同研究的极好主题。从过去巨大的信号旗、摩尔斯密码、电报，到公用电话机、手动（机械、电子）通信、光缆与卫星天线、电话网络，一直到移动电话机，人们的交流方式因技术的发展而发生改变。从前没有电话机，人们如何实现远距离联络呢？

无线通信

也许，有的人家中还保存着带有数字拨盘的老式电话机，可以将其拆卸并观察研究，老式电话机和现代电话机有何不同？

操作实例建议
基于对玩具手机的兴趣，巴伐利亚州一家幼儿园的儿童开展了以电话机为主题的探索活动。6.3 项目案例（第 173 页）对此有详细介绍。

儿童可以自行设计、组装电话机。找两个罐子，用钉子在罐子的底部穿一个小洞，罐子的边缘贴上绝缘带。将一根长约 10 米的绳子穿过洞口，然后在罐子内部打结。两名儿童相距合适的距离站定，使绳子处于拉紧的状态。一名儿童对着罐子的开口处讲话，另一名儿童则把自己罐子的开口贴近耳部。如果有人对着罐子开口处讲话，罐子底部就会振动。这种振动通过拉紧的绳子传到

自制电话机

另一个罐子的底部，然后又转化为空气的振动，这种振动最后传到另一个人的耳部。以上只是一种感受，但电话机的工作原理与此相似，只不过它是将声波转为电信号，通过电话线实现电信号的传输（Näger，2004）。

儿童也可以利用水管进行实验。他们需要一根花园水管（至少2米），在两端各安装一个漏斗。两名儿童各站在水管的一端，其中一人对着漏斗讲话，

另一人听。注意，不可以对着漏斗叫喊，否效果则会吓到对方。如果对话时双方无法看到彼此，效果则会更使人印象深刻。双方可以尝试猜测，"管线另一端"是谁的声音。

就通讯联络而言，可将邮件纳入研究范围，它也能证明技术进步改变了人们的通讯方式。从前，人们如何书写并传递信件？通信系统最终是如何实现电子邮件的？（Hope，2004）

操作实例建议

在汉堡的一家幼儿园，儿童与教师一起研究大气主题，放飞了带有信件的气球。儿童因此对邮政产生了极大兴趣，将装有信件的瓶子（漂流瓶）投入易北河（中欧的主要河道之一）。一方面，可以从中引申自然科学主题，即认识易北河与水；另一方面，也可以深化技术主题：我们的邮政系统如何运转？今天的人们如何以书面的形式联系彼此？

相关内容的详细描述，参见本系列丛书的《德国学前儿童自然科学教育》分册。

照片

和数码相机打交道的经验

对于儿童来说，照相同样与使用技术设备相关。儿童可以亲手操作数码相机，无需高额花费就可以拍摄及删除照片。就应用相机而言，除了了解其技术因素，另有一个重要作用，即用相机来记录儿童学习的内容。除了拍照，儿童还可以参与挑选照片，教师可以利用这一机会与儿童交谈，讨论他们照片上的行为与学习内容。

(2) 在游乐场使用的技术

体验力和运动

日常生活中，儿童都有户外活动的经历。幼儿园有室外活动区域，那里会

装备一些运动器械，例如跷跷板、滑梯、转盘及秋千。无论哪一种器械，都会应用到某种技术原理。在户外游乐场，儿童会有许多关于力与运动的体验，并且能够以游戏的方式体验这些器械。滑梯在什么条件下最利于滑行？跷跷板在什么条件下最有乐趣？儿童和成人玩跷跷板似乎乐趣不大，如何使跷跷板另一端体重更大的人跷起？如何利用这些日常生活场景，帮助和引导儿童获得以及理解技术知识，并延伸到其他领域？下文对此将有详述。图 8（第 102 页）列举了可以在游乐场开展的部分技术教育主题。

跷跷板

体重更大的成人坐在跷跷板的一端，对面的儿童怎样才能使他跷起呢？如果跷跷板两边都是儿童，怎样才能保持平衡？体重稍大的人应该怎样做？他应该朝跷跷板的中间部位移动。跷跷板可以强化儿童对相关知识的理解。大多数儿童都在幼儿园之外的地方接触过这种器械，他们在跷跷板上向前或向后移动，或坐到后面靠近端点的地方。通过这种方式，儿童可以掌握平衡及杠杆原理。他们也可以尝试就各种问题找出最佳解决方案，例如"最好玩的跷跷板应该是什么样子"。可以从现有的跷跷板中或通过动手仿造一个找到答案。

跷跷板的平衡

跷跷板是一种杠杆（可参见前文中关于杠杆原理的内容，第 92 页），具体而言是一种等臂杠杆，它被固定在一个有旋转点的轴上（这个点是跷跷板的支点），并围绕其转动。跷跷板的支点恰好位于正中间，所以两名体重相同的儿童各自坐在两端，才是最佳的游戏方式。

如果一个人的体重越大，就越难被跷起。此人应靠近跷跷板的支点，以缩短自己的力臂（人到支点的距离）。如果一人体重是另一人的两倍，则很难被跷起，只有将其力臂缩短为另一人的一半时，双方才能共同游戏。

杠杆原理告诉我们，离支点的位置越近，人就要有更大的体重，才能把跷

体验杠杆

留给教师的问题

· 还有哪些儿童特别感兴趣的技术问题？
· _____
· _____
· _____
· _____
· _____
· _____

跷跷板

· **儿童的日常技术经验：**
与体重相同、体重稍轻、体重稍重的人玩跷跷板
· **技术基础知识：**
杠杆原理
· **设计、制造和搭建：**
利用木板和圆木制造跷跷板
· **与其他领域的联系：**
天平

滑梯

· **儿童的日常技术经验：**
穿不同的衣服，体验不同的材质
· **技术基础知识：**
摩擦、斜面
· **设计、制造和搭建：**
制造一个斜面，并用不同物体实验：什么物体滚动或滑动得最快？
· **与其他领域的联系：**
刹车

游乐场

秋千

· **儿童的日常技术经验：**
荡秋千时如何才能荡得最高？荡秋千的人自己怎么做？其他人有什么办法？
· **物理基础知识：**
做功、钟摆、摩擦
· **设计、制造和搭建：**
仿制秋千，得出实验结论：绳索要多长才可能荡得足够高

旋转木马

· **儿童的日常技术经验：**
如果转盘正在转动，而人们又没有抓牢，就很容易摔倒并"飞"落地面
· **技术基础知识：**
离心力
· **设计、制造和搭建：**
制造转盘并实验：哪些物品最易飞离？为达到飞离的效果，应该把它们放置在转盘的什么位置？

图 8　各种游乐场设施的技术应用

跷板压下去。如果成人和儿童一起玩跷跷板，支点与儿童的距离应尽量长，与成人的距离应尽量短。

实际生活中，跷跷板的应用并没有完全遵循上述物理原理。儿童可以通过实验体会到这一原理。还可与设计、制造相联系，在幼儿园中仿制跷跷板。制造简易跷跷板需要木板和圆木，但是要小心！如果儿童站在简易跷跷板上面，圆木很容易侧滚，儿童会有受伤的危险。通过自己动手制造简易跷跷板，以及尝试在跷跷板上保持平衡，可以强化儿童的认识。此外，儿童还可以试验其他材料，确定可使跷跷板保持平衡的物体种类及数量。通过跷跷板实验，可以明白平衡原理，对该原理的理解同样可以通过天平得以强化。弹射装置也同样用到了跷跷板的原理：将一个物体置于木板或跷跷板的一端，然后将另一端下压，该物体则会飞离。实验过程中同样要注意安全！

制造和组装

一旦儿童理解了跷跷板的技术原理，就可以作出预判，例如"如果我将这木块放在木板上，跷跷板就会处于平衡状态或跷跷板就会失去平衡"。对于这些预判，儿童可自行检验。在幼儿园中，可以借助于直尺和滑轮进行试验。[1]

与运动的联系

- 在户外活动场地研究跷跷板和其他设施的过程中，儿童可以试着感觉自己的运动、平衡及运动机能，在探究的过程中提高这些能力。

旋转木马与转盘

许多儿童曾坐过旋转木马，或曾站在游乐场的转盘上。可能许多人曾在上

---

1 Technischer Jugendfreizeit- und Bildungsverein（技术青年娱乐与教育协会），2006

体验离心力

面跌到，并被"甩出去"，从而知道在这种快速转动中应该牢牢抓紧。力会导致人们摔倒，或导致人们飞离木马，这种**力**就是**离心力**。如果儿童坐在旋转的转椅或转盘上，就会感受到离心力。儿童可以将各种物品放在转盘上，观察哪种物品最先飞离，也可以仔细观察物品飞离转盘的距离是否不同，还可以通过**测量**确定飞离的最远距离。儿童在这一过程中得知，决定物品飞离顺序的因素有：物品的位置——位于器械边缘还是中间，物体表面的粗糙度，还与转动的速度有关。[1]

滑梯

穿不同面料的衣服滑滑梯

滑梯是深受大众喜爱的室外运动器械，大多数儿童唯恐它不够高、不够滑。当他们穿着不同的服装玩滑梯时，哪一种滑得最顺？牛仔裤还是皮裤？如果穿上橡胶靴会怎样？会起到"刹车"的作用吗？在地毯和防滑垫上滑行的效果如何？游泳池里面淋了水的滑梯效果如何？哪种情况下的滑行效果最好？理想的滑梯应该是什么样的？谁滑得最快？什么时候滑得最顺畅？儿童可以通过计时来比较达到最佳滑行效果的条件。

与数学的联系
• 可以使用秒表测量滑行时间。

一方面，儿童可以自行使用滑梯，从而积累经验；另一方面，儿童也可以利用物品试验，观察这些物品的滑行效果：如果用塑料积木来试验，它会滑行得更好吗？如果用装满沙子或石子的瓶子做试验，效果又如何？如果用软木瓶塞呢，效果又会怎样？[2]

滑行过程伴随着**摩擦**。无论什么**运动**，只要运动着的物体和表面之间互相接触，就会产生摩擦。这会导致物体运动速度降低或根本不运动。也就是说，摩擦力的方向与物体运动方向相反。与粗糙表面相比，光滑表面产生的摩擦力更小，所以应该在尽可能光滑的表面滑行。衣物的摩擦效果也各不相同，如果某种衣物产生的摩擦力最小，就会带来最佳滑行效果。

不同材料的摩擦属性

与粗糙表面相比，物体在光滑表面滑行产生的摩擦力更小，例如立方体在坚硬的地面上滑行好过在地毯上滑行。儿童对技术的认知得到了强化，并认识了各种物质的摩擦属性。另外，也可以在其他地方利用其他物体进行探索并积累经验。幼儿园里有什么会滚动的东西？圆锥体或圆柱体会滚动吗？在什么表面滚动效果最好（Näger，2004；Harlan Rivkin，2004）？球体或柱状物体更容

1　Technischer Jungendfreizeit- und Bildungsverein（技术青年娱乐与教育协会），2006

2　Technischer Jungendfreizeit- und Bildungsverein（技术青年娱乐与教育协会），2006

易克服阻力滚动。即便物体在空气中或水里运动，也会产生摩擦。滑行的时候，应尽量减少滑动摩擦，即尽可能减小阻力。可是，摩擦并非一无是处，恰恰相反！生活中需要摩擦，否则我们会在冰面滑倒，双手也将握不住任何物品。

技术基础知识：摩擦

在技术领域，目的不同对摩擦现象的应用也不同。如果要减少摩擦，例如飞行，要采用了能够减少风阻（空气动力学）的外形，因为空气阻力也是一种摩擦。为尽量减少摩擦，人们会在机器轴处安装球轴承及添加润滑剂。

汽车轮胎则恰恰相反，人们希望它能产生一定的摩擦力，否则汽车无法驶过弯道，起步也将十分困难。此外，如果马路上有水渍，轮胎保持抓地力也很重要。通常，轮胎的花纹负责吸水、排水。如果轮胎的花纹不够深，就容易在路面积水较多的时候产生侧滑。刹车的时候，高度摩擦极为重要（Macaulay & Ardley, 2004）！

通过双手对搓，儿童可以体验摩擦。摩擦双掌会产生热量（Harlan Rivkin, 2004）。正如冬天手冷时，儿童会不自觉地或者通过观察模仿成人摩擦双手（Macaulay & Ardley, 2004）。

与滑梯有关的技术知识还有坡道（也称为斜面），也可以让儿童学习。[1] 与平面相比，球体在坡道上受到的摩擦力更小，儿童玩滑梯也是如此。坡道很容易模仿：如果下滑的物体较大，建造坡道则需要一口箱子和一块木板；如果下滑的物体较小，就只需要一把直尺和一块橡皮。有了自制的坡道，儿童就可以试验，得出结论：哪些是较易、较难及根本不滚动的物体（Näger, 2004）。

技术基础知识：坡道

与运动的联系

- 下滑过程中的运动：俯卧式下滑，仰躺式下滑，下滑时后仰以符合"空气动力学"外形、尽量减少风阻。

---

1 参见6.7项目案例，第212页

秋千

秋千也常见于幼儿园的室外活动场地和游乐场，甚至有些儿童自家花园或房内就有秋千。荡秋千的时候，儿童可以尝试寻找最有乐趣的方式，如何才能玩出最佳效果。他们能够从中积累关于节奏和摆动的基本经验。如果儿童还不知道如何自行摆动，或者无法借助胳膊和腿部的力量使秋千前后摆动，但他们中的大多数至少已经知道，通过他人的帮助可以荡起秋千。

必须通过荡秋千者本人或其他人对秋千做功，才能保持或加快秋千摆动的频率。

秋千与钟摆

秋千基本等同于钟摆，在幼儿园，借助于钟摆就能很容易理解秋千的原理。儿童可以将不同物品系在线上，观察并确定"飞"得最高的物品、线的长度对摆动幅度的影响。

研究秋千的过程中也同时会接触到**摩擦**。如果对秋千只施一次力，除此外不再施力不施加外力，则秋千只能来回摆动数次，摩擦力最终会终止其运动。摩擦力及重力均会阻碍秋千的摆动。

（3）在街道、地面上及地下使用的技术

一旦儿童走出家门，面对的同样是技术的世界。街道、车辆、工地、货车、挖掘机、消防车等不胜枚举。**图**9为相应内容的部分列举。

货物的运输

· **儿童的日常技术经验：**
货车，挖掘机，起重机
· **技术基础知识：**
提升，牵引，运输
· **设计、制造和搭建：**
运用各种材料仿制挖掘机与起重机

交通工具

· **儿童的日常技术经验：**
小汽车，公共汽车，自行车，独轮车，索道
· **技术基础知识：**
轮子，传动装置，发动机
· **设计、制造和搭建：**
仿制车辆，发明新事物
· **与其他领域的联系：**
厨房机器应用到的传动装置

建筑工地

· **儿童的日常技术经验：**
建造楼房、街道及桥梁
· **技术基础知识：**
建筑图纸、建筑过程及建筑材料
· **设计、制造和搭建：**
设计楼房、桥梁，使用各种材料建造

街道、地面上及地下

房屋

· **儿童的日常技术经验：**
观察各种楼房
· **技术基础知识：**
楼房的供电、煤气、水及采光
· **设计、制造和搭建：**
仿制楼房，组装电路
· **与其他领域的联系：**
为居民供电

地下

· **儿童的日常技术经验：**
观察街道两旁工地上的管道和线路
· **技术基础知识：**
管道，压力
· **与其他领域的联系：**
寻找并确定管道及线路在楼房内的终端

留给教师的问题

· 还有哪些儿童特别感兴趣的技术问题？
· _____
· _____
· _____
· _____
· _____
· _____
· _____
· _____
· _____
· _____
· _____
· _____
· _____

图9　各种街道、地面上及地下的技术应用

车辆

自行车是一种
器械

儿童每天都会与车辆，例如小汽车、公共汽车、自行车、踏板车及独轮车打交道，可以借此积累技术经验。儿童对它们的认识都来自于自身经历，或观察，或搭乘，或亲自使用。其中，儿童的大多数经验都来自于自行车、独轮车、踏板车及轮滑。

自行车算是一种"器械"，可以通过它了解许多技术知识。车轮是至关重要的，通过刹车能了解摩擦，手刹可以将手施加的力传至自行车的前轮及后轮。自行车有传动装置，它包括由链条连接的齿轮，与车轮同向转动。儿童可以仔细观察这些"机器的组成部分"，并利用废旧自行车进行研究：这种传动装置还可以应用在什么地方？无论是在幼儿园，还是儿童自己家中，文中提及的各种车辆都会以模型的形式出现。利用上文提到的方法，研究车轮、发动机、车灯及车把。

操作实例建议

6.1 项目案例（第 152 页）中描述了靠齿轮传动的机器。参与实践的包括儿童、教师及家长，他们共同强化了对自行车链条的认识。

在慕尼黑的儿童之友幼儿园，儿童将自行车作为研究主题：**我们研究自行车！**在幼儿园时期，许多孩子学会了骑自行车，并逐渐自己骑车前往幼儿园，同时保持着对自行车的热情。通过"滚动"这一主题，教师和儿童找到了主题的突破口。儿童发问：滚动是怎样形成的？为什么我的自行车骑不稳？为什么自行车最后会翻倒？

为深入研究自行车不稳的问题，大家一起通过实验来观察研究。将自行车的车座与车把着地放置，以方便研究前轮。儿童想知道空气藏在车轮的什么地方，为了找到答案，他们拆开车轮进行观察。儿童通过仔细观察、触摸、试验、翻转、按压、比较、验证并讨论，最终得出答案。利用这种方式，他们认识并研究了自行车的各个部件。除了家长，一位自行车商店的专业人员也被邀请到场，与儿童一起深入讨论关于自行车的知识。

在德国哈默尔堡及韦希特海姆，圣彼得与保罗幼儿园的学习工坊提供了另一个操作实例：自行车被赋予了另一种功能，被用来制造**泡泡机！**该创意来自儿童自身，他们书面记录了自己的想法并互相讨论，积极参与设计与制造。除了动手制造，他们还详细讨论自行车部件的功能，例如齿轮技术。在所有家长的帮助下，儿童们仔细研究、推敲，最终泡泡机研制成功。[1]

货物运输

工地上的车辆，如挖掘机与货车，能够举起并运输体积巨大的重物，这深深吸引着儿童。

在 6.6 项目案例（第 199 页）中，基于对建筑工地的观察，儿童深入研究了相关知识，最终自行仿制出挖掘机及其他机器。

1　《技术世界中的儿童——项目创意书》（Es funktioniert?! – Kinder in der Welt der Technik: Ein Projekt-Ideen Buch.），2007，慕尼黑：Don Bosco 出版社

在工地上，起重机起着重要的作用。起重机可以举起重物，并将重物从一处移动到另一处。另外，也有轮式起重机。什么地方还会用到起重机呢？答案是港口与工厂。最为人熟知的起重机呈 T 形，被称为塔式起重机。这种起重机使用多个滑轮组，能精确地将重物长距离移动。其中也用到了绞盘，即上面缠绕着绳索的卷筒，目的是用来提起或放下重物。

实地参观

- 幼儿园附近有起重机可供儿童参观吗？它是在工地上，还是在港口？

技术基础知识：滑轮组

举重与牵引

儿童有这样的生活经验：无法举起或拉动某些过于沉重的物体。因此可以学习并利用一些自然科学规律，帮助他们举起重物。人们要用力举起某个重物时，如果将一根绳索绕过两个滑轮（一个动滑轮，一个定滑轮）后使用，则可以节省一半的力。这种由多个动滑轮、定滑轮组装而成的简单机械被称为**滑轮组**。这样的滑轮组可以自行简单组装，也可以在建材市场购入，然后将其悬挂起来供儿童实验（Näger, 2004）。滑轮组上可以悬挂一个吊篮，内盛各种物品。吊起不同物品的难度有何区别？如果不使用滑轮组，还能吊起这些物品吗？观察儿童对这些现象会给出何种解释。

（Macaulay & Ardley, 2004）

在幼儿园，儿童可以学习利用技术知识来举起重物。滑轮组很容易仿制，儿童可以通过实验判断用它提升重物的难易程度。首先，只使用一根绳索与一个定滑轮来提升某个重物。儿童向下使劲，拉起重物向上运动。重物有多重，人就得用多大力。如果在定滑轮之外再增加一个动滑轮，就可以省力，这样就出现了滑轮组。

如果使用滑轮组，可以省一半的力，但必须相应增加一根绳索。如果继续增加滑轮则能更省力。如果有 4 个滑轮，所用的力是重物重力的四分之一；如果有 8 个滑轮，就是八分之一。但并不能无限制地增加滑轮，因为会产生过大的摩擦力（Macaulay & Ardley,2004）。

工地

工地上不仅有儿童感兴趣的起重机，还有很多其他内容。看到工地的时候，儿童会提很多问题：如何建造房屋？如何建造街道和桥梁？用什么材料建造？建造房屋、街道和桥梁时，使用什么工具与机器？如何为新房供电、水及煤气？

本主题可与"设计、制造和搭建"相联系：由儿童自己绘图、设计楼房，用塑料积木、普通积木、橡皮泥或黏土等材料仿制建造。或者建造属于自己的"真正的"小房子，自己搅拌水泥并修筑墙体，对儿童而言这一切都具有特别的吸引力。混凝土搅拌车和搅拌机也同样很有吸引力。将沙子、水与水泥混合起来并待其干燥的过程可以继续强化儿童的自然科学知识，如固态、液态等相关概念。

操作实例建议

* 在 6.6 项目案例（第 199 页）中，儿童不仅观察机器，还学习搅拌混凝土与修砌墙体，将学到的本领应用在自己的迷你工地上。

* 维尔海姆的玛利亚幼儿园要拆除院子里的游戏设施。关于什么时候重建，还没有具体的计划，于是儿童提出由他们来重建。教师希望儿

童能梦想成真，所以他们决定，儿童也全程参与拆除与重建工作。早在拆除阶段，儿童就提了许多问题：为什么有些木料会腐烂？重建的时候必须有哪些变化？新建筑外观如何？为使自己的想法更加具体，他们开始画建筑图纸，并用塑料积木搭建模型。最终，新的游戏设施建成了，儿童们也同时观察研究了木料的腐烂过程：他们把经过不同处理的木料放置在盛水的容器里，对其进行长时间观察，并记录了它们发生的变化。由儿童的母亲们、一位木匠师傅及一位父亲负责推进整个工程，从地基、粉刷，一直到上梁，最后全园一起举办上梁庆典！[1]

技术基础知识：斜面

在建造过程中，儿童也会接触到斜面，从而积累相关经验。斜面本身为一平面，它与地平面之间有夹角（坡道）。从远古时候起，斜面就被用作可以"省力"的装置。"省力"要满足一个条件，即物体可以通过推动的方式上升。与直上直下地提升或放下物体相比，斜面较为省力，但须克服较长的距离。儿童可以很容易地建造并实验斜面（参见前文中"摩擦"相关内容，第104页）。

埃及金字塔

埃及金字塔是埃及法老的陵寝，它是人类早期（约公元前2500年）最伟大的成就之一。最著名的三座金字塔位于吉萨（开罗），其中规模最大的是基奥普斯（胡夫）金字塔，耗时约20年才建成。建造金字塔需要数百万块巨石，而且重量动辄以吨计量。人们至今仍然不清楚古代的工匠是如何将它们提升并精确堆叠的。有些研究人员认为，古埃及人在金字塔四周设置了坡道（斜面），利用这些坡道向上搬运巨石。

而较新的研究理论则否定了"坡道理论"，并认为当时使用了简易的起重机。至于起重机的外观与使用方式，则众说纷纭。但人们普遍认为当时并不存在滑轮组。

螺栓的螺纹——也是一种斜面

在我们所处的时代，螺栓被广泛用于物体的固定连接，并在很多方面替代了钉子。人们使用木螺丝，并将其用于简单机械。很久以前，木螺丝就在酿制葡萄酒的过程中得到应用。

1　《技术世界中的儿童——项目创意书》（Es funktioniert?! – Kinder in der Welt der Technik: Ein Projekt-Ideen Buch.），2007，慕尼黑：Don Bosco 出版社

操作实例建议

在 6.7 项目案例（第 212 页）中，介绍了如何强化对斜面的认识。

地下

与工地这一主题紧密联系的是以下问题：地下埋藏了什么？如果新建房屋，水与电来自何方？儿童认识街道两侧承接雨水的沟渠。可是，沟渠里的雨水又流向何方？日常用水中，污水由面盆下方的排水口流走，抽水马桶也消耗用水，最后它们都流去哪里了？通过管道与沟渠，雨水及生活污水都会排入下水道系统。每一栋楼房都有自己的排水管道，它们交汇到一起，形成较大的街道排污沟渠，各条街道排污沟渠又形成城市主排污渠，污水最终从这里流向净化厂。[1]借助于排污沟渠这一主题，可以强化儿童对污水净化厂的认识。经过净化厂处理的污水又被引回小溪与河流。如果要用作饮用水，则必须经过自来水厂的处理。幼儿园附近如果有污水净化厂或自来水公司，可以组织儿童前往参观。

了解排水系统

地下除了有排水排污的管道，还有其他管线，包括输电线、有线电视电缆与通信线路。

地下的输电管道

许多大城市都有穿行于地下的地铁。儿童也可以对此展开研究：隧道及沟渠是怎样建造的？列车是怎样工作的？

4.1.2 技术应用的经验：使用材料

在儿童技术教育的框架下，使用各种材料是一个重要目标。此前提到的工地实例说明，儿童在日常生活中自然会应用到各种材料：他们将很多木料用于

描述和比较材料

1　来自《儿童技术活动大百科》（Der Kinder Brockhaus Technik），2005

幼儿园的游乐场中。所有的出发点都是为了儿童，帮助他们认识大量天然或人造材料，并认识这些材料的质量、特性及其在日常生活中的重要性。

可以从生产原料的角度来描述日常用的、游戏用的器物，并比较这些生产原料。除了激发儿童对这些常见材料的兴趣，还可以向他们提供其他材料。

图10为各种材料的列举。

材料概览

- **一般材料：**

  干砂、橡皮泥、湿的黏土、面团、其他可塑性的材料

- **建造用材料：**

  各种积木、各种材质及尺寸的砖块与木块

- **可循环材料：**

  各种材质及尺寸的容器，例如纸盒、塑料盆，各种纸张与布料

- **废旧物：**

  纸张、金属、木料、塑料、布料、线、丝线、绳索、细绳

- **拼贴画所用材料：**

  布料、线、丝线、花边

- **各种属性的材料：**

  透明的、半透明的、不透明的；光滑的、粗糙的、表面不规则的；可拉伸的、可弯曲的；有磁力的；可浮起的、不可浮起的

- **用于测量、标注及观察的材料：**

  放大镜，测量必备的刻度尺、秒表、厨房计时器、温度计、天平、直尺、量杯

- **工作台材料：**

  工具、砂纸、木块、棉线团、钉子、螺栓、螺母、支架

- **随身携带的、可研究的设备材料：**

  电话、钟表、录音机、收音机

- **电器材料：**

  电线、灯泡、电池、电子控制模块

（Siraj-Blatchford & MacLeod-Brudenell, 1999; Newton, 2005;Hope, 2004）

图10 材料概览

儿童以游戏的方式接触各种材料及现象，也是一种学习过程。这意味着独立探究各种材料时，用到尽可能多的感官：视觉、嗅觉、触觉与听觉都起着重要作用。在探究的过程中，儿童的观察能力得到发展，而这种能力又进一步支撑着其他技能的培养，例如分类、排序及分析相关性等。在探究或游戏阶段，成功或失败并不重要，这个阶段本身就是解决问题的重要组成部分。[1] 所以，应该鼓励儿童自由使用、试验各种材料，利用它们来实践自己的想法，进行发明创造，并不断调整和改造。但就技术教育领域而言，以上活动是远远不够的，因为有目的地建造也很重要，儿童可以由此树立在这个领域的自信心。

用各种感官探究材料

在以上活动中，教师应该支持儿童观察并理解各种事物与现象，同时引导他们关注细节，鼓励他们仔细观察、多加提问。因此，在有目的地探索和开发儿童的想象力、创造力之间，教师需要找到平衡点。（Siraj-Blatchford & MacLeod-Brudenell, 1999）

利用图 10 列举的**材料**，儿童可以开展游戏、研究、设计和制造，并赋予产品某种功能（住房、车库、桥梁）。既可以使用幼儿园司空见惯的材料，如纸张、沙子与橡皮泥，也可以使用专门采购的材料开展研究，例如木料、砂浆。儿童可以

用沙子、橡皮泥、黏土和木料建构

1　Sylva, Bruner Genova, 1976（引自 Siraj-Blatchford MacLeod-Brudenell, 1999）

先使用易于操作的材料，例如干砂，之后再逐步使用性能更为复杂的材料，如**黏土或橡皮泥**。下文将对设计、制造和搭建等方面进行进一步阐述。

同样的原则也适用于**纸质材料**：儿童先使用较薄、较易操作的纸张，随后过渡到坚硬的纸张及纸板。儿童可以尝试折叠、弄皱这些材料，并在自己的游戏中加入这些操作。纸张可用于包裹物品或制作手工信封。而纸板，则可用来制作箱子，例如生活中的纸板箱或者包装箱。纸板还可以被剪裁、加工并装饰。装饰的材料可以是彩纸或自己手绘的纸张，也可以是布料。

用不同的方法体验面料的不同属性

面料方面，儿童可以调动所有感官以做选择。通过在衣料上作画，从而确定哪一种笔适合哪一种面料。毡笔在丝绸上会有什么效果？蜡笔呢？特殊的笔画在衣料上效果会如何？在其他材料，如纸张、纸板上作画，会有何种效果？通过在材料表面作画，粘贴与缝补各种材料，儿童可以了解各种材料表面不同的特性，还可以利用认识的各种材料制作剪贴画。

材料选择与活动中的性别教育

在幼儿园，儿童会选择并堆放材料，可以将性别教育渗透在该活动中。可以发现，儿童更倾向于选择同性别的伙伴或具有性别特点的游戏。教师可以通过重新摆放材料来影响儿童的行为方式，例如将玩偶放置于施工车辆之上，或在玩偶小屋安装照明灯。幼儿园里也可以张贴一些图片，图片中的男性或女性正在从事非典型性别的行为，例如一位女性在哺乳，而她身边的一位女性正在修理汽车。在挑选读物及歌曲的时候，也应该注意避免性别角色千篇一律，例如：读书给儿童听，或者合唱歌曲的时候，无论男性还是女性，都应尽可能扮演不同的角色，或尽可能体现不同的性格特征；挑选的读物中的女性角色可以身体强健、乐于冒险、具有英雄气概，男性可以内敛、胆怯、体贴入微。在幼儿园时期，就可以让儿童收集不同男性和女性的图片，以了解男女的性别印象。[1] 然后，教师可以与儿童共同探究关于男童、女童及成年男女的描述，并与他们一起消除性别刻板印象。

---

1   MacNaughton, in Vorbereitung; MacNaughton & Williams, 2003

4.1.3　技术应用的经验：使用工具

接下来要阐述的是**使用工具的经验**。亲力亲为会让儿童感到振奋。为使学习的过程兼具乐趣，以下做法尤为重要：在与儿童的互动中认真观察，确定儿童已具备哪些使用工具的能力，从而制定活动计划，使儿童获得与能力发展相匹配的学习经验。[1]

双手也是工具

一方面，手是工具，可以做抓、握、压等动作，儿童也可借此学习使用刀、叉、勺等工具。另一方面，儿童也应该认识"真正的"工具，包括榔头、钉子、螺丝刀及刨床等，不仅要学习使用这些工具，还要学习如何安全使用。

工具概览
• **用来打洞的工具：**
打孔器、钻头、手摇钻、电钻机
• **用来剪切、加工的工具：**
剪刀、锯、刀、锉、刨床
• **用来连接材料的工具：**
胶带、胶水、敲钉器、榔头与钉子、螺丝刀与螺栓
• **用来固定并加工材料的工具：**
钳子、手虎钳、台钳
• **用来加工陶土、黏土的工具：**
刮刀、盛运黏土的木板、轮子

1　MacNaughton, in Vorbereitung; McNaughton & Williams, 2003

- **用来制作手工的工具：**

  胶水、卷尺、针线、顶针

  （Newton,2005;Siraj-Blatchford & MacLeod-Brudenell, 1999）

图 11　工具概览

操作实例建议

在 6.2 项目案例（第 163 页）中，首次出现了一个拆卸操作区，配有工作台与各种工具。在这个操作区中，儿童可以认识各种工具，并在拆卸设备的时候使用它们。

用来打洞的工具

从打孔器开始

大多数儿童会在日常生活中见到打孔器，它可能是儿童在技术领域使用的第一件工具。经教师介绍，儿童熟悉如何使用打孔器后，教师可以向儿童布置更大难度、更具挑战性的任务，让他们继续练习打孔，还可以提供不同的材料，包括纸张或塑料。儿童可以先使用较薄的纸张，随后逐渐增加纸张的厚度，使用其他材料的时候，例如塑料，也是如此逐渐提高难度。当儿童已经能够熟练使用打孔器，教师可以依据儿童的兴趣进行引导，例如增加其他工具，以拓展他们使用工具的能力，同时也能培养他们的建构能力。

锥子是一种简单的工具，借助它可以在不同的材料上钻孔，或扩大已有的孔洞。锥子是一种金属细棒，头部极尖，或笔直，或略带弯曲。如果在厚纸盒或塑料瓶上钻孔，使用锥子通常是最有效、最安全的方法，但是对儿童而言则迥然不同。儿童只能在成人的监护下使用锥子，如需钻取较大的孔洞，则必须由成人代为操作。

儿童还喜欢的另一种工具是手摇钻，同样可以用它在不同的材料上钻孔。*手摇钻和电钻*
经验证明，手摇钻可以提供给儿童使用。但使用过程中应遵循以下基本规则：
待钻孔的材料必须坚实、可固定，可以使用固定于工作台上的台钳。如果使用
电钻来钻孔，儿童的兴趣也更高。但是，由于电钻过于沉重，儿童无法独立
握持、使用，因此，他们只能在成人的帮助下使用电钻（Rübel Holzwarth-
Reather，2003）。

用来剪切的工具

剪刀常用于幼儿园的日常活动。儿童可以尝试剪各种材料，以观察剪刀的*剪各种各样的*
各种使用效果。儿童越善于使用剪刀，待加工的材料就可以越"顽固"。儿童*材料*
也可以尝试使用其他类型的剪刀，例如用来剪裁塑料的剪刀。最后，儿童还可

以用锯子锯开小木料，将其用于搭
建物品。在以上过程中，儿童要高
效、安全地使用各种工具，并确定
何种工具适用于何种材料。动手实
践过程中有一条重要规则：剪切的
方向应背离身体（Siraj-Blatchford
& MacLeod-Brudenell，1999）。

用来连接材料的工具

在早期阶段，儿童想要粘合、固定物品时，会借助于胶水、敲钉器与丝线。*用各种材料试验*
儿童可以先使用胶棒与胶带，这些物品通常易于使用，使用前有必要与儿童共*粘合*
同练习一次，或向其做一次示范。如果使用液体的胶水，儿童应掌握一点：一

小滴胶水便足够使用，若胶水过多会使纸张变皱、衣料变硬。为固定纸板或其他坚实的材料，可以使用深色的封箱带，而不是一般的胶带。其他可起固定作用的材料还包括丝、线、毛线及电线，儿童可以同时学习如何打结。他们会很乐意尝试各种想法、加以各种变化并观察最终的结果。除了用胶水，连接材料的常用办法还包括缝纫，如果有丝线，也可以尝试用它来缝纫，可以借助缝纫机来强化"缝纫"主题（Siraj-Blatchford & MacLeod-Brudenell,1999）。

与"机器"主题相联系

- 缝纫机如何工作？

- 缝纫机可派何用场？

- 踏板缝纫机与电动缝纫机有何区别？

操作实例建议

在艾格斯多夫有一家布拉提诺幼儿园，儿童参与布置了多个操作区域，他们可以在那里研究并试验各种材料与工具。此外，他们还可以拆卸各种器具，尝试新的创造、发明。

幼儿园室内、室外均设置了操作区域，另有一个拆卸（发明家）工坊。

操作区域内配置的工具如下：

2张工作台、6条围裙、1个工具箱、4把小锉、1把卷尺、6个木钻、5个钢钻、1个手摇钻（手钻）、1个电动手钻（500瓦）、4把毛刷、3个榔头、4把螺丝刀、2把地毯刀、1把钢丝钳、1套组合钳、2支建筑绘图笔、3个冲孔器、8把手工刀、1个木刨、1个油瓶（内装食用油）、2把夹钳、2块垫板、2把弓锯、1把粗锯锉、1把平口钳、1把水泵钳、1把细齿木锯、2把粗木锉（一大一小）、1把大圆锉、2把金属扁锉、1把金属半圆锉、1把金属锉。

（Rthenakis 等，2008）

1　参见本系列丛书的《德国学前儿童项目式学习案例》分册

4.1.4 设计、制造和搭建

制造和搭建

在前文描述各种材料时已经提到过，制造和搭建是一个应用与加工的过程，涉及各种材料、工具与组件。儿童学习技术，学习挑选工具、材料，都有助于完成任务。加工材料的同时可以练习测量、标记、剪切与塑形。一直到各组件最后被拼接起来，整个过程中会应用到各种技术。当然，全程应注意安全，这一点至关重要。

在制造和搭建的过程中，也会使用到组件。最初，儿童使用较大的积木，然后逐渐频繁使用较小的积木。年龄较小的儿童也可以参与尝试，并取得建造成果。整个过程中，与儿童的讨论至关重要，例如如何连接材料，连接之后的材料为什么不会坍塌。提问会促进儿童的分析思维发展。他们会由此养成一种思维习惯，思考如何正确地应用材料，材料如何才能起作用。成人还可以与儿童共同探讨建构的模式，以使搭建的作品坚固而稳定。例如，想要搭建稳定的作品，其底座必须坚固牢靠。随着工作的推进，各项任务与活动的整体要求会逐渐提高（Siraj-Blatchford & MacLeod-Brudenell,1999）。成功之道并无一定法则，重要的是对儿童进行个性化的观察，确定其所处的状态及化难为易的能力。

各种规格的木质和塑料积木

设计和绘制

在制造和搭建的过程中，设计图非常重要。儿童可以自己绘制设计图，并制作模型。但较为年幼的儿童常常还不具有以上能力。这种情况下，动手操作之前的思考过程可以表现为谈话的方式：你知道自己要制造什么吗？制成之后是什么样子的？你给我描述的样子，有类似的实物或书里的插图吗？通过回答上述问题，儿童理清了疑问与要求，能够更好地理解任务。他们可以集思广益，也可以针对某一目标发挥自己的创造性。同时还要考虑自己要落实哪些想法，并为此找到依据，发展下一步计划（Newton,2005）。

制造之前的计划

关于下一步计划，可以提出以下问题：

- 我需要哪些材料？
- 我需要哪些工具？

- 现在有哪些工具？
- 操作之前需要学习工具的工作原理和操作方法吗？
- 我首先应该做什么？
- 如果锯子锯不开材料，有什么其他工具可以代替？
- 必须采取哪些安全措施？

在制造中实现想法

在制造过程中，以上想法不断付诸实施。制造过程并非一成不变，而是根据各个操作过程的效果而定（Newton，2005）。如果各种效果都不符合预期，就要在下一道工序仔细观察，确定要采取哪些调整措施，最后解决问题。

4.2 了解技术的影响和后果

技术对环境的影响

有一个话题与此前的论述密不可分，它直接指向技术的影响和后果。那就是技术对环境及生活的影响。儿童可以研究人们如何通过技术改变自己的生活环境，例如建筑设计与修建街道。可以通过描述这类例子，说明技术如何方便了生活。在这些关于技术影响的话题中，儿童会认识到解决问题的过程，这一过程决定了儿童技术教育的下一个阶段。儿童会思考：技术发展过程中人们收获了什么。通过仿制简单的器具，将物体重新塑形，以及参观博物馆或短途旅行，可以使儿童了解技术领域的历史发展过程。儿童还可以通过实践来学习，例如前往工厂了解人工劳动与机器生产的区别。

关于可持续发展的教育

另一方面，儿童也可以讨论技术的危害性，例如废气、废水、噪音及环境污染。这一点与**"可持续发展的教育"**高度重合。儿童不仅要意识到技术发展对人类及环境的影响，而且也要同时思考每个人如何通过自己的行为保护资源，为子孙后代保持良好环境。

对以上问题的思考也完全基于儿童的日常生活经验。许多家庭都有私家车，大多数儿童也有这方面的生活经验，知道乘车出行令人感觉舒适。但同时，有些问题也值得与儿童共同探讨：汽车属于人类的技术成就，但它排放的尾气会污染环境，特别是污染空气；它会消耗宝贵而有限的自然资源，如石油；城市里遍布街道与停车场，绿地面积因此减少。儿童可以提出与此相关联的想法，说明自己可以如何爱护环境，例如尽可能少地使用私家车，尽可能拼车出行，尽可能乘坐公共汽车、火车或有轨电车，尽可能使用自行车。其中的部分想法是可以实现的，因此后续重要的是儿童与家长的谈话沟通：我们大家应该怎样做才能保护环境？

与此同时，可以生成一个主题，激发儿童对石油与有限资源的兴趣：幼儿园内使用靠石油工作的中央空调吗？这种取暖方式给环境造成了负担，可以用什么方式替代以节省能源？可以引导儿童产生以下认识：冬天时在窗户开启的状态下使用暖气会浪费能源；有时候无须调高暖气的温度，添加一件保暖的毛衣就足以御寒。

资源是有限的

借助于"垃圾"主题，儿童每天都会感受到技术的影响：人类发明的材料，例如塑料，与有机材料（例如水果、蔬菜、面包等食品）相比，它们不具有自然属性，不会自然腐败。在清除垃圾的时候，必须特殊处理这类材料。有特定的技术程序用于处理垃圾，可以利用垃圾生产新产品。在巴伐利亚州的一所幼儿园，以环卫工人罢工事件及儿童就此提出的问题为突破口，相关主题得到了深化。

操作实例建议

2006 年，曾发生环卫工人罢工事件，儿童的注意力因此转移到"垃圾"主题。他们讨论什么是垃圾，由谁决定用品何时转化为垃圾。在这个主题中，儿童参加了当地发起的"来吧，我们一起清理垃圾"活动。儿童们使用垃圾钳来收集垃圾，并利用这种方式接触到了垃圾中蕴藏的各种物品，他们对此加以研究，进行垃圾分类。他们撕碎牛奶包装袋，发现它由数层材料组成，包括塑料薄膜、铝膜及纸质层。他们研究幼儿园内产生的垃圾，将它们搭建成塑像。他们还寻求专家的帮助，参观了一家处理废品的公司，参观了新乌尔姆市的循环利用工厂。通过以上方式，儿童一方面会明白垃圾处理的过程，另一方面会明白一个事实——利用技术来处理垃圾需要较高的成本。[1]

---

1 《技术世界中的儿童——项目创意书》（ Es funktioniert?! – Kinder in der Welt der Technik: Ein Projekt-Ideen Buch.），2007，慕尼黑：Don Bosco 出版社

5

共同建构的学习过程：
项目教学法和元认知对话

5 共同建构的学习过程：项目教学法和元认知对话

结合了元认知理论的项目教学法是一种教育教学构想，尤其适合落实本书第 1.2 小节（第 20 页）提及的教育理念和目标。因为一个项目的设计和实践为师幼共同建构教育活动提供了无数的可能性，同时也会引起关于自身学习和思考的讨论。[1]

什么是项目教学法?

项目教学法是一种教学组织方式，根据儿童的需求与兴趣，与儿童一起设计组织他们的学习和发展过程。项目并不是由独立的任务组成的，而是包括了一系列相互关联、协调统一的活动，这些活动以加强儿童的认知、语言、运动和社会情感等能力为目标。对一个项目而言，最重要的不是最终结果，而是达到这一结果的过程。项目教学法是对教育机构中传统课堂教学的补充，而非独立的、全面的教学（Fthenakis，2000；Groot-Wilken，2007；Textor，1999）。

补充：元认知理论

元认知理论的目标是：儿童在自己的学习过程中有意识地产生一套自己的

---

1   Gisbert, 2004; Katz & Chard, 2000a; Pramling Samuelsson & Carlsson, 2007

学习方法论，从而增强自控、自制的能力。要想提高这种元认知学习能力，需要以儿童已有的知识和理解能力，以及他们感受、加工和理解周围世界的方式作为出发点，在反思性问题的启发下，儿童会对学习内容有理论性思考和表述，同时也总结了自己的学习方法。

借助元认知来掌握学习方法

元认知，即对自己认知过程的认知。个人的认知过程成为了反思和有意识控制的对象。对认知过程"有意识"是元认知的重要标志。

元认知包括两方面：

（1）了解自我认知过程的存在

- 了解自己已经知道什么

- 了解自己是如何学习的

- 了解自己如何学习是最有效的（比如是通过"听"还是"看"，能更好地理解某件事情）

（2）掌握并调控这些认知过程

- 有意识地自我引导，批判性地学习新知识的能力

  - 有目的地获取和加工新信息

  - 掌握新知识，自行理解它们的意义

  - 储存和整理新知识

  - 熟练使用媒介，批判性地看待媒介

- 运用和迁移已经学会的知识的能力

  - 将知识举一反三，在不同的情况下解决不同的问题

  - 在不同情况下灵活运用知识

- 自我观察和调整学习方法的能力

  - 反思自己的学习过程

  - 了解和尝试不同的学习方法

  - 有意识地着手处理一项指定的学习任务

  - 发现自己的错误并独立修正

  - 合理地预测和评估自己的学习成果

  - 自行制订学习计划，并有意识地管理自己计划的实施

拥有掌握学习方法的素养，使个体能够依据自身的特点来选择针对不同问题和不同挑战的学习方法及解决方案。具备这种素养的前提就是拥有

---

1   参见 Gisbert, 2004; Hasselhorn, 2006; 黑森州社会和文化部，2007

元认知能力。

核心的教育问题是：

- 如何促使儿童进行自我反思？
- 如何帮助儿童加强掌握学习方法的素养，使得学习过程更高效？

反思的对象不只是学习的内容，也包括学习行为本身。因为只有当儿童对学习有了一定的理解后，他们才有可能控制自己的学习过程并运用学习方法。这种"对学习的理解"来自各种各样的经历累积，通过这些经历，儿童意识到自己是一个主动的角色，能够影响学习过程。学习不再是一种偶然的意外（如"突然我就能绑鞋带了"），而是自己行为的结果（参见下文"儿童对学习有哪些理解？"）。对于教师来说，在设计针对儿童学习的反思时，以下两方面视角很重要：第一，儿童是如何学习的；第二，儿童如何看待自己的学习，也就是他们对于学习有哪些理解。

儿童对学习有哪些理解？

较年幼的儿童对学习的理解有限，伴随着成长，会逐渐丰富起来。引导儿童思考自己的学习过程，这一行为将会帮助他们拓宽对学习的理解（参见"通过元认知对话完成反思"这一部分内容，第139页）。

---

1   Pramling Samuelsson & Carlsson, 2007

"什么"视角——"你学会了什么？"

儿童对学习的理解，大致有三种：较年幼的儿童倾向于认为学习就是"做些什么"（如"我学会了如何使沙拉脱水"）；部分学龄前儿童则认为学习意味着"知道些什么"（如"我知道了，在沙拉脱水机里有齿轮"）；小学阶段的儿童认为学习是"理解了什么"（如"在许多不同的机器里都有齿轮。两个齿轮组成了一个传动装置，它可以传输运动"）。

"如何"视角——"你是如何学会的？"

关于"如何学会"的问题，我们发现儿童对学习的理解（不考虑他们发展状况的个体差异）可以划分为三种层次，它们之间有质的差异：

- 第一种层次：儿童无法区别"学习"和"做"。
- 第二种层次：儿童把学习归因于"长大"。儿童认为，要学习做某件事情，除了等待之外不需要做其他事情了（如"等我 5 岁就会系鞋带了"）。
- 第三种层次：儿童将学习理解成不同经历的结果。"当我做些什么，当有人展示了某件事该如何做，或者当我对某件事进行反思，我就能学会一些东西。"

元认知理论认为，一个人对学习的理解对他的学习过程有着决定性的意义：

- 因为学习者对学习的思考会影响学习过程，并且这是深入学习的前提。
- 在这一过程中，动机也起了重要作用，例如，当一个儿童意识到通过体验可以获得学习，那么他的行为就会受到相应的影响。

5.1 项目教学法的特点是什么？

在项目式的任务中，儿童将在一段较长的时间内对一个主题进行研究。儿童被分成不同的小组，负责这一主题的不同方面，这些内容不仅是儿童感兴趣的，也是教师认为有意义的（Katz & Chard，2000a）。在这种教学法的构想中，教育是一个由成人和儿童一起规划、共同建构的过程，大家在合作的框架下，一起发现知识，发掘意义，观察整个学习过程。项目教学法具有以下特点：

- 儿童积极参与设计自己的学习过程，他们有权决定项目的主题和活动内容；

- 师幼共同建构对项目主题的理解，儿童和教师在项目中贡献各自的想法、建议和解释；

- 儿童参与民主协商的过程，他们在项目的实施过程中倾听、讨论、共同作出决定，并根据不同成员的贡献进行调整；

- 提高儿童合作、共同解决问题的能力，由若干儿童负责一个主题的不同方面，他们需要交换结果并对探索的结果有一个"全面认识"；

- 儿童在有"意义"的情境中学习，项目总是基于儿童的生活经验，儿童通过了解事物间的内在关联和意义来学习；也可以通过教育机构对外开放来实现这种学习；

- 儿童在"整体性"地学习，一个项目包含了不同的活动和方法，会调动起儿童所有的感官参与，加强他们在不同教育领域的能力发展；

- 儿童尝试各种各样的学习方法，儿童在项目中会面临不同形式和难度的挑战，他们将自己决定所用的对策、进度和合作形式；

- 强化儿童掌握学习方法的能力，儿童并不会直接得到解答，教师只会帮助他们发展策略，发现新的可能，激发他们去反思自己的学习和思考过程。

项目中的研究和发现

项目教学法对教育机构的教学工作而言，是很好的补充，尤其是数学、自然科学、技术和媒介教育领域，而且可以独立于教师其他的常规工作。因为在

这些教育领域中，儿童将被要求成为一名"研究者和发现者"，以自己的能力解决问题，针对一个主题去探究和搜索信息，提出假设并加以检验。儿童必须具备以上这些能力才能保证项目的完成，项目也为他们创设了一个有意义的学习情境。例如，在一个项目中，实验与某一问题或某一假说相关，而这一问题或假说正是儿童在先前的探究过程中提出的，因此，该实验与儿童的实际生活经验产生了有意义的联系。

考虑到幼儿园的时间与工作安排，项目与幼儿园的日常活动接轨有多种可能性，也能与幼儿园的现有机制相适应。例如，项目可以被组织成微型或是短期的，在某一有限的时间段里，如一天里的几个小时或是一周里的几天，让儿童专注于一个主题的研究；也可以是跨小组合作式的项目、项目周或是一个伴随儿童和教师整个学年的大型年度项目（Stamer-Brandt，2007）。

5.2 如何确定一个项目主题？

　　项目开始之前，首先要找到一个合适的项目主题。教师和儿童要一起参与主题的确定，因为一个好的项目主题不仅要符合儿童的兴趣，加深他们的理解，同时也要与教师以及教育机构的兴趣及能力相匹配。例如，它要符合教育大纲中制定的目标，还要结合对教育机构的硬件、人力资源条件以及当地环境进行综合考量（如组织探究性外出参观的可能性）。

　　儿童很容易对自身经历以及周遭发生的事件产生兴趣并提出相关问题，例如社区旁的一个建筑工地，或大雨、暴风雨等极端气候现象，或正从幼儿园上空飘过的热气球，儿童对这些现象提出的问题可以成为项目的出发点。教师可以将儿童的问题和假想收集起来，以此为基础，和儿童共同确定一个项目主题。也可以与一个已经完成的项目相关联，引申出一个儿童愿意进一步探究的新主题。当然，教师还可以主动提供一个项目的主题，只要它能激发出儿童的兴趣。例如，带领儿童参观当地的水厂或者自然科技博物馆，或者向儿童介绍有趣的材料和设备——幼儿园新购置的电脑。

儿童的问题和兴趣

　　项目的主题也可以通过观察和阅读文献生成。来自儿童的"成长档案袋"可以作为很好的参考，因为它能记录和帮助反思儿童的学习和成长过程。在本系列丛书的《德国学前儿童档案袋工具》分册中，详细描述了不同形式的档案袋如何作为记录和反思的工具在教育实践中进行运用。其中也具体介绍了人们如何借助于"成长档案袋"来观察儿童的问题和兴趣，并将其用于教育工作中。

　　要开始一个成功的项目，除了考虑儿童对主题的兴趣外，还要考虑其他条件（Katz & Chard, 2000a; Katz & Chard, 2000b）。例如，项目的对象对儿童来说必须是可观察和可研究的；主题对于儿童来说应该是熟悉的，这样他们才能够从中展开自己的想法和假想；项目中涉及的实验也必须是可以安全实施的；同时在儿童的周围应保证有足够的资源供他们完成对主题的探究。

什么是合适的主题？

　　教师在和儿童共同商讨项目主题时，也应该考虑到，这一主题是否适合幼儿园的实际情况和它的外部条件。例如，项目是否可以强化幼儿园制定的某项重点工作？是否可以融入幼儿园课程的教育大纲？同样重要的是，主题的选择要有利于儿童的家庭参与进来，即家长能否为一次"展览"做出贡献？家长中是否有相关的专业人员，如手工业者、经济学家、农民、个体经营者或者技术员等，可以为儿童提供探究资源，或者向教师提供支持与指导？

　　一个好的项目主题应该为儿童的学习提供充分的空间，支持其**调动所有感官、情感与智力因素**，促进儿童各种能力的发展，激励他们使用不同的方式表达，以不同的创意展示。例如一个以"认识时间"为主题的项目，着力于发展儿童认读钟表的能力；另一个更为宽泛的主题"人类如何测量时间"则为发展不同的能力和表达方式提供了更多空间，如制作沙漏和太阳钟，理解音乐和舞蹈中的节奏（节拍器），观察太阳和月亮，并以此为基础来讨论时间的测量，呈现一天或一周中的不同时间，对时间进行哲学思考等。

　　总而言之，项目主题的表述不能过于具体，要给儿童足够的空间，让他们在开展项目的过程中进一步提出问题并进行探究。但一个表述过于笼统的项目也不太容易开展，因为儿童将无法运用已有的知识和经验来理解和完成这个项目。

选择项目主题的标准

- 儿童对项目的研究对象表现出极大兴趣，或者这个对象值得儿童进行研究。
- 儿童能直接观察到项目的研究对象。
- 儿童对于项目的研究对象已有经验积累。
- 儿童能直接对项目的研究对象开展研究。
- 项目的主题既不能过于笼统，也不能过于具体。
- 教育机构能为项目的开展提供合适的资源，或者资源易于获得。
- 项目的研究对象可以用不同的方式来表现和处理，如角色扮演、建构、图片展示等。
- 家长和教育机构的周边环境能参与到项目中来。
- 项目的研究对象与教育机构的社会文化背景相吻合。
- 在对项目的研究中，儿童的基础素养可以得到提升。
- 项目的研究对象在相关领域的教育大纲中有所体现。

（Katz & Chard, 2000a）

5.3 项目的计划和准备

　　一旦小组对项目主题达成一致意见，教师便可以开始项目的计划和准备工作。项目的实施方法和教育意义是首先要考虑的准备工作。规划时要着重考虑**内容、内容的结构、学习过程**，这些因素又会在项目的执行过程中被儿童再次一起讨论。

　　在计划项目的内容时要注意，不仅要让儿童参与到对内容的理解和讨论中，同时也要让他们意识到其他人的不同的思维方式。例如，当儿童在项目中找到不同的材料，并将它们依据不同的特征进行分类，这就是一个绝佳机会，即儿童与教师共同探索发现，人们将事物分类的依据可能是不同的：有的儿童将"硬的"和"软的"材料区别开，有的则将"浅色"和"深色"的材料区分开，还有的儿童把"漂亮的"归为一类，"不那么漂亮的"归为另一类。

项目的内容

　　通过这种方式，儿童不仅思考了内容（不同的材料），同时也注意到了其他儿童区别于自己的想法和思路。这一经历会促使儿童思考自己的思维方式，同时也表明项目教学法与元认知理论之间存在着关联。

　　对内容的结构进行考虑，主要是使内容能归入一个更大的相互关联的框架中。教师在准备和实施一个项目的时候要考虑：如何让儿童将项目的内容归入到更高层级的结构中去，同时又与他们的生活环境相关联。儿童在开展项目的过程中，可以讨论这一主题对自己(以及旁人)的日常生活有何普遍价值及意义。

内容的结构

主题内容的结构和更大的相互关联的框架指什么？

- 存在于现象背后的原理，如"果蔬脱水器中有一个传动装置，它能传递运动"。
- 适用于另一个情境的相同原理，如"自行车的齿轮"。
- 某一原理或现象在日常生活中的意义，如"哪些地方也有齿轮？它们有何作用？"。
- 某一原理或现象对人类生活的普遍意义，如"如何使用齿轮？为什么要使用齿轮？"。
- 将某一现象归入一个循环流程中，如"在货物的生产中，齿轮扮演着怎样的角色？"。

通过共同建构得出内容的结构和关联，是在幼儿园运用项目教学法的重要目标，因为儿童可以通过这种方式把项目的结论推演到更广泛的范围中。

学习过程

在项目计划和实施过程中还需要考虑**学习过程**。教师要思考：如何让儿童对他们个人的思维和学习过程进行思考，这涉及到元认知能力的加强。针对这点，教师可以想出以下问题：

- 为什么我们会用某种特定的方式来做一件事？
- 还有其他方式吗？
- 我们是如何找出这个(或这些)方式的，要如何应用这个(或这些)方式？

信息收集

在一个和天气有关的项目[1]中，儿童想要知道人们是如何预报天气的。于是他们约定，每个人都去思考这个问题，然后在下一次项目小组讨论会上汇总。下一次碰面时，儿童各自报告了对天气预报的了解和发现，并介绍他们是如何进行研究的：有的儿童询问了父母，有的收看了电视或阅读了报纸上的天气预报，还有的儿童通过观察天空来获得相关信息。随后，由教师和儿童共同归纳概括，有哪些不同的方法和获取相关信息的可能途径。通过这种方式让儿童思考自己获取未知信息的方式，他们的学习能力也由此得到了提升。同时，儿童也意识到：解决同一问题存在着多种不同的方式，可以从彼此的身上学到不同的学习方法和解决问题的方式。

在项目实施的过程中，**内容、内容的结构和学习过程**这三方面无需严格区分。但需要注意的是，这三方面都应遵循以下这些已经在前文中提到过的原则：

1　巴伐利亚州劳动和社会事务、家庭和妇女部 & 国家儿童早期教育研究所，2007；Gisbert, 2004

- 在学习过程中既要强调内容也要强调学习行为本身；
- 学习的重点应该立足于儿童熟悉的生活环境，共同建构对特定知识的理解和意义；
- 通过交谈和其他方法，让儿童反思自己的思考和学习过程；
- 对思考过程进行反思时，要考虑到个体思维方式的差异；
- 学习发生在儿童的日常生活中，与儿童的日常生活经验相关联。

（参见本书第 1.2 小节中的相关内容，第 20 页）

在项目开始前，清晰地界定内容、内容的结构和学习过程，将有助于落实以上原则。

起决定性作用的是，如何从元认知角度和儿童共同探讨以上三个内容。[1] 因此，合理的做法是撰写一份书面的项目计划书，涵盖上述三方面——即**内容**、**内容的结构和学习过程**，并列出详尽的项目目标。项目计划书要能清楚回答下文中的若干问题，同时关注儿童参与的权利（Textor, 2005）。

对元认知角度的考虑

计划项目时要考虑的问题
- 本项目要达成的目标是什么？ 　　— 儿童的认知、语言、运动和社会情感能力的哪些方面可以通过这个项目得到加强？ 　　— 哪些学习能力和元认知能力可以得到发展？ - 为实现这些目标，需要开展哪些活动？如何合理地安排它们的顺序？ - 如何对项目实施的过程进行记录和反思？ - 在哪里开展项目活动？ - 实施项目需要哪些条件（如材料、特定人员的帮助）？ - 谁来负责哪项具体任务？

在计划项目时，要灵活地安排各种活动，这样才能使儿童共同参与对项目过程的设计，同时也能及时应对新出现的问题。

项目计划和实施过程中的灵活性

但有些事情必须由教师在项目开始前就充分考虑并做好准备，例如事先准备好特定的材料或书籍、视频等其他媒介的材料，或者组织一次外出参观活动。当项目的执行陷入困境或是儿童感到兴致索然时，教师也可以广泛收集建议，以推进项目持续开展。

---

[1]　Gisbert, 2004; Pramling Samuelsson & Carlsson, 2007

5.4 项目的实施

开始阶段

教师和儿童开始一个项目时，第一步是了解儿童具备的知识经验的初始状态：关于主题，儿童已经知道些什么了？他们有哪些相关经验？他们听说过什么，看到过什么？对以上问题，不同发展阶段的儿童可以通过不同的方式表达他们已经拥有的知识和经验，例如角色扮演、画画、讲述经历以及交换对问题的猜测和假想。在这一阶段，儿童也有可能做出一些不合适的解释或者假想。但教师不必急着马上纠正他们，因为即使是错误也能激发儿童的探究和追问，并在最后产生"恍然大悟"的良好效果（Katz & Chard，2000a）。

儿童已有的知识和兴趣

在项目的开始阶段，教师应该对儿童的现有知识和兴趣有一个全面认识。同时儿童将在这一阶段中发展和细化对主题的认识：在他们已知的内容中，哪些方面他们还不够确定？他们还想知道哪些与主题有关的新知识？伴随着对儿童问题的进一步细化，项目的主体阶段也即将展开，在这一阶段，小组成员们将共同针对主题进行探索。

下一步进程：搜集和评估信息（项目的主体阶段）

在这一阶段，儿童将通过不同的方法来搜集和主题相关的信息，提出假设并验证它们，再把各自获得的知识集中到一起。在一个共同建构的过程中，他们要考虑在哪里、通过何种方式才能找到所需的信息。根据儿童的兴趣和所处的发展阶段，可以将他们分成不同的小组，运用不同的信息搜集方法来研究不同的问题。

探究性参观活动

在这一过程中，儿童可以获得**第一手信息**，如造访一处建筑工地、一间工作坊或观察机器，或采访工头、手工艺者之类的"专家"，还可以就项目主题询问家长和其他亲戚，或参观一场与主题相关的展览。

儿童也可以从与主题相关的书籍、电影、适合儿童观赏的影音资源以及有家长陪同的网络搜索中获取**第二手信息**。这有助于提高对我们这个"信息社会"而言很关键的一种能力——有针对性地检索和获取信息，将重要信息从无关信息中筛选出来，以及根据自己的问题对信息进行评估。

在儿童和教师共同思考如何搜集特定信息的同时，儿童也有了许多机会对自己的思维方式进行思考，学习能力也得到了提高。

儿童深入探究项目主题的过程是有**系统性的**。在一个项目的主体阶段，儿童会有以下典型活动出现（Textor, 1999）：

典型活动

- 仔细观察事物或现象（如"木头漂浮在水面上"）。
- 探索事物或现象的特征和表现（如"如果将一只橡皮鸭子按进水里，会发生什么？"）。
- 对比不同的事物或现象，寻找相同和差异（如"一块木头能漂浮在水面上，但一块石头不能"），并对类似的事物或现象进行分类（如"会漂浮的物体和会下沉的物体"）。
- 记录自己的观察（如用图画、照片等方式记录）。
- 测量（如会浮起的物体和会下沉的物体的重量）。
- 角色扮演游戏。
- 提出假设并进行验证（如"木头制成的物体会浮起，而那些由金属制成的则不会；轻的物体会浮起，重的物体会下沉"）。
- 搜集信息，如查阅书籍、请教了解主题内容的人。
- 参观特定场所。
- 围绕主题开展唱歌、演奏和跳舞活动。

为验证儿童提出的假想是否成立，实验是一个很有效的方法。因为在实验中儿童可以系统地验证他们的猜想，获得新的认识。例如，他们可以在下沉和漂浮的尝试中发现，当物体有一个"合适的"形状来分散重量时，这个物体便不会下沉。

反思阶段

搜集信息、探究和实验的过程中，儿童必须时刻对已经获取的知识进行总结和描述。根据儿童的不同发展水平，他们会用各种各样的方式来展示他们的成果。较年幼的儿童主要采用绘画（色彩画或线条画）、搭建或角色扮演游戏的方式，例如，他们可以把对超市的印象画出来，搭建类似商店的场景，然后将这一场景用于购物的角色扮演活动(如水果摊前的售货员和顾客)。除此之外，他们也可以通过向他人讲述、展示和说明相关物品的方式，把他们的观察和结论表达出来。较年长的儿童会逐渐使用表征符号来展示他们的研究结论，例如使用照片、图片、简易的图表，来向其他儿童解释（Katz & Chard, 2000a）。

记录

当项目进行到"中间阶段"时，研究主题不同方面的各组儿童应该交换他们的研究方法和新的认识，同时一起思考：他们有哪些发现，哪些问题仍然悬而未决，或者又出现了哪些新问题，在接下来的进程中要如何处理这些问题。像这类针对阶段性成果的反思和下一步进展的思考应伴随项目持续进行。因为正是在反思中，儿童和教师完成了共同构建知识体系的过程，同时儿童也参与了教育过程的设计。

交流和反思

交流提供了思考自身思维方式（元认知）的绝佳机会，因此，交流也是项目实施过程中的重要一环。反思阶段不仅有利于提高儿童的**学习能力**，还能促进其**社会能力**的发展，因为儿童在总结和展示成果的时候，会反思自己的学习和思维方式，他们一起思考：我们学习了哪些和这一主题有关的知识？我们是如何学习的？我们为什么要学这些？学到的知识对于理解项目的主题有什么作用？在这一过程中，他们不仅了解了自己的思维和学习方式，同时也获悉了他人的想法和解决问题的方式，并且对不同的方式形成了自己的评判标准。通过这种成果展示、交流以及对下一步的计划，儿童的合作能力也得到了提高，反思能力和规划个人学习的能力（**元认知能力**）同样得到了发展，而这些是一个"有能力的问题解决者"所必备的技能（Fritz & Funke,2002）。英格丽·普拉姆（Ingrid Pramling）认为"**元认知对话**"能帮助加强以上这些能力（Gisbert,2004）。

通过元认知对话进行反思 [1]

在所谓的"元认知对话"中，教师和儿童共同探讨他们学了什么、如何学习、为何学习。教师通过这一方式引导儿童对自己的学习和思维方式进行思考。在这里，被思考的不光是内容，还有内容的结构和学习过程。

下列问题可以引发儿童对自身学习和解决问题的方法的反思：

- 我们昨天做了什么事，整个过程是怎样的？
- 你们从中学到了哪些之前并不了解的知识？
- 你们是如何学到这些知识的？
- 想学到更多知识，下一次要怎么做？
- 可以用什么方法把自己学到的知识教给其他人？

元认知对话的目的：

启发儿童就学习内容和学习过程，对自己的想法进行思考、反思和交流，并形成对自己的学习方法的自我意识（要学什么？如何学？为什么要学？）

- 儿童各自不同的思路和解决问题的方式可以成为共同反思的出发点。
- 儿童会意识到学习是一种有意义的、重要的能力，从而扩展自己对学习的理解。
- 儿童对有效的、深入的学习过程树立起正确的学习态度，即学习不仅要钻研内容，也包含掌控学习过程。

在实施项目的过程中，可以在小组讨论、角色扮演游戏或者自由活动中开展元认知对话。在幼儿园的日常活动中，教师与儿童的单独谈话（如针对儿童的成长档案袋的谈话）也是开展元认知对话的好机会。

1　Gisbert, 2004; Pramling Samuelsson & Carlsson, 2007

5.5 项目的完结

　　一个项目何时完结并不是事先计划好的，要根据儿童的需求来决定。重要的是，教师要时刻关注：儿童的问题什么时候得到了解答，什么时候学习到了所有预先设想的知识（即实现了儿童和教师共同制定的目标）。项目应以儿童**展示最终成果**的方式来结束，这样很有意义。有许多活动可以用作项目的结束环节，例如：一次作品或成果展览，一个幼儿园年度节日上的公开展示，一场关于项目的图片秀或电影展，儿童根据主题设计的戏剧表演或项目成果的展示墙。[1]

展示　　此类成果展示对儿童来说，是令人满意的项目结束方式，它为儿童带来了一种成就感，他们的努力最终以一种看得见、摸得着的形式呈现了出来，并得到他人的认可。还有一种展示方式对儿童的学习意义非凡，即对整个项目过程的文档记录。这些详细的记录不仅包括项目成果，也包括儿童的作品，对他们的学习活动的描述以及来自他们的各种想法和主意。这些详尽的记录也能为提高教育工作的质量作出贡献。[2]

- 这些记录支持着儿童的学习过程，如果儿童在完成项目的过程中记录下他们的工作，那么就会对自己的成就和进步有较为直观的认识，这能激励他们继续学习。

- 这些记录给予儿童一个信号——**他们的想法和努力很受重视**，这将鼓励他们全身心地投入认真学习。

- 这些对学习活动和成果的持续记录有助于教师和儿童的交流，支持他们共同计划项目的进展。

- 这些记录能激发家长参与幼儿园活动的兴趣，他们可以了解到项目的进展情况，也能提出自己的建议。

- 这些记录有助于教师了解**每个儿童的学习和发展过程**，并督促他们反思自己的教育行为。

　　这些记录的优点还包括：它能引发儿童对自身思维和学习方法的*反思*。对项目实施过程和成果的记录在以后相当长的一段时间内，仍可用于对儿童的思维和学习方法的研究中。同时，如果儿童能通过这些记录领会其他小组的研究成果和研究方法，也有助于儿童**相互学习**和从他人的想法中获得灵感。

1　Fthenakis,2000;Groot-Wilkern,2007;Katz & Chard,2000a;Katz & Chard,2000b

2　Fthenakis,2000;Katz & Chard,1996

总结：计划和实施项目的步骤

1 师幼共同寻找项目主题

- 儿童和教师通过一个共同建构的过程，寻找并确定项目的主题；
- 主题取决于儿童的兴趣以及教师或（幼儿园）的兴趣和其他相关条件，如教育大纲的要求；
- 讨论和反思儿童在寻找主题过程中的思维方式和学习方法，以此提升儿童的元认知能力。

2 教师对项目进行计划和准备

- 教师针对活动计划制定一个粗略的时间表，安排相应的活动；
- 从**内容**、**内容的结构**和学习过程三方面考虑确定项目目标；同时留意在哪些环节能制造加强儿童元认知能力的机会；
- 项目计划要为儿童留出空间，让他们共同参与规划项目，以及提出新问题。

3 项目的开始阶段

- 先进行状况调查：儿童对于项目主题已经有哪些认识；
- 和儿童共同探讨：不同的人对主题有哪些不同的思考方式；
- 细化儿童针对主题提出的问题。

4 项目的主体阶段

- 在一个共同建构的过程中，儿童思考如何获取想要的信息；
- 儿童用不同的方式寻找和项目主题有关的信息，并对此作出评估；
- 儿童提出假想并加以验证。

  → 在此过程中，根据儿童的兴趣和发展水平分组，不同的小组负责项目主题的不同方面。

- 在完成信息搜集、探究和实验等活动之后，儿童相互交流任务实施的方法，展示已经获得的认识并将这些总结记录下来（记录项目的进程）；

- 儿童在反思阶段中回答这一问题：我们学会了什么，怎么学的和为什么学；同时，通过元认知对话，儿童将研究和反思自己对学习的理解。

  → 继续提问：哪些问题仍悬而未决？是否有新问题出现？在接下来的项目过程中，这些新问题怎样解决？

（在项目的主体阶段，将不停地重复执行以上各步骤）

5 项目的完结

- 儿童向他人展示项目成果，如通过墙面展示、展览或者以某节日为契机；

- 利用对项目的记录帮助儿童反思他们的思考和学习过程。

6

技术教育领域的项目：
来自实践的案例

6 技术教育领域的项目：来自实践的案例

本章将介绍一些在技术教育实践中产生的项目案例。下文将介绍这些案例，并详述在技术教育的基本教育原则和理念指导下，怎样将教育大纲设置的目标变成可实施的教育方案。

案例介绍

以项目案例作为
实施范本

教师可以利用这些案例作为自己计划和实施新的教育项目的范本。不需要严格地按照书中描述的形式重复案例，可以通过自己的项目实践产生更多的建议和可能。因为和儿童共同计划以及灵活地执行项目，是项目教学法的基本原则，只有这样，项目的发展才能随时适应儿童的愿望、问题和要求。

还要考虑的一点是：每个项目都是独一无二的，都要与各自的框架条件以及当地已有的设施相适应。因此，每个项目强调的重点都是不同的，都可以朝着各不相同的方向继续发展。例如，在某个项目中强调与社区的合作，或者是家长的参与；而另一个项目则以展览的方式呈现项目的过程记录等。只要项目某个方面的某些元素和自己现有的教学条件相关，就可以开启独立自主的创造性探索和实施。

所有呈现出来的项目案例都强调了共同建构的核心思想（详见下文）。这些案例本身也是共同建构过程的一部分，即理论和实践之间的共同建构。教育机构记录了他们如何在具体的工作中捕捉到教育目标、设计出教学方案，然后付诸实施。这些汇编出来的文档资料也为实践补充了理论知识。一方面，这些案例清楚地呈现了本书中所描述的从理论到实践的转化过程；另一方面，就如何应用和进一步发展类似的案例，给了其他教育机构一些灵感和启发。在开放的过程中会有新的灵感和方案出台，不断从理论和实践两方面继续丰富技术教育。

在理论和实践之间的共同建构

共同建构的准则

在共同建构的学习过程中，教师和儿童是共同思考、共同行动和共同感受的学习伙伴。教师在互动的过程中扮演了主动的角色，但是成人没有单方面占据教育活动的优势，也没有因此忽视儿童作为参与者的重要角色，例如，不要在儿童不在场时就项目主题和项目进程作出决策。儿童的参与是共同建构学习过程的组成部分，对儿童的成功来说也是一个先决条件。

参与性是"面向未来的教育实践的核心要素，它对教育和民主来说至关重要"。[1] 在教育实践中，对儿童参与性的高度重视是对民主的基本理解，也是对儿童权利的维护，即儿童有权参与到与他们相关的事物中，并做出与其发展

共同建构与参与是互相依存的

1　巴伐利亚州劳动和社会事务、家庭和妇女部 & 国家儿童早期教育研究所，2007

能力相适应的决策。这项权利已经得到了联合国《儿童权利公约》的批准。[1] 共同建构是教育的基本原则，它使儿童有机会以协作和对话的方式参与到他们自己的受教育过程中。[2]

共同建构

共同建构

共同建构是以一种在过程中以互相交流和共同合作的方式实现的互动，除了儿童，教师也积极地参与到这个过程中，共同思考、共同合作。

从教育实施的角度出发会产生这样一个问题：教师和儿童之间以及儿童与儿童之间要怎样去建构互动的过程，才能推动发展和提高能力？本书认为，共同建构的学习过程有以下几方面的典型特征：

- 在社会过程中共同研究知识和意义，其中不仅儿童是主体，他身边的环境（教师，其他儿童）也是积极的参与者。
- 探究意义是学习的前提。
- 认识不同的观点。
- 和其他人一起解决问题。
- 拓宽现有的理解视野。
- 形成和表达自己的想法，然后与其他人交流和讨论这些想法。

三个实现共同建构型学习的要素是：

- 组织活动

包括所有呈现出儿童和成人行为、观点和解决方案的活动，例如图片、符号、计划和模型。

- 档案记录

包括对活动、观察和认识的描述和记录，也包括对观点和讨论的记录，项目以外的人可以通过这些记录领会和理解整个学习过程。

- 开展讨论

包括为了理解一个问题而做出的努力，个人对该事件形成的理解，以及互相之间就这一事实真相而开展的研讨。

组织活动和档案让儿童和成人在表达自己的想象和观点的同时，还可以了解别人的看法和见解。两者为讨论奠定了基础和出发点，开展讨论则是交流猜想和共同建构意义的过程。

1　联邦妇女和青年部（波恩）

2　巴伐利亚州劳动和社会事务、家庭和妇女部 & 国家儿童早期教育研究所，2007

这种含有组织活动、档案记录和开展讨论三要素的共同建构型的学习模式适用于不同年龄段的儿童，只要他们能够参与并融入适应其发展水平的共同建构活动中。而倾听、观察他们和向他们提供多样的、适当的表达机会也是必要的前提。

参考文献：

MacNaughton, G. & Williams, G. (2003). *Teaching young children: Choices in theory and practice.* Maidenhead:Pearson & Open University Press.

Bayerisches Staatsministerium für Arbeit und Sozialordnung, Familie und Frauen & Staatinstitut für Frühpädagogik(Hrsg.), 2007. *Der Bayerische Bildungs- und Erziehungsplan für Kinder in Teageseinrichtungen bis zur Einschulung* (2. Auflage). Düsseldorf: Cornelsen Scriptor.

Der Bundesminister für Frauen & Jungend Bonn(Hrsg.),1993. *Übereinkommen über die Rechte des Kindes.* UN-Konvertionen im Wortlaut *U*mit Materialien. Düssledorf: Livonia.

项目案例的结构

在第 5 章中，结合元认知教学法已经介绍过项目的结构设计，本章将逐一介绍项目的具体计划和实施[1]：　　*项目的过程*

- 项目的产生——寻找主题；
- 项目的计划和准备；
- 项目的开始和主体阶段；
- 项目的完结。

本书中的案例说明了在项目式教学的活动中，如何与儿童一起将技术教育的目标（详见第 4 章）与儿童的兴趣结合在一起。此外，这些案例也示范了如何在项目内容中增加一些反思环节，以增强儿童的掌握学习方法的能力。　　*涉及技术教育领域的目标*

1　这些步骤和方法来源于巴伐利亚州的教育大纲（巴伐利亚州劳动和社会事务、家庭和妇女部 & 国家儿童早期教育研究所，2007）

这些项目所涉及的范围很宽泛，因此可以说明其中还可以包含哪些其他领域的教育（除了技术教育），以及对此可以实施哪些教育活动。[1]

另外，有些案例中还提供了信息框，示范性地介绍了某种教学方法，例如，"和儿童一起开展哲学思考"、"建立学习小组"或者"提问"。在每个案例中都清楚地介绍了如何在共同建构的学习过程中应用这些方法。

其他的信息框则指出了这个项目案例是以哪种特殊的方式去考虑落实教育理念和原则的，涉及的教育理念和原则都在第 1.2 小节（第 20 页）中曾有说明。

---

1 这些步骤和方法来源于巴伐利亚州的教育大纲（巴伐利亚州劳动和社会事务、家庭和妇女部 & 国家儿童早期教育研究所，2007）

在不同的项目案例中拟定的技术教育领域的目标概览

项目案例的标题和内容提要	内容重点	技术教育的目标： 基本技术经验和技术基础知识
项目案例 1 **从苹果削皮机到自行车：齿轮传动的机器** 儿童通过在日常生活中与机器和工具互动得到经验，并加深他们对齿轮这个主题的认识。	齿轮	**基本技术经验** 来自不同的生活场景和情境 • 果蔬脱水器（厨房） • 自行车（运输工具） • 螺丝钻（车间） • 螺旋开塞钻（家政） **技术基础知识** • 关于自行车和齿轮的知识 • 齿轮传动 • 力 • 机械 • 运动
项目案例 2 **拆卸一台电脑** 儿童在手工室里拆卸电脑和其他仪器，还用单独的部件组装和发明新仪器。	电脑和工具	**基本技术经验** • 体验各种工具 **技术基础知识** • 拆卸机器 • 了解单独部件的功能 • 组装新仪器 • 电力和动力 • 技术活动中的安全
项目案例 3 **手机、电话机和键盘** 儿童认识电话机，了解电话机的发展历程并仿制电话机。	电话	**基本技术经验** • 体验玩具手机 • 体验手机 • 体验电话机 • 组装一部电话机 • 体验数码相机 • 体验电脑 • 体验工具 **技术基础知识** • 声音 • 电话机的原理

（续表）

项目案例的标题和内容提要	内容重点	技术教育的目标：基本技术经验和技术基础知识
项目案例 4 **儿童游乐场里的技术** 儿童在户外游乐场中研究跷跷板、旋转木马和滑梯。	跷跷板、旋转木马和滑梯	**基本技术经验** • 在现实世界的游乐场中体验物理现象 • 用自己的身体感受物理现象 • 体验不同的材料 • 仿制设施 **技术基础知识** • 摩擦力 • 离心力 • 平衡 • 杠杆
项目案例 5 **火车头艾玛** 儿童围绕火车头做研究，加深对蒸汽机的认识。	蒸汽机	**基本技术经验** • 体验各种材料，例如金属、玻璃、塑料、橡胶和木头 • 体验各种工具，例如锯、钢丝锯和锤子 • 认识火车头、枕木和铁轨 **技术基础知识** • 蒸汽机的运转 • 轮子 • 能源 • 移动 • 技术中潜在的危险
项目案例 6 **孩子们的迷你建筑工地** 儿童密切关注着幼儿园里的建筑改造，并把观察发现应用到他们自己的迷你建筑工地上。	工具、器材和制造	**基本技术经验** • 体验建筑工具，例如挖土机 • 体验各种材料，例如混凝土、瓷砖粘剂、多孔混凝土砖和木头 • 体验各种工具，例如铲刀、锤子、蓄电钻机等 • 设计和建造一个有墙的地下室 • 用木头仿制挖土机、载重汽车和起重机

项目案例的标题和内容提要	内容重点	技术教育的目标：基本技术经验和技术基础知识
		技术基础知识 • 浇筑混凝土和砌墙 • 造房顶 • 静力学[1] • 技术操作中的危险
项目案例7 **从一个故事开始的坡面实验** 儿童用自己的身体感受斜面，用不同的器材和模型在坡面上做实验。	斜面	**基本技术经验** • 建造不同的斜面 • 在爬上爬下的过程中体验斜面 • 用不同的材料和形式体验 • 体验数码相机 • 制造弹簧秤 **技术基础知识** • 摩擦力 • 力 • 平衡

1　静力学是力学的分支，专门解析物体在静力平衡状态下的负载（编者注）

6.1 项目案例 1　从苹果削皮机到自行车：
　　　　　　　　齿轮传动的机器

本案例来自于巴伐利亚州珀思特穆尔瑙（地名）的教师拜尔博·麦坦

6.1.1 项目的产生——找到主题

教师带来了一个
苹果削皮机

幼儿园刚开学时，花园里的苹果树上挂满了丰收的果实。儿童们采摘苹果，围绕苹果开展了各种各样的活动：吃苹果，切苹果，做苹果酱、苹果汁和苹果冻。在南蒂罗尔的一家日用品商店里，幼儿园的教师发现了与这个主题相关的一个"话题"——苹果削皮机。她决定在苹果活动结束时把这个"话题"介绍给大家。一方面，这个机器非常符合当前的主题；另一方面，在这位女教师看来，这个小巧又实用的家用帮手从技术上来说也是非常有趣的：它是透明的，当人们转动手摇柄时，就会观察到这么多的齿轮是怎么运动的，刀刃是怎么伸向苹果然后绕着苹果削皮的。

事实上儿童们的确被这个机器深深地吸引住了，很快他们就把兴趣转移到

齿轮的功能上。他们先是聚精会神地观察这个机器，几天后，他们和教师就齿轮的功能展开了对话：

史蒂芬解释："这些带锯齿的轮子一起转动（他的手指指着它们），所有的齿轮都在动，不管是这些平放着的，还是这些立着的。"

教师问这群儿童里最小的那些孩子："它们是怎么动起来的呢？它们不是都装在这个透明的盒子里吗？"

安雅（3岁）："你的手得转。"（于是她转动手摇柄让齿轮动起来）

弗洛里安："我也已经数过了，有6个齿轮。3个大的橘黄色的，2个小的橘黄色的和1个透明的。"

多米尼克："如果我们需要这些齿轮，我们是不是可以把它们拆了，然后再做成不一样的东西？"

6.1.2 项目的计划和准备

和儿童们互动之后，教师和儿童得共同考虑如何开展一个以齿轮为主题的学习项目。由于儿童们对教师带来的苹果削皮机表现出了很浓厚的兴趣，所以可以从这一主题出发并不断深化。

以技术教育为核心：教育目标和教育活动

教师和儿童们共同思考，怎样才能确定这一项目的目标。最终形成了以下书面记录：

不同机器中的齿轮

在不同的情境中了解齿轮的功能以及认识不同形式的传动装置。以这种形式为机械领域的"运动和传动"主题积累经验。

技术教育领域的目标

儿童通过使用日常生活中认识的不同的机器和工具获得经验，如果蔬脱水器、自行车、螺丝钻和开塞钻。机器来自不同的生活情境：家庭、工厂和交通工具。儿童通过探索研究和拆卸机器，加深对技术的理解。他们通过这种方式获得技术基础知识，加深对轮子的认识（这里主要指齿轮），并且辨别出不同机器背后蕴藏的原理。他们同时也研究力学、机械学和运动学中的一些基本问题。

6.1.3 项目的实施

项目的主体阶段

为了达到该目标要实施不同的子项目，包括以下研究内容：

- 子项目 1：果蔬脱水器

- 子项目 2：自行车

- 子项目 3：螺丝钻

- 子项目 4：开塞钻

果蔬脱水器

探究果蔬脱水器的功能和使用方法

　　一名儿童在家里的厨房中认出了果蔬脱水器里的齿轮，并把果蔬脱水器带到了幼儿园。儿童们首先解释，他们从哪里得到了这个物品，它有哪些应用。教师通过询问儿童来了解他们已经掌握了哪些基础知识和基本经验。所有儿童都认识果蔬脱水器，还能说出脱水器的功能——"水被清洗出去了，因为吃的时候尝不到水。"一些儿童已经观察过父母如何使用果蔬脱水器，并且自己也已经使用过了。在结束关于果蔬脱水器的对话后，他们尝试使用了一下，同时仔细观察发生了什么：

　　"蔬菜感到头晕了。"一名儿童说。克雷蒙斯发表意见："蔬菜在骑旋转木马。"这是怎么回事？果蔬脱水器是怎么工作的？这和苹果削皮机又有什么关系？

　　儿童们把果蔬脱水器拆开，仔细观察里面的两个齿轮是如何互相啮合的，发现脱水器上的齿轮朝着不同的方向旋转。他们学习到"传动装置"这个概念——人们这样称呼两个互相啮合的齿轮。

　　儿童们试验过，只有用力才能使连接把手的齿轮动起来。当齿轮动起来，脱水器里的过滤器就开始旋转。他们又开始思考：水是怎样从蔬菜里出来的，并且猜测是脱水时通过旋转把蔬菜里的水挤压出来。

用果蔬脱水器做实验

　　在实验阶段，儿童们用生菜叶、树叶、青草、蒲公英、窗帘布和厨房纸来进行实验。他们还一起准备了沙拉，一起分享。所有年龄段的儿童都有参与其中。其中有两名儿童对于果蔬脱水器里的菜是怎么干的特别感兴趣。

因人而异（个性化）的教育过程

项目的发展过程显示，儿童们的兴趣各不相同，这涉及到了对主题的深化：有两名儿童想知道更多，因此教师和这两名儿童开始研究新问题。他们和教师就此展开讨论，得知是离心力或向心力发生了作用。他们开始考虑，还有哪些现象和这个原理有关，并把这一原理迁移到了其他的情况：康斯坦丁注意到，在洗衣机脱水时，洗涤的衣物状况和果蔬脱水器里的蔬菜一样；克雷蒙斯的解释是生菜在骑旋转木马，他把这一现象和旋转木马等游乐场设施建立起了联系。他们把不同机器的工作方式归因于同样的原理，即离心力。通过这种方式加深了他们的物理基础知识。对教育过程作因人而异（个性化）的处理满足了每个儿童的特殊需求。学习内容、学习水平、学习目标、学习时间及使用材料上的差异等都可以采取因人而异的处理方式。

自行车

另一名儿童在他的自行车上发现了齿轮，于是和他父亲一起把一辆不需要的旧自行车带到了幼儿园。儿童们把自行车的车座和车把倒放在地面上，仔细观察踏板动起来时会发生什么。一名儿童立刻注意到，这和苹果削皮机不一样——"齿轮的齿咬着链条的孔。"自行车的两个齿轮是和自行车链条相连接的。

克拉拉评价说："链条总是油腻腻的，但是它必须得这样，不然它就不动了。"史蒂芬补充道："要是链子掉了，你就不能再骑了。"史蒂芬用自行车试验后发现：如果车链掉了，就只有前面的大齿轮会转，后面的齿轮和相连的后轮就不再动了，自行车就不能骑了！儿童们用这种方式和方法认识了齿轮的功能，在互动中和教师一起探寻了自行车的工作原理。

那位研究过自行车的父亲来到幼儿园和儿童们一起探讨问题。一名儿童想要从这位父亲这里知道"为什么一些自行车的后齿轮不只有一个，而是有很多个"。他告诉儿童们：这样的自行车是有换挡装置的。儿童和成人一起思考并试验：车链挂在小齿轮上的意义是什么，什么时候有必要换成大齿轮。有的儿童已经有了经验：当后面的链条换到小齿轮上时，踩踏板更费力，但是每踩踏一圈行走的距离延长了。为了在骑上斜坡时更加省力，人们把后面的车链挂到了更大的齿轮上。在踏板转动同样的周数时，后车轮会转得更慢，但是力量消耗得也更少。此时，儿童继续加深了对技术的理解，并学习了给自行车换挡时齿轮是怎么运转的。

让父母积极参加该项目

在实验阶段，那些可以独自骑自行车的儿童骑着自行车驶向斜坡，通过更换后轮处不同的齿轮来做变速实验。年龄较小的儿童需要通过教师的帮助来完成这些实验。例如，一名儿童已经能够骑自行车，但还是感觉不安全的话，他就不想单独骑不熟悉的自行车，此时教师可以帮他稳住车身。如果这名儿童也想试试加速并询问怎样能做到时，教师可以告诉他怎样操控自行车上加速的开关。最后，教师认为这名儿童独立骑车的时候已经安全了，就可以松手让他独立骑车。教师提供的帮助是针对儿童的具体需求和最新的学习状况而定的。

提供帮助——搭支架

搭支架描述的是学习中教师给儿童提供帮助的一种互动模式：教师为儿童提供帮助，使其能够实现从一个水平向下一个更高水平发展。单词"scaffold"可直译为"脚手架"。教师给儿童提供一个学习的支架，是为了让儿童继续扩充已经会的和认识的东西。

这种互动模式的特点是一个有更多经验的人分步骤地给经验较少的人提供帮助。同时有较少经验的人会逐步脱离控制，缩小需要帮助的范围，越来越自主地承担解决问题的责任，最终独立地解决任务。搭支架的目的是让个人能够独立地应用自身的能力。

搭支架模式的特征

- 形成互动。儿童们在一个合作、共建的学习过程中获得帮助，这一过程致力于解决对双方来说都有意义或有趣的问题。
- 在实施和获得帮助期间，双方要形成共情，这是交流的基础。"共情"指的是，尝试理解对方就某一现象和事件产生的感觉和情绪，并努力理解对方的观点。为了达到这个目标，教师要尝试理解儿童们的思考方式，以及相应地调整帮助和交流的方式。

- 有效的帮助需要权威导向型的互动模式。这种互动模式的特点在于，一方面教师这一方有结构明确的期待，另一方面教师还要给予儿童情感上的温暖和责任。例如给儿童积极的反馈，或者能感觉到他们什么时候需要帮助。

- 当涉及到某些特定的能力时，儿童在他的"最近发展区"得到帮助。教师向儿童提出的挑战要超过他已经掌握的知识和能力，同时教师给予适当的帮助，鼓励他克服挑战。

什么是"最近发展区"

根据维果茨基的理论，人们认为"最近发展区"是儿童目前的发展水平和潜在的发展水平间的差距。在前一个水平上，独立解决问题是可能的，要达到后一个水平则需要有更多经验的人给予帮助，然后儿童会逐渐独立地向此水平靠拢。

- 搭支架能够促进儿童自我调控能力的提高。教师把行为的责任逐步转移到儿童身上，当儿童能够通过帮助实现目标，并逐步独立完成任务时，教师再完全撤出。搭支架的过程中，教师给儿童时间让他们自己想出解决办法，不草率地进行干涉和指导，通过这样的方式促进儿童自我调控能力的发展。

教师在实施帮助时，有哪些任务？

观察、记录和反思儿童的学习和发展过程，并找出：

- 哪些任务对儿童来说会是一种挑战？
- 在获得帮助的情况下，儿童能达到的下一个能力水平是怎样的？
- 儿童的兴趣点在哪里，如何利用这些作为出发点实施帮助。
- 在帮助小团队或者单独的儿童时，要给予他们充足的时间。
- 选择应用某一种具体的方法来拓宽儿童的能力，例如提问、鼓励、演示、给出反馈、转移注意力等。
- 给儿童提示：怎样做才能更多地承担起责任。
- 用语言描述儿童的行为，帮助他们学习。

参考文献：

Bodrova, E. Leong, D. J. (2007) *Tools of mind: The Vygotskian approach to early childhood education* (2. Auflage). Englewood Cliffs, NJ:Merrill.

Glisbert, K. (2004). *Lernen Lernen. Lernmethodische Kompetenzen von Kindern in Tageseinrichtungen fördern*, Weinheim: Beltz.

Jordan, B. (2004). Scaffolding learning and co-constructing understandings. In A. Anning, J. Cullen & M Fleer (Eds.), *Early childhood education: society and culture* (S. 31−43). London: SAGE−Publication.

MacNaughton, G. & Williams, G. (2003). *Teaching young children: Choices in theory and practice.* Maidenhead: Pearson & Open University Press.

手摇钻

手摇钻也有传动装置。儿童可以观察和体验它的作用——"手摇钻钻进木头里，钻出一个大小合适的洞。"儿童们尝试自己使用手摇钻，在不同的木头废料上钻孔后得出这样的经验：在不同的木头上钻孔的感觉是不同的。于是他们比较木头的种类，找出描述木头特性的概念，如木头有硬的有软的；并继续找出哪些木头更容易钻。

在观察钻孔过程和齿轮时，儿童们确定，这些齿轮和苹果削皮机里的齿轮看起来完全不一样。这些齿轮不那么稀疏和平坦，而是有其他的形状。在和教师对话时，一名儿童说，齿轮看起来就像一顶帽子。教师将其称为"锥体"，它刚好是一顶帽子的形状。儿童们由此学到了，还有锥体外形的（锥状的）齿轮。

齿轮改变运动方向　人们转动手摇钻的曲柄，通过两个齿轮，钻头可以上下运动。手摇钻的特别之处在于齿轮改变了运动的方向。

最后，儿童们用学到的知识开展了一个"木头刺猬"的游戏：每名儿童在木板上钻一个孔，拿一个刻有他们名字的木栓插进自己钻好的孔里。最终，依斯朵瓦成了游戏赢家，只有他的木栓正好插进了他钻的孔里，而其他儿童都没有做到。

螺旋开塞钻

4个小组中有一组研究螺旋开塞钻。其中一名儿童注意到，齿轮会沿着活塞的杆转动。儿童们精确地观察到这个工具上的两个齿轮"抓"住了一个铁杆，这和苹果削皮机上的齿轮是不一样的。在实验阶段，儿童们尝试使用螺旋开塞钻：在大大小小的瓶子里有用色素调过色的水，这些瓶子被软木塞塞住了，每打开一个瓶子，就可以赢走这个瓶子去做游戏。拔塞子时，儿童们想知道"谁最快"，于是又开始了一场"开瓶塞"比赛。整个过程给儿童们带来了极大的快乐，以至于他们在之后的自由游戏时间还会经常玩这个。

整理档案袋和反思

一段时间后，分别独立行动的几个小组聚集到了一起，交流他们各自的经验和获得的知识：所有的儿童都从其他人那里了解了一些他们曾经认识和使用过的不同的齿轮。紧接着，大家开始了对这个话题的归纳和整理。

归纳和整理话题

儿童们在不同的情境下接触不同的机器，积累并学习到了实用的经验，如齿轮有哪些功能，有多少种不同的齿轮。教师与整个班级一起讨论哪里还有齿轮。

教师和儿童一起发现：虽然传动装置看起来很不相同，但是都有共同之处，即传递运动；它可以改变旋转的速度和传递的力的大小，稍大一点的轮子转得总是比稍小的轮子要慢，但是它传递更大的动力。人们要使用这些机器，就必须要用力。这时，教师有了一个新想法，去露天博物馆里观察一台水磨，它是由水力驱动的。儿童们兴奋地接受了教师的建议，于是就有了一次博物馆参观活动。由此，他们又获得了许多新知识，例如有比水磨更大的机器，有些机器的驱动不是靠人力，而是靠水力或者是发动机动力。

传动装置传递运动

参观结束后，儿童们一起讨论经历和学到了什么。他们对以下问题做了思考，并重新反思了学习内容：

- 我们学到了什么新东西？
- 大家能再解释一次齿轮是怎么运转的吗？
- 大家向爸爸妈妈和兄弟姐妹讲述了关于齿轮的什么内容？
- 你们最喜欢的是什么？

提高学习的能力

这样，儿童们将会再一次思考他们的学习过程。通过讲述和向其他人报告，他们不仅很清楚地学到了知识，同时可以反思是如何发现问题，以及是如何学习知识的。通过这种方式可以增强儿童们有计划地学习的能力。

制造和设计

拆机器

在项目一开始观察苹果削皮机时，一名儿童就主动表达了想拆开削皮机的愿望。虽然这时拆这台机器是不可能的，但是在幼儿园里有一块装有齿轮传动装置的展示板，儿童们可以用它试验齿轮的工作原理。在自由活动时，有些儿童用它来做实验，并向小组的其他成员分享了他们的认识和经验。为了得到齿轮，儿童们拆了一些其他的东西，例如一块旧表、一个果蔬脱水器和内置有操控机械的发条玩具。把不同的东西拆开同样也非常吸引人，这项活动一直持续到项目完结（大约 2 周）。

儿童们也在他们的周围——家里、车库和花园里——努力地寻找带有齿轮的物品。

这次寻找的原因是，他们计划开办一场有关带齿轮的物品的展览。第一批展览的物品有苹果削皮机、果蔬脱水器、手摇钻、自行车和开塞钻以及参观磨坊的照片。

儿童们热心地收集不同的物品，他们的父母也帮助寻找，还经常和他们讨论每一件物品的功能和使用范围。

他们带来了什么？

带有木制和塑料手柄的模具（缝纫工具）；大大小小的拨浪鼓（乐器）；鼠标（办公用品）；手摇的老式打蛋器（厨房设备）；一个可以看到内部的旧闹钟；一个带有装饰的八音盒（通过手柄和齿轮启动），它通过转动来控制齿轮的薄片，发出《致爱丽丝》的音乐。每天都会有儿童带一些新的物品来，他们已经搜集到了足以开办一次大型展览的物品。家长们也已经了解了所有齿轮的特点：齿挨着齿，对一个传动装置来说，至少需要有两个相互啮合的齿轮。在这个展览中，儿童们认识了更多不同的传动装置。

开放的课堂和家园合作

在很多方面，要让家长、教师以及周围的社区尽可能参与到项目中去。

在整个项目中，儿童们的家庭被动员了起来：父母为儿童提供图片资料和适合展览的物品，和他们讨论这个主题，通过相互之间的反思性对话，活跃地参与到这个项目中。那位和儿子一起把自行车带到幼儿园的父亲自发地向儿童们解释自行车的变速功能。一个特别的高潮是，当这个项目完结时，家长们也被邀请去参观项目成果展览了。

项目的完结

展览

展览为父母和儿童之间创造了活跃的交流。儿童们向父母展示了他们用来做实验的物品，并向他们解释齿轮的工作原理。

儿童和父母的交流

教室的窗台上展示了各个小组的照片，还有图片、被拆卸的机器等，照片呈现了项目的整个过程。这样儿童们就能和父母一起回顾了。

作为对项目的永久回忆，那些记录了整个项目的照片最后会被交还给了这些小研究者们。

在幼儿园的开放日活动中，所有的参与者都获得了积极的结果。儿童们为家长们作了简要的项目描述，在展览开幕和结束的这一天，家长们给儿童颁发了奖状。

齿轮研究小组得出结论："这些我们经常不加思考就用的物品，是如此有趣。"

6.1.4 跨领域的教育

语言和读写

在书籍里，可以看到关于材料、运动、传动装置、日常生活物品的功能和使用范围等主题的照片。此外，教师还可以为儿童们朗读与这些主题有关的文字。

在这个项目中，儿童们通过说出不同物品的名称拓宽了词汇，如齿轮是一种传动装置。他们还认识了不同的新概念，例如自行车上的链条、小齿轮、踏板、曲柄以及力的消耗、机器、正常运转、功能等。

数学

儿童们在开展项目期间也致力于研究数学问题，例如：一个齿轮有多少个轮齿？这台机器或这个传动装置有多少齿轮？通过测量齿轮重量的方法，他们确定齿轮是由不同的材料制造的。还学习了其他概念，例如，重的、更重的、最重的或者大的、更大的、最大的。

美学、艺术、音乐和文化

为了了解一个用来复制纸样上划痕描线的带齿轮的工具（纸样轮），儿童们专程拜访了一位服装设计师，向她咨询这个工具是怎么使用的。

儿童们还参观了博物馆，工作人员向儿童们介绍了碾磨谷物的水磨。去博物馆的路上，儿童们唱着歌曲"碾磨机在沙沙沙的小溪旁嗒嗒作响"。

精神运动

这个项目也会将感官体验与运动包括在内：儿童们在研究果蔬脱水器、自行车和手摇钻时，可以听到各种不同的声音，可以尝试根据声音说出它们的名称。还可以利用机器在墙上投射出的不同的影子进行感官练习，识别并说出它们的名称。

媒介

儿童们用照相机拍照，记录项目的整个过程。

从这个项目中发展出来的新项目——材料学

儿童们确定了齿轮是由不同的材料制成的，对此他们想更深入地了解，不同的材料分别来自哪里，由此产生了一个新项目：研究木头、铁和塑料。

6.2 项目案例 2　拆卸一台电脑

本案例来自伊丽莎白教育学术基金会儿童之家的玛蒂娜·沙夫，该项目实施时她是朗城市幼儿园的实习教师。

6.2.1 项目的产生——找到主题

在整体环境改造的背景下，幼儿园的一间集体活动室要改造成手工室。但是这间教室里配备的器材很少，所以儿童们一开始很少用到这间教室。教师决定添置一个工作台，给儿童提供更多的机会。儿童以极大的兴趣密切关注着工作台的建设，于是教师索性邀请儿童一起来建造。同时请儿童们讲述，迄今为止积累了哪些使用工具的经验。在手工室里有一台报废的旧电脑供儿童玩。有一天，两名儿童用这台废电脑做游戏，不一会儿他们告诉教师，一块磁铁掉进电脑的裂缝里，再也找不到了。儿童和教师一起思考怎样才能找到它，最后他们决定，在工作台上拆开电脑。

考虑儿童的兴趣

两个男孩子立刻开始动手，在很短的时间内，工作台旁边就围了十二名儿童，他们是来帮忙拧、敲和递工具的。儿童们对这个主题表现出了很大的兴趣，于是大家决定一起来实施这个项目。

6.2.2 项目的计划和准备

儿童们有了之前的经验后，项目的目标就确定了。他们要先熟悉工作台和工具，因为安全是很重要的，所以大家首先就这一话题展开了讨论。

以技术教育为核心：教育目标和教育活动

儿童们学习了工具的功能和应用，在他们试着使用工具，并练习和工具打交道时，运动机能也得到了提高。在接下来的项目过程中，儿童们之前获得的能力在拆卸机器的过程中能得到拓展。在此基础上，儿童们也能学习一些关于机器零件的知识，说出它们的名称。他们非常有创造力，还利用这些零件组装出新的机器。

技术教育领域的目标

儿童们在使用工具时积累了经验，通过拆卸机器和认识零件的功能，加深了对技术的理解。他们非常有创造力，在设计、制造和组装新机器时，能够应用学到的关于工具和材料的经验。通过这种方式，儿童们的手工制造和运动的能力得到了提高。他们产生想法，尝试实践这些想法，并发展出新的计划。在项目中，他们还研究了电子和电流。儿童用以上各种方式获得了技术和自然科学领域的基础知识。

在使用工具、拆卸机器和接触带电物体时，安全教育非常重要。

制定规则

每个小组由 6 名幼儿组成，大家共同商议出了规则，最后制定出一张规则表。儿童们都认可这张规则表，并表示，在整个项目过程中会遵守这些规则。

学会安全地使用工具

儿童们以书面的形式记录了这些规则：

- 不用锯捉弄或割伤任何小朋友。
- 如果有人受伤，马上去找老师。
- 所有的东西用完要归位。
- 可不可以去用工作台，要问老师。
- 给其他同伴机会，每人就一次。
- 也要给年幼的同伴工作机会。

对民主协商的基本理解和儿童们的参与

儿童们按照民主协商原则确定了安全规则。所有儿童都参与其中，大家都可以表达观点，提出建议。观点被采纳后，一起讨论哪些规则是有意义的。制定安全规则使所有儿童都获得权利了吗？这些规则能避免危险吗？在对这些规则的表决中，大多数人表示同意。所有的儿童对讨论结果都表示满意，并形成了书面记录。在这个过程中，他们理解了与其发展水平相应的责任，并用这种方式学会了民主协商的基本原则。

6.2.3 项目的实施

项目的主体阶段

在建造工作台时，儿童们已经讲述了他们在这个领域中积累的经验和知识。这些原有知识将得到深化，尤其是当他们学习和练习如何安全地使用工具时。所有人都要遵守规则。他们用工具加工出很多木头制品，这些使用的木头是他们在附近的森林里探索时自己搜集的。

拆卸电脑

儿童们使用不同的工具和方法拆卸电脑，并用不同的方法使用他们拆下来的零件：有些儿童用零件制作出别的东西，发明新机器；另一些儿童在幼儿园的创意区里，把部分拆下来的零件粘在一起，进行创造，例如把键盘上的字母按钮拆下粘到一幅画上，把字母排成列。

儿童们认识及使用工具

在拆卸了电脑的大部分零件后，儿童们和教师开始一起对付显示屏。拆除电脑的外壳后，露出了一个警示牌，上面写着"打开显示屏可能导致爆炸"。教师和儿童们讨论：拆开显示屏是否危险，他们也无法确定拆除时可能会发生什么。于是他们决定，在继续拆屏前，先去调查一下相关信息。通过这件事，儿童们发现，有时候成人也会存在知识空缺，大家需要一起思考才能获得相关消息。儿童们通过这种方式学习如何建构性地处理开放问题，并学会理解"不知道"并不是缺陷。

一个男孩说，他的父亲非常精通电脑，他会问问他的父亲拆除显示屏危不危险。第二天，男孩说他父亲劝他们不要拆除显示屏。为了进一步了解为什么，教师建议给电脑公司打电话咨询。

儿童学习怎样获取信息

有四名儿童和教师一起去办公室打电话。教师问怎样可以查到电话号码，一名儿童建议用电话簿。于是，教师把电话簿拿出来，和儿童一起找字母"C"，因为大家之前发现电脑是以字母"C"开头的。他们找到了一些号码，一名能够书写数字的儿童把这些号码记在了纸条上。

然后大家又要共同思考，谁去打电话，应该询问些什么。一名儿童在教师的帮助下选择了一个号码。教师向公司的工作人员简单解释了儿童园的来电原因和儿童们的问题，然后把听筒交给了儿童。3个接到电话的公司都表现得很积极，虽然每个公司给出了不同的答复：

- 显示屏不能拆，否则可能会爆炸。
- 拆显示屏不存在危险。
- 显示屏里有一些灵敏的零件，他们可能存在危险。但显示屏本身并不会爆炸。

大家决定先不拆显示屏，继续搜集信息。

教室里变活跃了

从家里带来更多的仪器

儿童们从家里带了许多含有技术的仪器到幼儿园里，例如闹钟收音机、小型摩托车的仪表板、遥控汽车、电唱机和闹钟。他们拆开所有东西，把拆开的闹钟重新组装起来，组装后的闹钟又能正常使用了。

　　家长们对这个项目越来越有兴趣，也把一些仪器带到了幼儿园。家长、儿童和教师一起讨论这些仪器，拆开并检验它们的构造和功能。这样，家长们也积极地参与到了这个项目中。

　　手工室里充满了生机，里面都是发现者、思考者和手工业者，他们改变旧物件、创造新发明。儿童们的创造力是没有边界的，每个年龄段的儿童都积极地参与到工作中来。

参观建筑材料市场

　　工作一段时间后，大家发现现有的工具不够用了，甚至部分工具已经用坏了。小组成员聚在一起共同思考：哪里可以买到最好的新材料。一名儿童想到一个主意：乘车去巴本豪森（城镇名）的建筑材料市场。于是儿童们参考产品目录册的图片做了一张购物单——他们剪下图片，把它们粘在一张纸上。教师根据儿童的口述在纸上补写了工具的名称。在参观建筑材料市场时，儿童们好奇地观察着不同的工具和材料，通过说出工具的名字，他们又认识了新工具和新材料。在寻找工具的过程中，两名儿童去问路并得到了一份道路说明书，他们把它分享给了其他小组成员，最后终于找到了他们要找的商店。到达之后，儿童们被眼前丰富的产品震撼到了，所有产品都可以触碰，部分产品还可以试用。有一位工作人员帮助他们选择工具，儿童们可以向他提问，他为儿童展示并解释产品。在去收银台付款的路上，儿童们新买的水平尺立刻得到了应用——检查不同平面的水平和垂直度，儿童和教师在互动中研究了水平尺的功能和应用，学会了如何使用这个工具。

学习新工具

专业人员来访

让专家积极参与到项目中

儿童们越来越频繁地询问技术方面的问题，但教师和儿童没法找到所有问题的答案，于是有一位从事信息技术管理的父亲主动提议来幼儿园和大家一起讨论电脑及其他的技术设备，大家很乐意地接受了这个建议。这位父亲——冯克先生将会在某个下午到幼儿园来，小组成员事先准备好了想要向他提出的问题：

- 电脑有心脏吗？
- 一台电脑能"活"多久？
- 部件分别叫什么，人们用它们做什么？
- 当人们打开显示屏时会发生什么？
- 显示屏会爆炸吗？
- 人们可以拆开一台接通电源的电脑吗？

从安全角度考虑，最后一个问题非常重要，教师决定向儿童们澄清这个问题。于是问他们，他们是怎么考虑这个问题的。一名男孩表示："上面有电，如果人们还去捣鼓它的话，会被电死。"

教育目标：处理技术中的安全和危险问题

因此儿童们得出了一条规则：在接触相关电器时，禁止研究一台接通电源的电器。如果他们想要在家里拆一台机器，必须先去询问父母。

于是，儿童们又开始交流自己关于电的体验，特别是关于交流电。一名男孩对伙伴说，有一些材料是不导电的，电来自发电厂。然后，他又说，用气球摩擦头发也会产生电。大家立刻尝试了，并认为他们的头发可以发电这件事非常吸引人。

几天后，当这位专家父亲去幼儿园时，有十名儿童在等他。首先，他们向冯克先生展示了他们迄今为止都用工具做了些什么。然后，他们提出了准备好的问题。冯克先生详细地给出了意见并尝试和他们一起找出问题的答案。冯克先生展示了电脑的内部零件，说出它们的名称和功能。儿童们还想再次讨论关于电的危险的问题，于是冯克先生让大家留心一些安全指示。

专家和儿童们一起找出解决办法

有一名儿童提出了显示屏可能爆炸的问题。这位专家父亲解释说："在显示屏的内部有一个真空的空间。如果有空气进入了这个空间，显示屏就可能爆炸。"一名儿童问，他们是不是可以试验下。冯克先生建议由他带着显示屏到户外的空地上去操作，这样大家就可以安全地从窗口看到一切。冯克先生带着显示屏去了外面，用一把锤子敲破了显示屏的玻璃，传来一阵爆裂声，儿童们很兴奋，立刻都跑到外面去收集和清理零件。冯克先生在回家前向儿童们承诺，以后如果还有问题他也会继续提供帮助。

儿童们的问题得到了关注，他们也有机会与其他人一起探讨这些问题。在这个项目过程以及一般的教育过程中，教师的提问十分重要，可以推动儿童的深入思考。

提　问

推动参与性思考被定义为对儿童发展起决定性作用的言语互动。在这个过程中，两个或更多的人共同思考，目的是解决某一问题或是领悟某种含义。以正确的方式提问对于启发思考十分重要。

什么样的提问方式适合推动思考过程？

问题可以分为两类：开放性问题和封闭性问题。每一类都对儿童的认知能力提出了不同的要求。同时这两类问题给儿童提出的挑战也各不相同。

封闭性问题严重地限制了答案的数量，通常它们所要求的是对实际知识的复述。在这种情况下，提问者通常已有了明确的预设答案，答复可以很简短，也可以用"是""否"做出回答。

封闭性问题实例：电脑有哪些颜色？

和开放性问题相比，封闭性问题并不适合共同思考的过程。而开放性问题允许多种可行的答案存在，所以较为适合共同参与的思考过程。这种形式的问题经常用来探究别人是怎样感知和理解他们的世界的。教师可以用开放性问题鼓励儿童和其他人分享他们的知识、理论、想象、观点和感觉。开放性问题也可以用来激发儿童的兴趣或推动他们对事实的思考，还可以提高儿童解决问题的能力。这类问题不设有预设的目标，不是用来检验知识的掌握情况的。

开放性问题实例：你认为电脑可以用来干什么？

促进参与性思考过程和增强认知的开放性问题可以分为以下五类：（部分有重叠）

（1）解释性问题，要求儿童在特定的知识间建立联系。

例如：为什么操纵开关时，灯会亮？

（2）转换性问题，推动儿童把一种形式的信息转变为另一种。

例如：你刚才在看什么？（此时将视觉的信息转换为语言的信息）

（3）应用性问题，鼓励儿童把知识应用到日常生活中以解决具体问题。

例如：你觉得，人们用手表干什么？

（4）综合问题，要求儿童将知识和能力相结合，用一种新的方式解决问题。

例如：你们觉得，我们怎样才能在儿童会议中共同做出决定？（如交流能力和自我调节能力，在这种情况下都是可以进行结合并应用的能力）

（5）评估性问题，鼓励儿童表达他们的想法和建议。会发生什么？事件是如何运行的？会变成什么样？

例如：你们觉得，儿童会议将来应该怎样进行？

开放性问题的意义：

- 支持儿童反思信息或事件以及与此相关的感受。

  例如：你觉得暑假后去学校怎样？

- 鼓励儿童设身处地地为他人的感受着想。

  例如：如果你是丽莎的话，你会怎样想？

- 推动儿童反思他们的学习过程。

  例如：说一说你的这个想法是怎么来的？

参考文献：

MacNaughton, G. & Williams, G. (2003). Teaching young children: Choices in theory and practice. Maidenhead:Pearson & Open University Press.

Sylva, K. Melhuish, E., Sammons, P., Siraj−Blatchford, I., Taggart, B. & Elliot, K. (2004). The effective provision of pre−school education project − Zu den Auswirkungen vorschulischer Einrichtungen in England. In G. Faust, M. Götz, H. Hacker & H. −G. Rossbach (Hrsg.), *Anschlussfähige Bildungsprozesse im Elementar− und Primarbereich*. Bad Heilbrunn: Verlag Julius Klinkhardt.

Tietze, W., Rossbach, H.−G. & Grenner, K. (2005). *Kinder von 4−8 Jahre. Zur Qualität der Erziehung und Bildung in Kindergarten, Grundschule und Falimie*. Weinheim:Beltz.

电

冯克先生来访时，有三名儿童提出了很多关于电的问题。为了和儿童们一起解答这些问题，班级里借来了一本相关主题的书。儿童们希望教师马上给他们读一读这本书，根据书上的图片和文本片段来共同研究书里的内容，儿童们因此获得了许多问题的解答。尤其令他们感兴趣的是，有的材料具有导电能力。他们对电循环和电从哪里来也很感兴趣，于是，关于"家用电器""没有电的生活""水和电的危险"的对话由此产生。儿童们就这本书的话题丰富了自身的知识，也产生了"自己组装一条电路"的想法。教师给了儿童们一块电池、导线和一个小白炽灯泡供他们使用，在这本书的帮助下，儿童们共同组装出了一条电路。

组装一条电路

整理档案袋和反思

在所有项目中，儿童们都在共同反思和思考他们学到了什么。从开始熟悉工具和材料，到能够描述它们，说出它们的名字，再到使用工具、拆卸机器。家长们从一开始就知道这个项目，他们积极参与并且充当儿童们的专家顾问，也参与进儿童和教师的交流中。因此，儿童和成人共同反思项目活动、知识和结果。通过这种方式，儿童们意识到自己正走在学习知识的道路上，不断获得了新的知识。儿童还把他们的发明陈列在墙上做成照片墙，这样其他儿童、教师和家长就能够观赏它们了。

思考自身的学习过程

为话题创造更高层次的迁移

儿童们作为积极的参与者，在学习过程中提高了掌握学习方法的能力。他们学习并意识到要怎样获得信息，例如给专业人员打电话，或者邀请他们到幼儿园来。又例如电脑显示屏上的警示让他们困惑时，他们通过向不同的人咨询最终得到了一个满意的解决方案。他们学习了这种解决问题的策略，即使在其他情况下也能加以借鉴和应用。

儿童是主动的问题解决者

儿童们在项目中能够越来越独立地工作，并对自己的行为负责。大家共同制定并遵守规则，互相帮助、批评与争论，这样能改变以及加深各自的角色和地位。每名儿童都有各自的兴趣和可以研究的任务。虽然目前是以小组活动为主，但是接下来也会有脱离团体的独立行动或小团队活动。

项目的完结

工具和照片的展览

项目的成果是以儿童们展示新发明的工具和照片的方式来呈现的。有些儿童把他们的父母带来，并向其描述，他们是怎样组装一条电路、怎样使一盏灯发亮的。虽然目前该项目已经结束了，但自从项目实施以来，手工室和设计室以及与此相关的活动已经成为了这所幼儿园日常生活的一部分，工作台和设计室在幼儿园也已经成为了重要的教学场所。

6.2.4 跨领域的教育

除了获得技术领域的基本经验，这个项目还能够让儿童获得其他领域的技能。每名儿童涉及的领域都各不相同，但是每名儿童都有可能以自己的兴趣为出发点积累经验，强化自身的长处。

社会性

儿童与其他人在一个集体里共同工作，他们需要协商，形成共同的约定，遵守约定，制定规则，同时也要对自己的行为负责并且自我约束。

语言

儿童在讨论中共同协商、打电话、制定规则、列购物清单、采购、翻电话簿、选择号码，通过以上种种活动，语言能力得到了发展。

运动（粗大动作和精细动作）

使用锤子、锯子、螺丝等工具以及粘贴，这些操作都对儿童的粗大动作和精细动作能力有一定要求。操作工具不是容易掌控的技能，许多操作不会一开始就成功。儿童需要通过重复的实践和练习来提高这些能力。

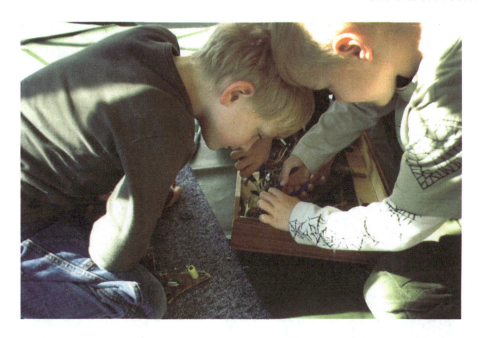

数学

数学领域的知识和能力在这个项目中也能得到了提高。儿童们制定计划，从测量、计算，到去建筑市场感受价格，再到为购买的物品付款，数学知识和能力由此得到了加强。

媒介

在这个项目中，儿童们更深入地认识了电脑，了解了它的工作方式，研究了它的功能。

6.3 项目案例 3　手机、电话机和键盘

本案例来自巴伐利亚州珀思特穆尔瑙的教师贝贝尔·默坦

6.3.1 项目的产生——找到主题

幼儿园开学时又来了几位新同学，于是大家要记住几个新名字。通过一个共同游戏，儿童们很快就记住了。这是一个围绕玩具手机进行的游戏，因为教

师前些天带了个儿童手机到班级里。这个手机看上去和真的手机很像，按下按键会有铃声响起。不过没过多久，儿童就知道了这只是个玩具手机。他们拿这个玩具手机和真的手机比较，并且想出了一个关于玩具手机的新游戏，可以让所有的儿童记住别人的名字。

海伦娜，你的电话响了！

用手机打电话和拍照

教师和儿童围坐成圈，中间的地上放着玩具手机。教师拿起电话，按下按键，铃声响起时，教师随机叫一个名字，如"海伦娜，你的电话响了"。那个被叫到名字的儿童走向手机，拿起手机应答，报上自己完整的名字并问好："我是海伦娜·汉森，你好。"然后，这名儿童放下手机，按下按键，待铃声响起再叫下一名儿童，"×××，你的电话响了"。每个人都有尝试的机会。后来大家又发明了两个新游戏：用手机为一名儿童拍照，并叫出他（或她）的名字；另一个游戏是藏手机，一名儿童藏起手机，并让它响起来，其他的儿童根据声音找到手机。

这三个游戏结束了和手机的第一天接触。第二天，儿童重复玩了这些游戏并不断开发出新玩法。他们也逐渐互相熟悉起来，不再拘谨并且和其他人建立了联系。大家不断提出关于手机和电话机的问题，于是教师和儿童共同决定，深入开展一个关于这个主题的项目，他们一起思考到底要研究手机和电话机的哪一部分。

6.3.2 项目的计划和准备

手机和电话机的功能

玩过玩具手机后，儿童们想了解"真的"手机的功能。因此主题的目标定为，让儿童认识并比较玩具手机和真手机的使用方法和功能。谁发明了电话机以及如何使用它等问题也是教师和儿童要探究的问题。他们共同选择了"声音"作为主题，并且决定亲自动手制作电话机。

以技术教育为核心：教育目标和教育活动

技术教育领域的目标

儿童积累了应用技术设备的经验：他们认识手机并且研究它如何使人们之间的交流更便捷；他们学习用手机、数码相机和一次性相机拍照；他们通过上网搜集信息来积累使用电脑的经验；通过组装电话机，儿童们发现了其中的原理，并且关注和研究与声音主题相关的内容。这样的学习方式加深了他们对自然科学及技术的理解，帮助他们获得了**技术基础知识**。通过组装电话机，他们体验了**制造、发明、组装**，也体验了使用不同的材料和工具做实验。

6.3.3 项目的实施

项目的主体阶段

为了达到目标，可以把这个主题分成以下几个子项目：
- 子项目1：手机和电话机是怎样工作的？
- 子项目2：谁发明了电话机，近些年来电话机的发展史是怎样的？
- 子项目3：怎样组装一部电话机？

1. 手机和电话机是怎样工作的？

所有的儿童都知道什么是手机，什么是电话机。他们知道电话机的使用范围，大多数儿童可以熟记自己的电话号码。手机和无绳电话机（其中手持机部分）有区别吗？通过自身经验，儿童发现，两者的使用范围不同：座机可以在电话线允许的范围内移动使用；无绳电话机可以在整个屋内和花园里使用，使用范围大约为100米，超出这一范围就会失去联系；而手机几乎可以到处使用，只有在某些没有信号的场所（如在隧道和地下停车场），才会出现问题。原因是手机使用的是无线电，无绳电话机也是，不过它只能收到座机发出的无线电信号，通过座机与有线电话网络（地下电缆）联系起来。

儿童从幼儿园给家长打电话（提前与家长沟通过），通过通话传递消息。他们了解了电话里什么声音是不占线信号，什么是占线信号，什么是接通等待的信号。有些儿童已经了解了手机短信，他们想尝试用这种方式交流，于是已

电话机提供了一种交流可能

175

经学会拼写的儿童尝试自己写一条短信；其他儿童则需要互相帮助，教师适时地提供支持和帮助。

儿童们还知道一些重要的电话号码和它们的含义，如火警和急救电话。

儿童还被手机的铃声和电话机发出的声音所吸引。有的儿童想要更换铃声，于是大家试着去完成这个设想，并用同样的方式研究铃声和声音，将这个主题进行延伸与深化。

声音

深化"声音"话题

儿童们互相交流他们喜欢哪些声音，不喜欢哪些声音。然后，进一步了解了哪些声音使他们愉快，哪些声音使他们不愉快，例如：气球爆炸的声音、火车刹车的声音以及哨子声就被归类到"不愉快的噪音"中；音乐和鸟儿的叫声被归入"愉快的声音"中。儿童们体验了不同的声音和铃声，发现它们的共同之处在于都是通过声波传播的，即如果某样物品产生了声音，是因为发生了振

动，振动在空气中传播，最终到达我们的耳朵，准确地说是到达我们耳朵里的鼓膜（圆形的、纤细的膜）。为了证明这个，儿童们做了一个实验：将一张塑料薄膜绷紧覆盖在一个塑料碗上，用橡皮筋固定好，再在上面撒上一些稻谷，随后在碗的旁边用锅和木勺相击发出声音，产生的声波在空气中传播，并且使碗上的塑料薄膜发生振动，导致上面的稻谷摇晃、跳动。用这种方式可以让儿童"看见"声波。

拆卸电话机

在家继续提问

为了观察电话机的"内部构造"，有一名儿童带了一个旧电话机到幼儿园。大家用螺丝刀把电话机拆开，观察电话机中的零件，一起探索它们的功能。有一个叫史蒂芬的儿童有了一个想法，想拆了家里的电话机。不过他的妈妈不太确定能不能拆，因为他们发现电话上没有可以拧开的螺丝，所以拆不开。通过交谈，妈妈获悉，史蒂芬想通过拆电话机来检查里面是否有东西不正常，因为妈妈曾经抱怨过高额的电话费。于是他想拆开看看，家里的电话机和幼儿园里拆开的电话机的内部构造是否有哪里不一样。

第二天，史蒂芬在幼儿园里仍然在琢磨，家里的电话机是否有问题。他和其他儿童还有教师一起思考，怎样找到解决问题的办法。教师有了一个主意：打电话给电信局的故障检修部门。接下来，他们共同讨论该提些什么问题。

首先，账单费用过高是不是因为电话出了问题，自己能不能检查出来；其次，是否可以随便拆开电话机，检查电话的内部。大家一起找到了电信局的故障检修部门的电话，拨通号码后，史蒂芬代表小组向他们进行咨询。对话时开启了扬声器，所有的儿童都能听到电话里的声音。最后，他们得到了答案：可能是电话机或者电话线里面有问题，要找出原因是不容易的，需要专业人士（如通信技术员）的帮助。通常情况下，高额的电话费是因为人们电话打得太多了而没有察觉，并不是电话机或电话线出了问题；第二个问题的答案是：可以小心谨慎地拆卸电话机，但要事先拔掉电话机的电源插头，并且旁边要有一位成人。儿童们得到了这些消息后很开心，他们把这些告诉了父母，并且继续寻找旧的电话机进行拆卸。

开放的课堂和家园合作

在这个项目里，家长也以各种方式参与进来。他们和儿童共同寻找机器，在家里深入地讨论学到的知识。儿童们从幼儿园给家长打电话，让家长一起参与学习过程，共同尝试寻找与这个主题相关的各种问题的答案。经济范畴的问题也包含在这个主题内，如上文中的儿童打电话给故障检修部门，学习到可以向谁求助来解决与电话相关的问题，以及谁应该对此负责。之后，他们还走访了这个地区的手机店，加深了关于电话机的知识。一些儿童还会因为这个主题去参观慕尼黑的博物馆，在不同的地点学习可以更好地理解生活现实。

---

2. 电话的发展史是怎样的？

一名儿童从他的外祖父母那里得知，以前家里是没有电话机的。电话机的历史没有那么长，大概只有 130 年左右。于是，儿童们想知道，谁发明了电话机以及以前的电话机是什么样的。他们带着这些问题回到家里，询问他们的父母。第二天，大家带着结果来到幼儿园。他们相互讲述，是如何得到这些信息的：有的通过网络搜索引擎查到；有的是家长告诉；有的是和母亲在百科全书上面找到。所有的儿童都认识了一个名字——亚历山大·格雷厄姆·贝尔。这是一位美国籍苏格兰裔的发明家，在 1875 年发现了人的声音可以通过电线传递，于是他想到可以将声音的振动转换为电子信号。一年以后，他制作出第一部可以使用的电话机，并于几个月内获得了成功，这一原理沿用至今。有两名儿童从网上下载并展示了发明者和第一部电话机的照片，儿童们自己制作了关于贝尔的简介，他们还画了电话机的图画，有最早的款式，也有现在家里用的款式。最后，大家一起讨论了过去和现在的电话机有什么不同。

现在的电话和以前的不一样了

3. 怎样组装一部电话？

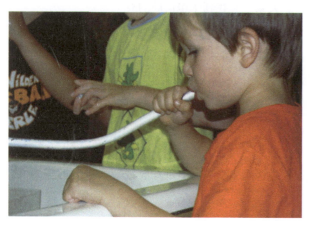

在项目的最后一个阶段，儿童们想自己设计并制造一部电话机。一名儿童曾经用一根软管"打电话"，这需要一根浇水用的软管或者塑料水管和两个漏斗。把两个漏斗分别固定在软管的两端，就可以"打电话"了。儿童们使用的这根软管有5米长，他们可以在两个相隔有一段距离的地方互相通话。他们玩得很开心，不过要注意的是，用软管说话不能太大声，不然耳朵会发疼。他们还制造了另一种电话机——细绳电话，是一名儿童在书上发现的。大家带来了废弃的酸奶杯和细绳，由教师在杯子的底部穿一个洞，用回形针把细绳固定在里面。儿童们拿着杯子尝试，如何使用这部新电话机，有一人朝着塑料杯里说话，可是另一人什么都听不到。儿童们和教师思考，为什么这部电话机不能用。有一名儿童想到了一个主意，分别站在墙的两侧打电话，可还是不行。最后，他们尝试拉紧绳子，这样做后电话机居然能用了！通过主动地尝试，他们成功地解决了问题。

解决问题

人们把问题理解为：以一个人现有的能力不能完成的任务，或者人们不知道通过什么样的行为才能够达到的目标。解决问题有一个特征，即有既定的预设的目标，并以这个目标为导向。解决问题还包括对问题各个方面的想象。另一个特征就是方法的使用，如解决问题的策略，要采用有组织、可控制的方法（Oerter & Dreher，2002）。

解决问题能力对儿童的发展有哪些意义？

解决问题能力对儿童的认知、情感、社会性及道德的发展有着重要的意义。研究结果（MacNaughton & Williams，2003）显示，解决问题能力对自主性、创造性的发展和自信心都有积极的影响。除此之外，解决问题能力的提高对抗挫折能力的提高也有益处（处理压力的能力），能够让人在面临冲突时敢于承担责任。数学思维的发展依靠的也是较强的解决问题能力。

要让儿童成为一个出色的解决问题的人，需要什么条件？

为促进儿童解决问题能力的发展，教师要完成以下任务（MacNaughton & Williams，2003）：

（1）为解决问题的过程创造有利的氛围

教师需要创造一个安全的、并且有安全感的环境。除此之外，还要创造学习的氛围，在这个氛围中儿童能以积极的态度应对错误。（参见第1.2小节中的相关内容，第43页）

（2）提供充足的时间、合适的空间和材料

让儿童有足够的时间理解和完善"尝试—错误"策略，并继续运用从中获得的解决问题的能力。另外，通过提供合适的空间为儿童的社会互动创造条件，支持小组共同完成对解决问题的探索。提供材料也是非常重要的，在整个解决问题的过程中不要预设和限制材料。例如，基础积木可能比拼图零件更合适，因为它们可以随意组合成不同的形式。

（3）和儿童一起改善解决问题的技术和策略

这包括和儿童一起制定合适的解决问题的行动方案，例如：

- 确定问题
- 头脑风暴——可能的解决办法
- 尝试可能的方法
- 评价各种方法的效果（共同反思）

制定解决问题的行动方案可以通过提出以下开放性问题来完成，这是一种大声思考的方式：

- 我们怎样让它运作呢？
- 如果……会怎么样呢？
- 怎样找到办法呢？

（4）与儿童共同选择合适的解决方案

当儿童对一个方案有兴趣，而在这个方案之外还存在不同的可能性时，要提供儿童机会去评价自己的解决方案。

如果儿童在解决问题时能讲清楚自己的目标是什么，能够和成人或者其他儿童一起计划工作步骤、作出决定、预测结果、观察他们行为的结果、记录并反思，这样儿童对解决问题的兴趣就得到了支持。

参考文献：

MacNaughton, G. & Williams, G. (2003). *Teaching young children: Choices in theory and practice*. Maidenhead: Pearson & Open University Press.

Oerter, R. & Dreher, M. (2002). Entwicklung des Problemlösens. In R. Oerter & L. Montada (Hrsg.), *Entwiklungspsychologie* (S. 469−496). Weinheim: Beltz.

手机的照相功能

在这个主题即将完结的时候，手机的照相功能又得到了大家的关注。儿童们需要拍照记录他们使用电话机的过程。但是只有教师的手机可以供他们使用，大家只能轮流使用，每个人的机会太少了，于是他们一起讨论如何解决这个问题。有一名儿童有一个数码相机，并把它带来了幼儿园。其他的儿童则购买了一次性照相机。儿童们现在不仅拍摄自己在幼儿园和电话机互动的过程，还拍了他们自己的作品，同时也想在周围寻找一些值得记录下来的事情。例如，儿童们拍了公共电话，还拍了正在打电话的人（事先征得他们的同意）；有一名儿童还拍到了正在装电话线的施工情景；最后他们一起去了一家手机商店，并且在店主的允许下拍了最新的手机模型。

整理档案袋并反思

在项目的整个过程中，儿童们都在反思：我们学到了什么，我们是如何学习的？通过元认知对话，儿童们了解了他们是如何发现问题的答案以及他们是如何解决问题的，并且还意识到他们自己的学习过程和学习策略。这样，他们的掌握学习方法的能力和元认知能力也得到了提升。

整个项目过程中，儿童们都在做记录，他们搜集图片（如以前和现在的电话机图片），从网上搜索信息并打印制作成照片，和成人一起整理并装订好这些文档。在项目的最后，儿童们互相展示自己制作的图片、照片等文件。通过展示引起儿童们的反思性谈话，他们将会意识到从这个项目中学到了什么，以及是如何学习的，例如：电话机使不在一起的两个人互相谈话成为可能，而这些全靠无线电和电话线来实现，了解电话机的原理后，人们自己也可以制作一部电话机。

把主题延伸至更宽泛的领域

在学习中，儿童们和教师交谈，认为电话机可以帮助不在一起的人互相聊 *交流方式的演变*
天，方便了人们和邻居、亲戚甚至整个世界的交流。很早以前，人们只能通过
面对面或者文字来传达信息，技术的成就使今天的生活更加便捷。以前的电话
机看起来和现在的不一样，随着时间的推移，它们变得更加实用。在这期间又
出现了手机，有了它人们几乎在所有的地方都能打电话。儿童们已经学习了用
手机编文本消息、拍照，他们还研究了手机键盘——它看起来什么样，有什么
用，如何使用它。一名儿童带来了一个计算器，它的键盘看起来与手机的键盘
几乎完全一样。于是，儿童们又开始研究计算器的键盘和遥控器，他们思考这
样的东西能在哪里找到，然后决定开始一个新的探究过程（下文中有提及）。

项目的完结

在项目完结时，教师和儿童把图片和照片挂在幼儿园的墙上。儿童们决定 *幼儿园的展览会*
用举办展览会、研讨会或者庆祝会的方式来结束这个项目。他们在展览会上再
次讲述了他们的学习内容、在这个项目里的行动、获得的经验和学习结果。展
览会由以下这几个部分组成：

- 项目描述和图片材料展示
- 不同的电话机、手机、遥控器和计算器的展览
- 用自己制作的电话机演示声音传播的形式
- 制作区域，在其中可以自己制作塑料杯电话和软管电话

6.3.4　跨领域的教育

语言和读写

在项目的开展过程中，儿童们一直在讲述他们听到了什么、看到了什么、
学到了什么。通过学习新的概念，如显示屏、连通信号、占线信号，他们的
词汇量也得到了扩展。通过阅读相关的儿童图画书，大家思考接下来的研究内
容——电话机的发明、电话机的实验和使用电话机的历史。

数学

有的儿童背不出自己的电话号码，但他们能认识并写下它们。通过打电话
回家、使用电话机键盘以及看到电话机显示屏上的数码数字，都可以为数学领
域积累经验。下图是儿童们用木棒来拼写数字的游戏：哪个数字需要的木棒最

多，哪个数字需要的最少？

媒介

在这个项目中，通过打电话、照相、使用网络等各种渠道的交流方式，儿童们应用媒介产品的能力得到了提升。

美学、艺术、音乐和文化

儿童们在手机店里看到了不同样式和颜色的电话机和手机。有的儿童还去了德国慕尼黑博物馆参观老式电话机。通过自己制作电话机还能获得美学方面的延伸，例如，电话机应该是什么颜色的？怎样能使电话机变得更漂亮？

从这个项目中发展出来的新项目——键盘和遥控器

儿童们在使用电话机和手机时，发现拨号键盘与遥控器、计算器上的很相似。大家找到了很多遥控器，如电视机、CD 播放器、收音机、DVD 播放器的遥控器，还有灯、卷帘、遮阳棚、花园大门、车库门和汽车的电动开门器。儿童和教师一起在书中查找关于遥控器的信息，了解遥控器的功能。在谈话中，大家一起思考遥控器对于人们有哪些好处。儿童们还学习了距离：不同的遥控器有效操作的距离是多少？在研究键盘时，计算器发挥了重要作用，儿童们学会了如何打开和关闭它，了解了它的内部构造以及键盘上的数字是如何排列的。

大家认识了数字，用火柴拼搭出它们。还用硬纸板自制计算器，在展览会上展示。在贴了膜的显示屏上，儿童们还可以用水溶笔书写数字。

6.4 项目案例4　儿童游乐场里的技术

本案例来自慕尼黑"游戏之城"协会的游戏专家埃娃·桑巴勒

6.4.1 主题的产生——找到主题

"游戏之城"协会致力于在慕尼黑为儿童创造真实的和数字的游戏空间，这个项目的目的在于将整个慕尼黑城区建设成儿童的游戏空间，丰富他们的成长经验，为他们提供获得教育的机会。该项目通过主题活动、移动的游乐巴士或固定的游戏房来开展。整个项目的计划都吸纳了儿童的兴趣和想法，同时兼顾了德国巴伐利亚州的教育大纲的内容。

"游戏之城"协会把户外的儿童游乐场当成活动场所和基于儿童生活

儿童游乐场作为教育的活动场所

183

经验的学习起点。第一年，这个项目在 10 个不同的幼儿园中开展，继而不断地发展。作为示范性案例，一所幼儿园记录下了他们的项目开展过程。

儿童们对游乐场上的设施有浓厚的兴趣，由此产生了实验和研究的想法，教师需要捕捉儿童们的兴趣和他们一起深化经验。

开放的课堂和家园合作

这个项目提供了一个示范：如何把不同的学习场所连接起来形成网络。虽然教师和儿童们在游乐场的设施上玩耍攀爬时，教师也能捕捉幼儿童们的问题，然而系统地推进这个项目的人不是幼儿园里的教师，而是幼儿园之外的游戏协会。通过这样的方法，幼儿园也能将外界的观点，如游戏教育专家的观点，应用到自己的教学实践中。

6.4.2 项目的计划和准备

儿童积累基本经验

幼儿园里的教师负责制定项目的计划。由于幼儿园有自己的户外活动场地，儿童可以在那里实践和探索，因此教师和儿童在该项目的范畴里已经积累了基本经验。在此基础上，教师与儿童交谈他们最喜欢什么设施，最后决定用跷跷板、滑梯和旋转木马来做实验。

为了准确表达这个研究目标，教师提前阅读了不同的实验手册，并和幼儿一起讨论：开展什么活动，需要什么材料。

以技术教育为核心：教育目标和教育活动

本项目的目标如下：

- 认识生活环境里的游乐场中的物理现象。
- *用身体去体验规律* 用自己的身体体验和感受这些现象和规律。
- 明确自己的任务，深化对技术的理解，思考如何开展调查，并共同找到问题的答案。
- 总结归纳调查结果，试着用语言描述，解释自己的发现。

技术教育领域的目标

儿童在日常生活中已经积累了应用**游乐设施**的经验：用自己的身体感受过滑梯、跷跷板和旋转木马。这时儿童对技术知识有一定了解，并渴望获得更多关于技术的基础知识。他们在玩滑梯的时候，试着用麻布和塑料做实验，体验坐在哪种材料上滑得最快。用这种方法，他们了解了摩擦力的概念，深化了相关知识。通过玩旋转木马和转椅，了解了离心力，然后通过实验加深了对知识的理解；通过玩跷跷板，了解了杠杆原理。在建造自己的游乐场的过程中，儿童讨论了很多技术性问题，例如如何"优化"跷跷板，如何"优化"转盘？

6.4.3 项目的实施

项目的主体阶段

项目的主体阶段可以分为三个子项目：滑梯研究员、跷跷板研究员和旋转木马研究员。儿童从每一个子项目中得到一个研究结果。

滑梯研究员

滑梯研究员们用他们的身体体验滑行，用不同的方式从滑梯上滑下来（如坐着、躺着）。随后拿各种材料做垫板，趴在上面滑下来。在相互谈论时，大家似乎从中感觉到了什么不同，例如在麻布上滑下来比在泡沫上快。一名儿童提出了一个想法：用秒表来计时。其他儿童也表示很感兴趣，并互相计时。有一名儿童已经可以写数字了，于是就由他在教师的帮助下记录时间。接下来，大家开始实验，他们计划在一个塑料积木的下面垫上不同的材料，再让它从一块木板上滑下来，观察会发生什么样的结果。他们制作了表格用于记录积木放在哪种材料上滑得最快。然后，他们用不同的材料填满塑料瓶子，讨论哪种情况下瓶子滚下来耗时最短，随后用实验检验他们的假设。最后，大家一起讨论到底哪种材料能让滑行最快。在这个情况下"摩擦"这一概念就被引入了。儿

技术基础知识：
摩擦

185

童认为，在滑行时摩擦阻碍了运动，在所有的运动中，只要运动的物体和坡面发生接触，就会产生摩擦，摩擦会让物体运动变慢或者静止不动。

随后，儿童们开始自制"纸球"，即做一个纸团，里面裹一颗弹珠，让纸球从斜坡上滚下来，就变成了坡面滚动。

旋转木马研究员

技术基础知识：
离心力

旋转木马研究员首先坐在旋转木马上旋转，然后再在转盘和办公椅上旋转。在接下来的研究中大家给一个桶装满水，并使这个桶快速旋转。所有的儿童都猜测，水会从桶中洒出来，但结果却令所有人都震惊了：一滴水都没有洒出来。他们一起思考这是什么原因。这时，教师就可以引入了"离心力"这个概念。让儿童们回忆玩旋转木马的经历：快速旋转时能感受到外界的压力，不容易站稳。一名儿童联想到了甩干机，里面的转筒旋转得十分快，洗涤物被甩到了转筒的筒壁上。儿童们很开心地报告了他们的活动，阐明了自己的想法——他们想进行实验。

这些儿童随后又开始了研究，他们将不同的材料放置在转台上并仔细观察发生了什么，哪种材料在哪种情况下最先飞离转台。他们还做了测量，由一名儿童拿卷尺测量每一个物体飞离了多远。最后，大家用彩笔在转台上画出了物体的移动轨迹。

跷跷板研究员

这个小组的儿童从自己玩跷跷板开始项目进程。他们试着在跷跷板上制造平衡，请来了其他的儿童、甚至是成人来帮忙。他们用砖、木板和轮胎来做实验，思考如何抬起重物。例如，如何抬起较重的成人？随后，他们通过一个跷跷板来探究这些问题。他们试图自己制作跷跷板：拿一块很长的木板，将一个木块垫在板子中间并尽量使两端达到平衡。一名儿童注意到也可以用这个装置将物体抛到空中。于是他们兴奋地拿来了报纸做的球、空的瓶子、塞满东西的瓶子，来研究这个跷跷板应该设计成什么样、东西该怎么放才能飞得高。他们自己制作了小型跷跷板，如用尺和一块大橡皮搭成的迷你跷跷板。他们通过这些知道了杠杆原理：跷跷板就是一个杠杆，可以绕支点旋转，跷跷板的支点就在正中间，所以杠杆的最佳玩法是两名体重差不多的儿童坐在对称的位置玩。

技术基础知识：
平衡原理

整理档案袋和反思

在小组工作之后是演示汇报时间，三个研究小组的儿童都汇报了他们的探索和发现，讲述了他们的收获。作为观众的其他儿童也被吸引了，也一起思考每种尝试会带来什么样的结果。他们表达了猜想，观察最终会发生怎样的结果。这样，每个组的儿童也一起经历了其他组的学习过程。

所有儿童都了解了离心力、摩擦、平衡和杠杆原理，也了解了力的产生方式，并能够加以应用。他们把自身经历和物理规律结合起来，发现了日常生活中的物理和科学。在这个项目中，儿童们总是先自己亲身体验，然后在大型设施上做实验，最后在小的模型上再试验。与此同时，他们还研究如何最恰当地利用这些力。所有的儿童都学会了自己动手制作。在实验后，他们可以向父母和其他儿童汇报自己的成果。

仅仅通过这些实验，他们不可能弄清楚所有的问题。所以儿童们还需要继续寻找材料，并与其他人交流。例如：他们要考虑到，两名儿童坐在不同材质

通过照片和图片
做档案

的垫子上同时从滑梯上面滑下来，这是不容易执行的，因为只有一个滑梯。此时，儿童们又得考虑，有两个滑梯的情况下必须注意什么，有一名儿童就提到，只有两名儿童一样重时才可以比较速度。因此，这些儿童期待能找到一个有两组同样滑梯的大型游乐场。

所有的活动都被拍照并通过照片呈现出来，这些文件是项目的连续组成部分，在项目完结后会被陈列在幼儿园里。儿童们和成人可以就这些活动和知识交换看法，以及反思他们的学习和发展过程。

在项目的最后，教师和儿童共同完成了一份项目报告。儿童们搜集到的照片和图片以及由他们自己画的模型图都被添加在项目报告中，部分照片和图片被陈列在了幼儿园里。

把主题延伸至更宽泛的领域

在其他的情况下研究杠杆原理

儿童会思考，还有什么地方可以找到这样的力，并能够加以利用，如洗衣机利用的就是离心力。教师还提醒他们，观察果蔬脱水器用到的力。除此以外，还有杠杆，也被应用于很多地方，如厨房中的开瓶器就利用了杠杆原理。由此，儿童们可以将在这个主题中获得的知识应用到日常活动中，并辨别出所利用的物理原理，在生活中发现各种力。

项目的完结

项目最后是以这样的方式结束的：儿童和教师写下他们想继续弄清楚的问题，作为继续开展的新项目以及学习新知识的基础。

6.4.4 跨领域的教育

运动和身体的感知觉

所有的物理规律都先由儿童自己亲身体验，例如用自己的身体来做跷跷板的实验，从中感受到力的作用。

社会性

儿童们以小组的形式研究问题，一起做实验并且验证他们之前的猜测。他们需要共同合作，让跷跷板和旋转木马按预期运动还要向其他小组汇报和展示自己的研究成果。

语言

儿童们尝试用语言描述他们的研究并解释这些物理现象，用语言表达自己的想法和假设并向其他的小组展示自己小组的研究结果。

媒介

儿童们从电脑上下载和打印照片，使用各种媒介制作档案袋记录，并最终形成了一份图文并茂的报告。

美学和艺术

儿童们制作流程图、可以滚动的纸球和跷跷板的迷你模型。

6.5 项目案例 5　火车头艾玛

本案例来自于柏林根基督教会幼儿园的教师西尔维娅·苏格

6.5.1 项目的产生——找到主题

许多儿童通过电视节目和童书知道吉姆·克诺普夫（Jim Knopf）[1] 这 *儿童的生活世界*
个角色。在幼儿园里，他们谈论着吉姆、他的朋友卢卡斯和他的火车头艾玛。儿童们对这些角色形象和相关的故事很感兴趣。为了让所有的儿童都能认识吉姆和他的朋友们，幼儿园里提供了各种形式的关于吉姆的故事，有的是教师朗读的故事，有的是儿童可以独立翻阅的图画书。听了关于吉姆的CD后，有几名儿童记住了故事的每一个细节，并可以完整地复述这些故事，其他的儿童则还不能熟记听过的故事，但他们可以预测吉姆和卢卡斯的冒险将会怎样继续下去。许多儿童根据故事玩角色扮演游戏，虚构吉姆的新故事，或者在日常的活动中构建一些和吉姆的故事相关的事物和情景。

1　吉姆·克诺普夫（Jim Knopf）是米歇尔·恩德写的童书《小纽扣吉姆和火车司机卢卡斯》中的主角之一，这本书由德国提诺曼出版社于 1960 年首次出版。

在吉姆的故事背景下，儿童们产生了许多问题，他们和教师一起思考、讨论，例如：

- 这个包裹里的宝宝是怎么跑到瓦斯女士那里的呢？为什么？
- 瓦斯女士的商店里有什么？
- 火车司机卢卡斯是干什么的？
- 火车头是干什么的？它是怎么在水里游泳的？

最后一个问题使得"火车头艾玛"成为了这个项目的起点，因为儿童和教师想要一起寻找这个问题的答案。

6.5.2 项目的计划和准备

项目开始的时候，教师和儿童一起思考，他们已经了解了哪些关于火车头艾玛的事？儿童们的陈述被记录下来。除此以外，儿童还表达了他们的疑问：为什么艾玛可以游泳，它是用什么材料制造的？儿童们的猜测和讨论也都被记录了下来，例如：

猜测和讨论

- "艾玛的轮子被摘下来了。"
- "不，不可能，它在水下面啊！"
- "船在水里不会沉的……"
- "艾玛就像我爸爸的车一样，全是铁做的。"

关于火车头是怎么跑的，儿童们也有不同的想法和猜测。他们和教师决定在项目里寻找问题的答案。

以技术教育为核心：教育目标和教育活动

项目"火车头艾玛"使儿童获得了技术应用的基本经验与技术基础知识。

技术教育领域的目标

"火车头艾玛"项目为儿童提供在各种生活环境中积累技术应用经验的机会。儿童们积累了使用材料和工具的经验：例如，他们用金属、玻璃、塑料、橡胶和木头研究材料的浮沉；他们在工厂里看到蒸汽机如何使用锯子，知道了锯子的应用。除此以外，他们还练习用锯子将泡沫塑料切开制作一个火车头。在制作模型时，他们用胶水或者钉子把小零件连接在一起，学习了如何使用锤子。同时，他们还为火车制作了木质的枕木和轨道。

有一名儿童带来了他外祖父母的蒸汽机。这样就把家里的技术应用经验和幼儿园的学习联系在了一起。通过蒸汽机，儿童们加深了对能源和运动主题的技术知识的了解：他们知道通过燃烧材料（可燃烧的材料）可以把水加热。通过这些方法，获得关于轮子、能量、运动的基础知识。通过使用火，儿童还意识到技术中的安全等问题。

6.5.3 项目的实施

项目的主体阶段

实验：什么会漂浮，什么会下沉？

为了研究哪些材料可以漂浮，哪些材料会下沉，儿童和教师一起做了一个   *漂浮和下沉的实验*

实验。他们在一个大盆里装满水，然后一起去找可能是制作火车头艾玛的材料，他们收集了金属、玻璃、橡胶和木头做成的物体。大家将这些物体依次放入水中，和教师一起观察接下来发生的现象。他们之前的假设是：木头会漂浮，金属会下沉。然而，之后的实验结果是，一个比较大的、正方体的木质积木沉下去了，而金属做的盒盖可以漂浮在水面上。儿童们推测，物体是否下沉不仅取决于材料，也与形状、大小和重量有关。

儿童们和教师一起思考，接下来该如何研究火车头艾玛。教师提问："你们知道真正的火车头是如何工作的吗？"

蒸汽机

项目小组认真思考了教师的问题。为了便于以后反思和检验假设，他们的猜测被记录下来。大家猜测火车头是这样工作的：

- 用烟驱动
- 用火驱动
- 用水驱动

一名儿童说："我们家里有一个真的火车头，它是我爷爷的。"

所有的儿童和教师都对此很感兴趣："火车头看起来是什么样的？"他解释道："它产生的烟就像真的火车！要压一个操纵杆。我就这样做过！"于是所有人又想知道："烟从哪里来的？""是因为火，要把它点着啊。"有儿童这么解释。

开放的课堂和家园合作

这个研究小组想更进一步地观察"内燃柴油机车"。大家一起询问那名儿童的祖父母，是否可以借用这台"内燃柴油机车"。祖父母把机器送到了幼儿园，并允许儿童们保留一段时间，同时还告之这台机器被称为"蒸汽机"。

这件事让儿童知道了在幼儿园之外的其他地点也可以获得知识。"家庭"这个教育场所是一个非常重要的学习环境。提供蒸汽机的家庭很自然地参与到项目中来：男孩的祖父母作为蒸汽机的拥有者，成为了这个活动中儿童们的对话伙伴。

这个案例中重要的是，在家园互动的学习框架内，儿童的家庭成员了解了幼儿园里的学习活动，并参与其中。儿童们的父母和其他的重要家庭成员有机会参与儿童的学习并提出意见。

在这个幼儿园中，家长们不仅因为儿童的问题而参与到项目中，他

们还应邀来幼儿园做听众，并积极参与项目建设。父母报、家长会、父母约谈和某些特定主题的咨询和讨论等方式促进了家园合作，家长们连续不断地为幼儿园提供着信息。

儿童们和成人一起试验这个蒸汽机：用固体燃料给锅炉里的水加热。大家观察形成的水蒸气以及蒸汽机的巨大的轮子是如何开始转动的。蒸汽机甚至可以鸣笛，他们听到火车的鸣笛声，"就像真的火车从火车站驶出一样"。当蒸汽机驱动的大轮子和右图中木匠模型手上的锯子连在一起时，轮子就会带动锯子。小组成员仔细观察和描述了这些轮子是如何连接的：一根细绳连着与大轮子同轴的一个小轮子，这根绳子的另一端连接着锯子；大轮子转动带动小轮子，随后带动了绳子，绳子又带动锯子。

技术基础知识：蒸汽驱动机器和齿轮

儿童们花了几个星期来研究蒸汽机。大家一起思考，蒸汽机是怎么发出声音的，他们观察到的现象和艾玛有什么关系。最后给出了这样的解释："卢卡斯的火车头艾玛也是用火做动力的！"

因人而异（个性化）的教育过程

年龄较大的儿童兴趣盎然地研究着蒸汽机，而年纪较小的儿童则更喜欢用木头做成的铁轨，于是他们搭建了火车经过的桥梁、小山和隧道。

教师提供了个性化的项目进行支持，让年龄较大的儿童研究蒸汽机，年龄较小的儿童建造木质火车、小山和轨道。教师把每一个儿童的能力、兴趣和需求与学习联系起来，并和他们共同建构学习和发展过程。

什么能燃烧？

教师问大家："什么可以燃烧？"一名儿童回答："我们家里有一个炉子，爸爸每次把木头推进去，就燃烧了。"

儿童们在教师的帮助下，收集了以下可以燃烧的材料：

- 木头
- 稻草
- 纸
- 煤

- 来自蒸汽机里的干燥的燃料。

使用火时要注意安全

接下来，大家一起讨论：当人们想做有关燃烧的实验时，需要注意的事项有哪些。小组成员们用烧烤炉试验哪种材料可以燃烧。有一名儿童说他曾经看到过煤在内燃机里面燃烧。

手工制作艾玛

使用材料和工具

儿童们想要自己制作一个可以在水里漂浮的艾玛。他们会应用到从浮沉实验中获得的知识。他们和教师锯下泡沫塑料作为浮板和轮子，在这个过程中学会了如何使用线锯。他们把浮板改装成火车头，用防水胶把它们粘接好，然后用锤子把钉子钉在火车头上。最后，他们又给火车头涂上各种颜色，再把它放到大水盆里。

整理档案袋和反思

教师和儿童们在整个项目的过程中记录下了大家的假设和解释。每一个项目活动都留下了笔记：儿童和教师共同的反思，他们发现了什么，他们是如何做的。他们还把这些内容画下来，制作成一张海报。记录的内容包括：

- 物体(包括艾玛)的漂浮或者下沉取决于物体的材料、重量、大小和形状。
- 蒸汽机通过把水加热成蒸汽来带动机器。通过煤给水加热，艾玛才会喷出水蒸气。
- 如果齿轮连接在一起，则一个齿轮可以带动另一个齿轮（如圆锯片）。
- 使用火时必须注意安全。
- 锯子可以锯下泡沫塑料。

提升儿童的学习能力

通过提问，教师可以启发儿童们思考他们获得了哪些知识，是怎样获得知

识的。这样儿童们既思考了自己的学习经历，又描述了自己的学习和发展过程，还能反思学到的知识，从而提高学习能力和元认知能力。

通过给每个项目活动拍照，可以完整记录儿童们的学习过程。

将主题延伸至更宽泛的领域

在"火车头艾玛"的项目里，不论在活动过程中还是在小组的自由角色扮演游戏中，儿童们都很活跃，他们学会如何融入小组中，放下自己的需求，通过合作来解决问题。同时在项目中，他们也得到了鼓励，充满信心地提出自己的意见。因此，这个项目不仅提高了他们的自主性，也提高了他们的社会责任感。 *增强自主性和社会责任感*

在项目里，儿童还拓展了许多能力，为以后提出问题和解决问题提供了基础，例如他们观察现象，描述、比较和交流他们的发现和假设；和其他儿童、成人在共同建构的学习过程中反思自己的学习方法，从而了解到不同的解决问题方法和学习策略。

他们在这个项目中获得的自然科学和技术知识可以迁移到将来遇到的新问题中，也可以应用到生活中。

项目的完结

当儿童们回答了所有问题后，项目就结束了。当然，蒸汽机和木质铁轨还可以提供给儿童继续使用。

项目完结后，在角色扮演游戏中，儿童仍然会重复应用来自于这个项目的经验，关于吉姆、卢卡斯和艾玛的故事也不断被提起。例如在木工房中，由儿童手工制作的木质铁轨被命名为"卢木兰"（故事里吉姆的家乡）。儿童扮演

艾玛的角色，驾驶火车穿过卢木兰，卢卡斯还会给艾玛添加燃料，由吉姆决定艾玛应该往哪跑、在哪里停下来。在幼儿园的角色扮演区，儿童们用纸板和布料等搭建了一个和人一样高的火车头艾玛，真人扮演吉姆和卢卡斯的角色。在这个游戏中，他们把从项目中学到的知识用在每一个角色上，用学到的规则安排游戏的内容，通过这种方式提高自我调控的能力。

角色扮演游戏帮助儿童提高自我调控能力

自我调控能力是指人们对自己的行为和经历有目标地评价、控制、计划和调整的能力。在这种能力的指导下，儿童能把他们的注意力集中在一件事上，并忽视"干扰"。自我调控包含两个方面：一方面是控制住冲动不去做想做的事情的能力，例如当人们想要立刻发表感想时，能够做到不打断伙伴的发言；另一方面是去做一件原本不想做的事的能力，例如在吃完饭后尽管想要立刻去玩游戏，但还是先洗了餐盘。能够自我调控的儿童可以延迟满足自己的需求，控制冲动，在决策中控制自己的行为。自我调控对于顺利实施计划而言是一种重要的能力。对于遵守社会规则来说，自我调控也是必不可少的。简而言之，这种能力就是"先思考，后行动"。

如何提高自我调控能力？

参加角色扮演游戏是提高自我调控能力的有效方法，即让儿童参与一个有互动过程的游戏。儿童在社会环境中能较好地发展自我调控，因为在这个情境下他们有机会商讨规则，并确定和遵守这些规则。

例如：

当儿童扮演海盗的时候，一名儿童作为海盗这个角色接管了瞭望台，海盗游戏的情境会让这名儿童的专注力表现得比在游戏之外的情境中更好。

如果成人代替儿童制定了所有的复杂规则，儿童的自我调控能力就无法提高。角色扮演游戏是一个互动的过程，在这个过程中儿童会获得三个方面的感受，这些对规则和期望的内化是非常重要的：

- 儿童感受到外部对他们的行为的控制：其他儿童期望他们的举止与角色相符合，因此而遵守规则。
- 儿童感受到其他人的自我行为调控：他们观察到其他儿童也遵守了规则，并认真表现角色特征。
- 儿童感受到自身对行为的调控：他们遵守角色表演的规则，从而让自己的表演顺利进行。

教师如何为角色扮演游戏中儿童自我调控能力的发展提供支持？

教师对儿童自我调控能力的支持，不是作为一个角色加入到游戏中，而是要保证儿童的表演成为互动。以下措施是很重要的：

- 保证儿童有足够的时间玩角色扮演游戏：为了保证不同主题的角色扮演游戏能顺利实施，应该给他们 40-60 分钟，并且在此期间不打断他们。

- 和儿童一起寻找适合角色扮演的主题，让儿童从中获得新的经验。例如，儿童在面包房考察时，他们和教师一起讨论，在面包房里不同的人都有些什么任务（面包师、店员、顾客）。儿童会将讨论的结果应用到角色扮演游戏中。

- 和儿童一起寻找合适的道具，然后探讨这些道具的功能，或者鼓励儿童自己制作道具。

- 支持儿童准备的角色。例如，在角色游戏开始前，教师鼓励儿童用语言来表达对角色的准备："告诉我你是谁？你的任务是什么？"口头表达能帮助儿童完善对不同角色的理解。

- 观察儿童的角色扮演游戏，记录他们的行为，但是不干扰他们的游戏进展。注意观察他们在哪方面需要教师的帮助。

- 观察那些完全不参与或者很少参与角色扮演游戏的儿童，帮助他们参与到游戏中。

- 和儿童一起思考，如何引发角色扮演游戏。教师可以和儿童一起阅读与主题相关的各种故事，由故事过渡到角色扮演游戏。

- 在游戏中帮助儿童找到解决社会冲突的方法。

- 鼓励儿童在角色扮演游戏中互相帮助。这种方式可以让有经验的儿童帮助那些经历还不丰富的儿童。在如何找到主题、构思游戏情节或完善角色方面，游戏经验较丰富的儿童能够承担更多的责任。

参考文献：

Beodrova,E.&Leong,D.J.（2007）.*Tools of the mind:The Vygotskian approach to early childhood education*.(2.Auflage).Englewood Cliffs,NJ:Merrill.

Beodrova,E.&Leong,D.J.（2007）.*Developing self-regulation in kindergarten. Beyond the journal-young children on the web*. Verfügbar unter http://journal.naeyc.org/btj/200803/pdf/BTJ_Primary_Interest.pdf,Zugriff am 25.06.2008.

6.5.4 跨领域的教育

情感和社会性

在角色扮演游戏中，儿童学会控制情绪。他们共同商讨社会规则，并且在游戏里发展社会技能。

语言和读写

一本关于"火车头艾玛"的书是这个项目的开始。通过阅读或听、说故事，能使儿童的语言能力得到提升。

在项目活动、对话反思、角色扮演游戏中，开展关于吉姆故事的对话能够提升儿童的语言和交流能力。

媒介

在这个项目中，儿童应用了许多媒介设备（书籍、CD），认识到了媒介设备的作用，并提升了运用媒介的能力，例如，能够使用 CD 播放器和照相机。通过媒介设备听到的故事可以让他们形成自己的思考，并学会借鉴。

自然科学

在这个项目中，儿童尝试了不同的实验，观察了不同的自然科学现象。什么物体会漂浮？什么会下沉？蒸汽是怎么来的？哪些材料能燃烧？通过这种方式，儿童学习了一些关于能量的知识，以及能从哪些材料里获得能量。他们也研究声音，记录了机器燃烧和运动产生的声音。

艺术

项目小组用泡沫塑料制造了小型的可以漂浮的火车头，因此积累了手工制作的经验，还致力于使用更有创造性的材料。

6.6 项目案例 6　孩子们的迷你建筑工地

本案例来自弗瑞拉幸市新教会幼儿园的教师布里吉特·威尔森

6.6.1 项目的产生——找到主题

因为幼儿园大门口在施工改建，工程要持续一段时间，儿童和教师必须搬到另一处办公房里去。当大家适应了新搬入的场所后，有几个就住在建筑工地附近的儿童不时地向大家报道改建工程的施工进展和机械设备的状况。他们讲述自己观察到的东西，例如："墙推倒了""挖土机来了""幼儿园门前停着大吊车"。那些没有机会看到工地的儿童们，对施工工地也表现出巨大兴趣。

6.6.2 项目的计划和准备

教师问儿童们，对建筑工地的什么感兴趣，他们发现了什么，想找到什么。儿童们表示希望去建筑工地，看如何建造新房子以及建筑工地上的机器。有些家长经常路过建筑工地，会和儿童一起观察改建进展。为了让儿童们更了解建筑工地，这些家长被请到幼儿园，向大家介绍他们看到了什么。这些家长知道儿童们对工程建设和机器很感兴趣，于是向大家汇报了观察的收获。

结合儿童的兴趣

教师决定从儿童们的兴趣入手，计划每周大家一起参观一次建筑工地。整个施工工程包括拆除地下室的入口、建筑地基、建造新房间。儿童们希望能跟进整个施工过程。

以技术教育为核心：教育目标和教育活动

了解和理解建筑过程，对于儿童们和教师来说是一个重要的目标。他们想研究建筑工地上的机器设备和建筑方法，因此技术教育就成为这个项目的主要学习内容。

技术教育领域的目标

在"孩子们的迷你建筑工地"这个项目中，儿童们通过了解幼儿园的建筑施工现场，积累关于建筑工具和建筑材料的经验。例如水泥、瓷砖粘合剂、砖块和木材，以及刮刀、锤子和钻头等。儿童们和教师计划在他们自己的迷你建筑工地上一起设计和建造一个地下室，用木头仿制挖土机、载重汽车和起重机，将他们在大型真实建筑工地中观察到的东西转化到他们自己的迷你建筑工地上，这样不仅能加深儿童对技术的理

解，还能获得技术基础知识。儿童们使用沙子、混凝土和石头建筑墙、房顶等涉及力学主题的建造工程。教师尝试帮助儿童一起解决出现的问题。技术中的安全问题（如正确使用锯子）也是大家很注重的内容。

6.6.3 项目的实施

项目的主体阶段

为了了解儿童们的兴趣和愿望，也为了找到他们共同问题的答案和相关解释，教师和儿童们首先参观了真实的建筑工地，在参观工地的过程中再计划下一步可以在幼儿园和其他地点开展的项目活动内容。

参观施工现场

第一次参观建筑工地时，儿童们观察了很久，还拍照记录。为了记录项目　*记录观察发现*
过程，教师记录下了大家的对话：

托尼："路面铺的石头被捣碎了！"

马可（观察拆除后的瓦砾堆）："这些石头比 100 还多！"

安德利："衣帽间和厕所都搞坏了！"

儿童们和教师更加仔细地研究建筑工地里的瓦砾堆。他们找到了砖瓦、泥灰、瓷砖、金属，还触摸和比较了这些材料。

儿童们和教师马上开始寻找他们问题的答案。艾迪问一位建筑工人："打扰一下，罗伯特，这个红色的箱子是什么？"这位建筑工人打开了"红色箱子"的盖子，儿童们和教师看到装在箱子里的是插座和电线。罗伯特向儿童们解释

说，"红色箱子"是为混凝土泵和起重机这样的机器供电的。

学习能力的提高

　　在关于建筑工地的对话中，儿童们提出了许多问题，这些问题教师们也不知道答案，于是反过来问儿童："你们认为，怎样才能找到问题的答案？"有一名儿童出了个主意：去问建筑工地上的建筑工人。另一名儿童想起了幼儿园里有儿童科普书，为了便于从书中的图片里搜索有关信息，他提出去拍摄照片，大家想知道什么就去拍什么。

　　在这种情况下，教师对儿童提出了开放性问题，让儿童自己去寻找这些问题的答案和解决途径，以此提高儿童的责任心。

幼儿园里的项目小组

通过媒介搜集信息

　　回到幼儿园后，儿童们和教师继续忙于悬而未决的问题。他们一起将关于机器和建筑工地的照片储存到电脑上。电脑是允许儿童使用的，他们可以随时查看照片，以及在网上搜索问题的答案。大家还搜集了各种建筑主题的儿童科普书。他们可以从网络中搜索信息，也可以向家长们咨询。

　　在参观过建筑工地之后的几天，教师观察到儿童们一再地研究同一个内容：工地的角落正在进行拆墙的工作，一台有自动控制锤的吊车在作业，把"石头和建筑碎料"运走，在工作坊里，儿童们仿制了木制的挖掘机、货车以及起重机。

　　因此，儿童们和教师决定在幼儿园里仿造一个建筑工地的模型。

　　所有感兴趣的儿童都参与了进来，他们在纸上画上他们特别感兴趣的建筑工地的内容。通过这样的方式，儿童们分成了不同的学习小组，同一小组的成员有共同的研究目标，即找到问题的答案，并打造自己的建筑工地，获得使用技术设备的方法和能力。

建立学习小组

　　学习小组的方式特别适合在教师和儿童之间以及儿童和儿童之间建立共同建构的学习过程。

　　学习小组的特征是什么？

　　学习小组是一个团队，其中的成员要共同学习，并且共同确定学习的内容和目标。建立学习小组是推动儿童合作学习，同时也是增强各个团队成员的归属感的一种方法。建立学习小组的前提是，整个小组有一个共同的目标，小组成员都对这个目标感兴趣或者都支持这个目标。一个学习小组具有以下特征：

- 学习被理解为一种社会性过程，这个过程让合作解决问题成为可能。
- 重点在于开放的学习过程（例如"你们怎么发现的？"），而不是仅仅获得预设的技能。
- 学习的内容和目标以儿童的问题为导向，从日常生活和儿童的兴趣出发。
- 可用于开展研究的材料和主题都十分充足。
- 在学习过程中，教师的角色是积极的，例如提出开放性问题。

学习小组归属感的重要性有哪些？

学习过程中小组成员的归属感是必不可少的，这能让儿童在小组中感到更舒适，也能减轻压力，提高内在的学习动力，还能提高儿童的自律能力和自信心。在积极学习的过程中，儿童的责任心也会因为归属感而得到提升。因此，除了认知因素以外，情感因素在设计教育活动中也起到了重要作用。以下几点有利于提高小组成员的归属感：

- 强调合作学习，而不是竞争性学习。
- 儿童同样有权利参与决策。
- 创造一个充满信任的氛围。在这个氛围中儿童都能得到重视，大家通过讨论形成共同的交往规则（例如不可以侮辱或伤害他人）。
- 一起庆祝已经实现的目标。
- 教师要及时并积极回应儿童的需求，与每名儿童建立相互信任的关系。（参见第 1.2 小节中相关内容，第 34 页）

如何在学习小组中建立合作学习？

要实现合作学习，就有必要让儿童在合作中有选择学习活动的机会。鼓励儿童多关注他人的行为，表达情感，共同完成活动。这样可以避免竞争性行为，推动合作性活动，有利于建立合作学习的行为方式。

参考文献：

MacNaughton,G.&Williams,G.(2003).*Teaching young children:Choices in theory and practice*.Maidenhead:Pearson&Open University Press.

建造儿童自己的建筑工地

有工具的环境

儿童、教师和家长一起思考如何制造他们自己的迷你建筑工地。他们找到了一张旧茶几（1米×1米），打算在茶几上建造建筑工地。但这个学习团队的兴趣重点在于"挖土机是如何工作的？"，因为有些儿童想要在地面上进行挖掘，但首先要考虑的就是如何实现这个想法。于是，他们搜集信息并展开讨论。最后，儿童们一致同意：为茶几装一个木制的边框。他们用到了电钻、锯子、锤子、锉刀和工作台这样的工具。儿童和教师找来了不同的锯子，通过试用发现：弓锯可以用来锯厚木条，线锯只适合锯薄木条；不同的电钻有不同的功能；螺丝刀可以将螺丝拧下来，也可以将螺丝拧紧。在制作的过程中，他们又发现为了把木条锯成正确的长度，必须先经过测量，测量时会使用到米尺，还可以认识厘米和毫米这样的长度单位。

不同学习场所的联结

为了尽可能真实地模拟建筑工地，教师和儿童第二次去工地参观时，带去了一辆小推车和各式各样的铲子，他们想请求建筑工人，允许他们从工地带回一些泥土。在这次参观中，儿童们见到了挖土机工作的过程，他们认真观察挖土机是如何在地面上挖出洞的，挖掘不同硬度的地面时，还需要使用不同的叉子和铲子，挖土机驾驶员弗兰茨和他的同事会根据不同的需要来使用这些工具。儿童们确定了这整个挖洞过程只需要一辆挖土机。参观到最后，他们询问建筑工人，是否允许他们带走一些泥土。在获得许可后，大家一起动手装满了带来的小推车。

回到幼儿园后，儿童把泥土放在了迷你工地上。通过用手触摸泥土，可以积累感官经验：黏土比沙子更坚硬更潮湿，石头又硬又凉并且大小不一。他们还发现了混凝土碎片，它们和石头一样坚硬，但是不那么光滑，棱角也很粗糙。

迷你建筑工地上的小建筑工人

在游戏中学习

在游戏中，儿童使用玩具挖土机和玩具载重车，在地面上挖出一个洞并运走泥土：一些儿童扮演挖土机的驾驶员，将铲子上的泥土倾倒在载重汽车上。满载的汽车要开走了，可是怎样才能驶出这个迷你建筑工地呢？为了搭建"通道"，儿童们使用了一条长凳、一块厚木板和一个小推车。卡车径直开到小推车那里，把泥土卸下，然后再开走。

在这个游戏情境下，儿童们用到了自己在真实的建筑工地中所获得的知识和经验。他们会根据机器的不同功能来使用这些工具，像玩游戏似地重复着建筑工人的工作。遇到问题大家会一起解决，例如一起搭建一个卡车"通道"。通过这种方式，儿童在游戏中巩固了知识。

在第三次参观建筑工地时，儿童和教师观察了建筑工人如何将钢网铺设在挖掘后的地面上，以及如何装上钢筋骨架。儿童问"这里要做些什么"，建筑工地的负责人回答大家说，明天要用混凝土浇筑地下室。

回到幼儿园后，儿童和教师一起思考，迷你建筑工地的下一步应该做什么。儿童们也想建造一个用混凝土浇筑的地下室。他们想起工人们浇筑时是有钢筋的，维罗妮卡确定地说："洞里必须有金属线！"于是，他们用组合钳剪开了金属网格，将金属网格放进了洞里。苏菲提议，为了不让混凝土流失，洞的旁边必须放上木头。大家又一起找来合适的木片，制作了一个加

固板。

　　为了了解建筑工人是如何浇筑地下室的，儿童和教师计划第二天再去一次真实的建筑工地，观察施工的过程。在那里，他们看到了一台混凝土搅拌机，还看到了建筑工人固化地面的过程——用铲子和耙子在地面上铺上混凝土。儿童问建筑工人如何制造混凝土，得知配制混凝土需要 1 份水泥、4 份沙石和水。回到幼儿园后，教师问大家，如果要加固他们自己的迷你建筑工地的地下室的话，应该怎样做，并用书面形式记录下了儿童的回答。所需的材料和工具如下：

- 用来做混凝土的沙子、水泥和水（关于如何获得沙子，艾迪有个主意："沙子可以从石头里获得！石头可以打碎！"）
- 手套和围裙（为了保护身上穿的衣服）
- 铲子和镘刀
- 护目镜

体验材料

　　根据从建筑工人那儿得到的混凝土配方，儿童和教师一起制作混凝土。他们把混合物倒进模具中，用铲子抹平，就像他们在建筑工人那儿看到的一样。当"地面"完成后，托尼有了一个想法，他从工作坊拿来了两块木板，把墙做成双层的，"得这样放进去，挨着房子！"塞巴斯蒂安问："那会怎么样呢？"

共同思考和计划

托尼解释了他的想法："把混凝土填到里面啊！""啊，这是一堵墙！"马可说。儿童和教师研究并实施了托尼的想法，也就是从工作坊拿来合适的木板作为模具，把混凝土搅拌好后倒进去，经过一晚后混凝土墙就会变干。但是，这晚有一场暴风雨，儿童们只好在第二天早上重新固定昨日浇铸后倒塌了的墙。教师问儿童，墙倒塌的原因可能是什么，并将这段对话做了书面记录：

安德利：雨让混凝土倒塌了。

马可：混凝土和雨水一起流下来了。

马努艾：混凝土和沙子的混合物不合适，因为剩下的墙很硬。

于是大家想砌一堵新的墙来测试一下。

当混凝土墙干了以后，需要拆卸木板模具。一名儿童拆除木板中的螺栓，其他的儿童用锤子敲打木板。拆除了一面墙上的木板后，儿童们纷纷惊叹：

约纳坦：这个看上去很棒！

塞巴斯蒂安：混凝土像石头般坚硬。

费尔纳多：这个地下室不会再被我们弄坏了！

用积极的态度应对错误：从"错误"中学习

当儿童拆除所有的木板后，四面墙却都倒下来了。儿童们思考，这是什么原因造成的：

焦纳斯：因为我们用工具捶打了这里。

罗曼：我想是混凝土不够牢固，墙也太薄了。

马努艾：木板支撑着墙，当我们拿走了木板，墙就倒了。

教师问：当建筑工地的建筑工人们遇到我们这种状况时，他们会怎么做呢？

弗莱迪：他们在墙里放进钢、金属片和金属线。

过了一会儿，一位儿童的母亲来到了幼儿园。当她看到建筑工地倒塌的墙后，问大家发生了什么。儿童们告诉了她他们在铸造地下室的墙，并解释了为什么这些尝试没有成功。"我们没有连接起这些墙。"罗曼说道。

这位母亲和儿童们一起讨论接下来该怎么做。弗莱迪认为："我们必须建造一面新的墙。"这个建议被采纳了。为了避免新墙再次裂开，这次儿童们和成人一起准确地测量筑墙用的木制模具。大家确定了合适的长度和宽度，然后根据这些尺寸裁锯材料。为了使模具更牢固些，他们用电钻将模具连接在一起。还将自制的铁丝网和弗莱迪从家里带来的两根弯管安装在新模具上，用来连接几面墙。然后大家搅拌混凝土，浇筑模具。待墙干了之后拆除模具，这一次，墙保持矗立着。

在建筑过程中，问题和困难是可以被解决的。儿童和成人一步步地了解，哪些方法适于墙的建造，并在过程中不断优化。倒退不只是失败，也是学习过程的一部分。儿童和成人一起寻找解决办法，并且在结束时对自己为成功做出的努力感到高兴。同时，他们的自我挑战意识也得到了加强。

让墙高一致

在接下来的项目阶段中，儿童们又去参观了真实的建筑工地，观察那里工程的进展——地下室完工了，地面也砌好了。参观后，教师问儿童："我们接下来要做什么呢？"

设计和建造

费尔曼多说出了他的愿望："房子必须有屋顶。"安德利建议请他爸爸来和项目小组一起讨论，他爸爸是建筑工地的材料检验员和技术员。于是，项目小组联系了安德利的爸爸，并且邀请了他。安德利爸爸应邀来到了幼儿园。儿童们问，他们该如何建造一个屋顶。这位父亲解释说，可以用混凝土或木头做屋顶。根据材料的不同，他们需要调整墙的高度和宽度。他还向儿童展示，如何用锤子和凿子让四堵墙的高度达成一致，如何剔除多余的水泥。儿童们和其他成人都参与到这个过程中。为了让所有感兴趣的儿童都能够参与，有一位母亲带来了两个凿子。为了便于教师、家长和儿童在以后的学习过程中进一步理解及反思，儿童们的对话被记录下来：

马克西：看，我已经清理了一些东西了。

费尔曼多：我已经出汗了。

米果：这把锤子像一幢房子那么重。

马克西：这次我拿了一把小锤子，现在它轻多了。

马可：这是一项困难的工作，就像在真正的建筑工地一样。

因为这项工作非常辛苦，大家都轮流工作。他们也因此意识到，合作和互相帮助是非常重要的。

墙

儿童和教师把墙做平整后，发现墙的高度还是不一致。于是他们一起思考，在不重新制造模具和浇筑新的混凝土墙的情况下，如何使墙的高度更接近，因为此时他们的迷你建筑工地上的墙已经砌好了。一名儿童想了个主意，可以把石头放在已经砌好的墙上来调整墙的高度。

为了获得更多关于筑墙的信息，教师和儿童与在建筑学校授课的建筑技术专业的教师取得了联系，邀请他为他们上一节建筑技术课。有 11 位 4 到 10 岁[1]的儿童想要参加这次活动，和教师们一起聆听这堂课。他们将用到石灰、水泥等材料，以及铲子、锤子和水平仪等工具。儿童们到目前为止还没有用过水平仪，因此由建筑学校里的一位学员展示水平仪是如何工作的，以及怎样处理墙角的缝隙，随后学员们一起测试墙的斜度。在建筑学校里，儿童们认识了圆锯，还有黏土砖机和混凝土切割机。他们观察了怎样使用各种锯子，教师和学员还说明了使用它们的危险性。考虑到安全性，这些锯子只允许受过训练的人使用，儿童们也了解这些工具的危险性，并且能够在使用时用专业的方法保护自己。在这堂课的最后，教师向儿童展示了像灰砂砖一样大小的加气混凝土砖[2]，建筑学校的学员们会用这种砖来练习筑墙。在学员和教师的影响下，现在项目小组的成员也用加气混凝土砖来筑墙。

咨询专家

回到儿童自己的迷你建筑工地，儿童和教师开始反思这堂课：我们见到了什么？我们经历和学习了什么？教师问儿童：我们明天应该在迷你建筑工地做些什么？哪些工作步骤是必不可少的？我们需要哪些材料？大家决定用幼儿园里现成的加气混凝土砖来砌墙。他们用米尺测量了长度和宽度，然后开始堆砌砖块，同时也开始配制瓷砖胶粘剂。在建筑学校时，他们已经观察到学员们会在砌砖之前做清理工作。于是一名儿童拿了一把扫帚，把将要砌墙的地方清扫干净。然后儿童们开始涂抹瓷砖胶粘剂，砌上第一块砖。在砌下一块砖之前，将砖的侧面也抹上胶粘剂，这是他们在建筑学校里学到的。完成一面墙以后，砖块之间的缝隙也要涂抹瓷砖胶粘剂。

第二天，项目小组的成员观察这面干了的墙。托尼说："应该装一扇窗户。""我们可以凿开石头。"塞巴斯蒂安提议道。"我们可以锯开砖。"阿

实现自己的想法

1　一些只有下午在小学上课的儿童，也参与了这个项目的一部分活动
2　加气混凝土砖是一种轻质多孔、可锯可刨的新型建筑材料（编者注）

民接着说。在工作坊里有现成的砖，在教师的帮助下，阿民拿起一把狐尾锯，把砖锯开，其他的儿童用锤子和凿子凿墙上的砖块，以便于建造出一扇窗。

整理档案袋和反思

在整个项目中，儿童和教师一起记录了所有的过程。教师记录下儿童之间许多关于计划和反思的对话。此外，教师和儿童还拍摄了所有项目活动的照片。为了便于一起讨论，大家把照片存在一台电脑里，家长、儿童和教师随时都可以查阅。

大家不仅把照片存在了电脑里供大家公开查阅，还把儿童的对话、从项目中获得的重要知识（例如"瓷砖胶粘剂只需要加水搅拌，不需要加入沙子，而且比混凝土干得快"）也整理进项目文件夹里。在项目过程中，随着项目的发展，儿童和教师一起创建了许多文件夹，用它一起回忆项目活动、讨论获得的知识和反思学习过程。

元认知对话

对话可以促进对活动的反思。此外，还可以通过鼓励儿童提问，来促进儿童思考自己的学习过程和学习方法，例如，教师可以向儿童提出以下问题：

- 我们一起发现了什么？
- 我们是怎么发现的？
- 你对什么感兴趣，对什么不感兴趣？
- 我们是怎样找到问题的答案的？

将主题延伸至更宽泛的领域

在项目过程中，儿童们积累了很多关于使用材料和工具的经验，这些经验对他们的未来也很有意义：例如，如何使用锯子，如何进行测量。儿童们在生活中发现了建造房子这一项目主题，于是他们在游戏中设计和建造，并观察建筑工人的不同工作。他们的知识和在项目中获得的技能也得到了实践。

自发意识和责任感

通过学习小组的形式，儿童可以提升社会技能，这些技能在其他的情况下也同样适用：他们在项目中学习如何表达自己的愿望和想法，以及接受组里其他儿童的想法。儿童和教师一起承担迷你建筑工地的责任，这也提升了他们的责任感。

项目的完结

大家在校园开放日这天共同庆祝"迷你建筑工地"项目的成果。所有的家庭成员和朋友都可以来参观这个迷你建筑工地。项目小组的成员向访客介绍他们是如何施工的，并且再一次反思了他们的学习方法。来幼儿园参观的其他儿童可以和项目小组成员一起用水泥、抹刀和石头建造模型墙。他们获得的知识也由此得到深化。在开放日的最后，项目小组成员一起唱了一首自己填词的《建筑工地之歌》，他们边唱边用各种工具伴奏，例如锯子、桶、铲子、抹子、抹刀以及电钻。

在开放日之后和接下来的暑假里，儿童们继续在他们自己的迷你建筑工地工作着。他们用胶合板造了一个屋顶。此时项目小组成员有了变化：年龄大些的儿童去上小学了，新加入了一些小年龄段的儿童，但他们要先接受"建筑工人培训"。儿童们对拆房子以及研究各种建筑材料也很有兴趣：他们拆下屋顶和砌墙用的砖，用锤子和凿子砸碎混凝土墙，找出墙里、地基里的金属骨架。当房子的每个部分都被拆下来研究过后，项目就完结了。

6.6.4 跨领域的教育

语言和读写

为了寻找建筑工地的机器、工具和工作过程的相关信息，项目小组成员使用到书籍和网络。儿童们在对话中表达他们的想法和解释，可以提高交流能力，并且拓展该领域的技术词汇量（例如抹刀、混凝土等）。

媒介

为了收集项目的资料，儿童们使用了书籍、网络和电脑等媒介工具，还拍摄了照片，并保存在电脑中供大家反复使用。他们因此了解了电脑的不同功能（例如如何使用鼠标、工具栏）。

数学

在这个项目中，儿童们积累了不同的空间与形状的经验，这是数学教育的部分内容。他们讨论形状（如方形的砖块、长方形的墙、正方形的窗户）、进行测量（如制造模板时），还要从不同的角度考虑真实的空间和迷你建筑工地的模拟空间的异同。儿童们在配制混凝土和胶粘剂的测量过程中还会用到数量和数字的相关知识。

音乐

在开放日的庆祝活动上，儿童们唱了一首自己填词的《建筑工地之歌》，用他们的工具有节奏地伴奏。为了开发和提升儿童们的音乐能力，他们可以自由使用建筑工地的主题以及材料、工具。

6.7 项目案例7　从一个故事开始的坡面实验

此案例来自不来梅圣约翰·阿斯腾的教师卡特琳·艾芬伯格

6.7.1 项目的产生——找到主题

以一个故事为
起点

教师用手偶"卡拉"向儿童们讲述了一个故事，这个手偶头上贴着膏药，腿上绑着绷带："你们看到我的样子了吗？这是昨天下午散步时发生的事情。我沿着街道走，想要去探望我的朋友。我手里拿着篮子，篮子里有弹珠、骰子、小汽车和圆柱形积木，这些都正好是我们需要的东西。路是笔直的，冬天可以滑雪橇，夏天可以滑轮滑，我很熟悉这条路，出门散步时也都是直走，因此我也没有仔细看，只是径直走着。在一个地方有堆凸起，我什么都没想，就去看了一下。原来那是一些树叶，但它们又滑又湿，因此我摔倒了。那我的篮子呢？是的，也摔下去了，所有的东西都摔出来，散在马路上，弹珠、骰子、圆柱积木、小汽车。我看到一些东西滚得非常快，快到我完全看不到它是怎么消失的。还有些东西只滚了一会就停下来了。你们猜什么滚得最快？什么根本就跑不远？"故事讲完儿童们也开始思考这个问题。

讲述故事可以作为哲学思考的起点。在下文的信息框里会进一步介绍其内涵。

和儿童一起开展哲学思考

和儿童一起开展哲学思考，即和儿童一起形成批判性思维的过程。哲学意味着提问，寻找意义和原因，想象一些事情的结果（"意味着什么？""为什么？""当……的时候，会怎样？"），同时给出答案和理由。因此，哲学思考也就是存在于儿童之间或是儿童和教师之间的对话或讨论。

儿童对生活现象的惊叹和他们提出的问题常常是哲学思考的起点。哲学思考是一个非常好的机会，可以把儿童感兴趣的问题和即兴产生的想象引导到人类社会的基本问题，例如幸福、公平或是爱。

教师对待哲学思考的必要的态度是：不要试图匆忙地、就事论事地回答儿童的问题，和儿童一起寻找问题的答案更重要，并且欣赏和肯定各种可能的答案，甚至接受一些问题没有答案。

和儿童一起开展哲学思考的目的是什么？

在哲学思考过程中，必要的询问、思考、制定方案和交换想法可以提高儿童的认知能力，例如创造性地思考或使用语言表明想法。此外，通过哲学思考可以保护儿童的好奇心，引导儿童形成问题导向的基本态度。还有一个目的是培养儿童从不同角度理解问题的能力。在哲学思考的过程中，还应建立一种批判性的探究和反思文化。

如何和儿童一起开展哲学思考？

和儿童一起开展哲学思考的前提条件是创造氛围，在这个氛围里儿童的想法得到重视和肯定。哲学思考一般源自日常对话，可以由教师发起活动，也可以来自于儿童的建议和问题。这是引导儿童深入思考的起点。教师的任务是在对话或讨论中鼓励和提问，例如：

- 关于这个你想到了什么？

- 你发现了什么奇怪的地方？你对此有什么疑问？

- 我们怎样才能找到更多关于这个的信息？

- 你从哪里知道这个的？

- 其他人知道什么？我们可以问谁？

- 你为什么这么说？对此你想到了什么？

- 你能想起在什么情况下会发生这个事吗？

可能的哲学思考的起点有以下：

- 儿童从日常生活中想到的问题。

- 项目或是别的活动中的问题。

- 头脑风暴：收集无厘头的想法、建议和见解；开始只是搜集凌乱的想法，然后再一起讨论和整理思路（例如"解释一下刚才你想到了些什么？"）。

- 形成讨论群：收集关于某一问题的讨论（例如"朋友意味着什么？"）。

- 根据图片提出的具体问题或是围绕美学展开的问题。

- 谜语。

- 研究对象（"你们认为，这件事好吗？"）。

- 想法实验（"当……的时候，会怎样？"）。

- 故事：提供开放性结局（"接下来会发生什么？"）或是有冲突的内容（"你能为之做些什么？"）。

当故事或童话讲完了之后，就可以和儿童一起进行哲学思考。一起做的自然科学实验也可以作为哲学思考的起点。

参考文献：

Dittmann,K.(2008).*Philosophieren mit Kindern—Eine kurze Einführung in Konzeption und Methoden*.Zugriff am1.Juli 2008 von http://homilia.de/download/pmk.pdf

Kleiner Denker—Groβe Gedanken.(2002).*GEOWISSEN.Verfügbar unter* http://www.geo.de/GEO/kultur/gesellschaft/777.html,Yugriff am 1.Juli 2008.

MacNaughton,G.&Williams,G.(2003).*Teaching young children:Choices in theory and practice*.Maidenhead:Pearson&Open University Press.

Schnabel,M.(2006).*Mit Kleinkindern philosophieren*.Yugriff am 3.Juli 2008 von http://www.familien handbuch.de/cmain/f_Fachbeitrag/a_Erziehungdbereiche/s_1155.html

听完教师讲的"卡拉"的故事后，儿童们一起思考，说出他们的想法，并在脑海里排出了物品的顺序。他们觉得滚得最快的物品得到了优先测试，而他们觉得滚得最慢的物品会最后测试。这时就出现了不同的顺序，不是所有的儿童都赞同同一种顺序。他们提出一个猜测：球滚得最快，因为它最重，并且还是圆的。有的儿童则认为小球比大球滚得快，骰子比小球滚得快。儿童们有不同的猜测，因此用数码照相机和一次性照相机把这些物品的排序，拍照保留了下来。儿童们在这个过程中获得了乐趣，他们现在想要自己尝试把这些物品放置在斜面上，以及测试哪些物品滚动得最快。因此，大家一起决定成立这个主题的项目。

6.7.2 项目的计划和准备

在接下来的谈话中，儿童们确定了目标：尝试并且检验他们的假设，用不同材料做成不同形状的物品，观察它们是如何运动的。

以技术教育为核心：教育目标和教育活动

这个项目的基础是故事中篮子里的材料：骰子、弹珠、圆柱体、小汽车和大小不一的轮子。这些物品的大小和重量不一，并且是由不同材料做成的。在活动室里，儿童们一起搭建了三个相似的斜面作为实验场地。研究可以开始了！

> ### 技术教育领域的目标
>
> 　　儿童们已有关于**不同材料和形状的经验**。他们建造了不同的斜面，在建造斜面的过程中自己也在滑梯上做实验。他们由此加深了对斜面的理解，并且了解了摩擦和力。这些关于技术的基础知识通过自制天平得到了深化，同时他们也学习了测量。还用一次性照相机和数码相机记录这个项目的过程，了解了如何使用技术工具。

6.7.3 项目的实施

项目的主体阶段

不同斜面上的研究

通过研究检验假设

　　儿童们分布在三个活动场地进行实验，他们在斜面上放置不同的物体，然后认真观察所有物体的滚动情况。他们也尝试往斜面上扔弹珠和骰子，观察给这些物体施加推力的时候会发生什么。一名儿童有个想法：为了形成对比，实验时同时放开两个物体，其他人主观评估"这个快一些"或是"这个慢一些"。最后三个小组聚集在一起讨论他们观察到了什么。他们得到了不同的结果：有的人认为大弹珠滚动得最快，骰子和弹珠的对比结果也不同。小组决定再做一次相同的实验，还是由两名儿童同时放开物体。但这对于这些儿童来说非常不容易，因为他们总是在放开物体的同时推动它们。其他的儿童作为裁判，有了以下结果："砖头很容易停下来，完全不滑动""大骰子也不滑动，它和坡面的接触面很大，它没法滑动""圆柱体一直在滚动，并且滚动得越来越快。而不是像骰子一样能停下来""大弹珠更重，它的重量拉着它往下滚动，因此它滚得又快又远"。

　　儿童们根据观察结果将物体排好序。他们拿出了第一次排序时拍的照片，将其与现在的结果进行对比，记录下异同。有的儿童用自己的画记录调查结果。

　　对年纪较小的儿童来说，速度和观察物体的运动是很有趣的，更重要的是把弹珠弹出去，而不是把它们放在坡顶比较。儿童只能专注地观察一个物体，因此会得到不同的结论：观察骰子的人觉得骰子更快，观察弹珠的人觉得弹珠更快。

　　总体而言，几乎所有的5岁儿童都能同时观察和比较两个并排滚动的物体。而当滚动的是同一类形状的物体时（如弹珠），观察结果会更明显。

通过其他斜面进一步深入研究

　　有一天，儿童们只拿了弹珠和圆柱体，但这次是在不同的斜面上做实验。

他们用小木楔搭建了三个不同坡度的斜面：第一个斜面只用了一个木楔，第二个斜面用了两个叠加的木楔，第三个斜面用了叠加的三个木楔。坡面的斜度越大，骰子滚得越远。三个木楔叠加而成的斜面的效果最好。圆柱体的实验结果也是如此。现在年纪小一点的儿童也能够理解了：弹珠和圆柱体都是滚动前进，然后停下。儿童们可以长时间地多次观察，这样年幼的儿童也能从中发现较大的乐趣。

最后，儿童们描述了他们的结果。索伦和艾米丽已有了相关经验，他们可以用语言描述重量、速度和形状之间的关系。在描述实验的过程中，他们是这样解释为什么大弹珠比小弹珠滚得快：因为大弹珠更重。为了让其他的儿童理解，他们也会在项目结束时向大家汇报。

讨论结果

与发展水平相适宜的学习难度

在项目中，儿童们的学习和发展过程得到因人而异（个性化）的规划。根据他们的能力，分配不同的任务。年纪较小的儿童还不适合在斜度较大的斜面进行实验，坡度小一点，并且彼此并排的斜面对他们较为适合，才有可能观察对比弹珠和圆柱体可以滚多远。根据儿童发展水平组织教育过程意味着，每个儿童的发展状况和他们在项目中的活动内容相符合（而不是某一年龄段儿童的平均发展水平）。

斜面上的运动

在活动室里，儿童们自己搭了一个斜面。他们在一个箱子和一张长凳上放了一个很滑的大垫子。他们在上面沿着斜面滚，向前滚、往侧面滚，或是躺着滑下来。

垫子的倾斜度可以调整，不同的球，如网球、实心皮球和气球，会沿着垫子往下滚。他们仔细观察后发现垫子越倾斜，球滚得越快。接下来，他们把一个纸制的空心圆筒粘在长凳上，然后穿过圆筒往下扔小球，并观察哪种球体滚动的速度最快。但网球太大了，乒乓球和弹珠正好可以通过。他们从幼儿园的花园里收集了一些木板、木凳和木块，然后用这些材料又建造了一个斜面。

寻找斜面

用身体体验斜面

李奥尼在散步时发现了不同的斜面：滑梯、土堆、小房子的屋顶和幼儿园的屋顶。为了给其他儿童看，他用数码相机拍照并保存了下来。

参观宇宙科学中心

因为项目的关系，儿童们参观了位于不来梅的宇宙科学中心[1]。他们特别喜欢那里的一台螺旋状的分类机。把不同的材料（如小石头、豆子等）放在机器上时，通过高速运转，不同材料的物体可以被分拣出来，传送至机器外侧的斜面上。

---

1   www.universum-bremen.de

开放的课堂和家园合作

在项目中不同的学习场所之间是有联系的。通过参观科学中心，儿童可以深化在幼儿园里学到的知识。档案袋记录和照片展让家长也参与到这个项目中。因此，儿童们在幼儿园讨论的主题在家里也可以继续进行。

整理档案袋和反思

整个项目过程都有连续的文档和图片形式的记录。儿童们把每天的记录都贴在黑板上，这样即使年幼的儿童也可以向家长和朋友们展示他们都做了些什么。家长们通过这些记录向教师和儿童提出问题，共同探讨。他们把文件按照时间顺序摆放，用夹子整理好，放在教室门口的桌子上，供家长随时翻阅。

用照片和图片创建档案袋

每次活动结束后，儿童们都会坐在一起讨论和反思，他们看到了什么，经历了什么。他们会再次收集所有的结果，然后按时间顺序整理这些照片。结果显示，光滑的球总是滚得最快，也就是实验中的弹珠。儿童们不明白，为什么会这样，于是他们把这个问题带回了家，想要通过家长或者网络的帮助来解答。第二天，所有人带着他们找到的答案参加了一个"研究讨论会"。在讨论会中，儿童们提升了学习能力，因为他们要互相汇报自己是如何得到答案的。除了学会斜面的概念，他们还了解了重力和摩擦的概念。

斜面是一个平面，它和水平面之前有一定夹角，也就是说它是倾斜的。和滑轮、杠杆类似，斜面也是一种简单的机械。物体在斜面上会受到不同的力：重力和摩擦力等。同一物体在斜面上受到的摩擦力比在平面上受到的要小。轮子、圆筒、圆柱体和球等在重力的作用下在斜面上滚动，以下几个因素是决定速度的关键：

简单的机械

- 物体的重量和大小；
- 物体的形状（例如球、滚筒、齿轮、骰子）；
- 物体的材料和表面粗糙度（例如木头、玻璃、塑料）；
- 平面的倾斜度；

- 斜面的表面粗糙度。

弹珠滚得最快，因为它在滚动时与斜面的接触面积很小，因此受到的摩擦力越小，滚动得越远，其他物体（如骰子、砖头）很快就会停下来。

因此，摩擦力能使物体静止或阻碍物体运动。当物体和表面发生摩擦时，力就产生了。物体的表面情况也很重要，粗糙的表面比光滑的表面产生的摩擦力更大。

通过斜面推动物体时，就克服了高度差，斜面就变成了一个省力装置：移动距离增加了，力的消耗减少了。

将主题延伸至更宽泛的领域

摩擦力的积极作用

在很多情况下，摩擦是无法避免的。摩擦力被应用于自行车和汽车的刹车中。在冬季，轮胎需要更大的摩擦力，防止在光滑的表面（例如积雪或有潮湿树叶的路面）打滑。摩擦力在刹车时和行驶时是很重要的。一名儿童回想起了手偶"卡拉"，因为树叶是潮湿的，所以"卡拉"才摔倒了。

儿童们也认为，摩擦对于刹车很重要。在骑自行车时，如果突然急刹车，轮胎会发出尖锐的声音，地上也会留下一条很深的痕迹。人们为了防止滑倒，可以选择穿上防滑袜。儿童们意识到摩擦力不是单纯的好的或坏的，这取决于人们怎么利用它。

摩擦也会造成阻碍，例如，当人们想用小车搬运重箱子的时候，必须费很大的劲，在这种情况下，人们不希望存在摩擦。

儿童们想要和教师一起尝试：教师坐在箱子里，儿童们来推动这口箱子！每名儿童都有机会尝试，但是只有两名儿童成功地将箱子推动了两厘米。于是大家一起思考，用什么办法能推动箱子。

路维斯建议用网球，因为它"就像滑板一样"。儿童们把网球放在箱子下面，这样他们就能够将箱子推来推去了。另一名儿童尝试用圆木，他和其他儿童一起把 6 根圆木放在箱子下面，很容易就推动了箱子。他们还发现，用网球垫在下面时箱子移动的幅度更大。为了找出哪种方法最省力，他们把橡皮筋绑在箱子上，通过拉橡皮筋来带动箱子，然后进行比较，哪种情况下橡皮筋被拉伸得最长。显然，箱子下面没有垫任何物体时橡皮筋被拉伸得最长。当箱子下面垫着网球时，橡皮筋只被拉伸了一点点。

项目的完结

在项目的最后阶段，大家对整个过程又做了一次总结和汇报。这次总结谈话将儿童和教师再次聚集在一起，借助档案袋，他们可以回顾经历了什么、发现和学到了什么。

在自由游戏中深化主题：制作一个弹簧秤

儿童们希望在自由游戏中继续深入研究这一主题。他们思考怎样模仿箱子在其他材料上的滚动。一名儿童想到了一个办法：把橡皮筋绑在木板上，并尝试在桌子上拉动木板。他们开始实验：一开始木板下什么也不放。接下来他们把彩色铅笔和弹珠垫在木板下。结果是相同的：像上次一样，橡皮筋被拉伸的长度差异很大，这取决于木板下是否放置了物品以及放置了什么物品。教师问儿童，还能不能更精确地比较呢？索伦想到可以测量橡皮筋被拉伸的长度。这个小组的桌子是用烟草色的桌布覆盖的，儿童们在桌布上绘制了一道起跑线，然后尝试拉动木板，直到木板移动，他们在橡皮筋被拉伸的地方也画了一根线。这样不仅可以在一段时间内作比较，还可以测量从起点到拉伸点的距离，然后

作比较，并记录下结果。

然后，儿童们还尝试给木板增加重量，观察会发生什么。他们在木板上放置不同重量的物体，橡皮筋拉伸的长度也因此而不同。

自己动手制作弹簧秤

这和弹簧秤是同样的工作原理，在建筑工地上弹簧秤很常见。重物挂在金属弹簧上，因重量不同，弹簧的拉伸程度也不同。儿童们想自己制作弹簧秤。他们用手摇钻在板的两侧钻孔，挂上钩子。大家接着尝试哪种橡皮筋最合适，结果表明细的橡皮筋拉伸效果最明显，但是细的橡皮筋也更容易被扯断，粗的橡皮筋虽然比较结实，但是拉伸的幅度不明显。具体用哪种橡皮筋取决于挂的物体有多重。

6.7.4 跨领域的教育

语言和读写

在这个项目中，儿童们表达自己的想法，仔细观察，描述他们看到了什么，讨论并反思他们学到了什么。他还学习了新的概念（如斜面和摩擦），以及比较的句式（如更快、更远、更高），并了解了这些概念的涵义。

数学

儿童们研究不同的形状（如球和骰子），学习比较和测量（如测量弹珠可以滚多远）。

运动

这个项目还涉及运动教育。儿童们从斜面滚下来或者滑下来，整个身体都能体验运动的感受。同时释放大小不同的物品，这要求儿童具备较好的精细动作能力，因此，也促进儿童精细动作技能的发展。

7

从跨领域视角出发的建议

7 从跨领域视角出发的建议

7.1 关于建立合作网络的建议

与家长的合作

家庭作为第一个
教育场所

儿童最初的教育经历（包括技术教育）发生在家庭。如果能让家庭和学校共同参与学习的过程，家庭可以发挥积极的作用。技术教育有很多切入点，可以让家长积极地参与到教育过程中来。例如，在项目过程中儿童向家长咨询，或者把有意思的物品带到幼儿园里研究等。完整的项目档案袋，也能为家园交流提供很好的机会，还可以让家长为他们的孩子感到骄傲和自豪。儿童的成长档案袋可以连续地以跨领域的内容支持家长和幼儿园之间的交流。教师和家长可以针对儿童的具体情况采取个性化的教育支持，并共同反思他们的教育。[1]

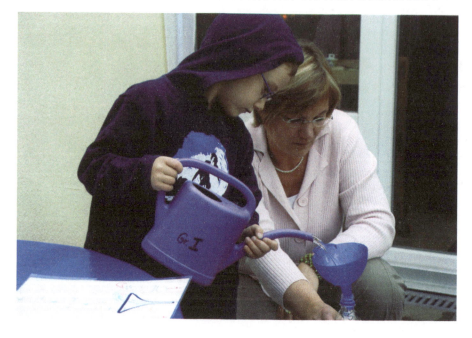

---

1   详见本系列丛书的《德国学前儿童档案袋工具》分册

与社区的合作

除了把幼儿园和家庭联系在一起之外，还应对儿童开放一些社会、文化和经济领域的公共设施。这些场所也属于儿童的生活环境，有利于帮助他们了解真实的世界，建立意义之间的相关性，例如可以组织儿童的参观访问，或者拜访某些领域的专业人士等。

纳入周边环境

与小学的合作

从幼儿园过渡到小学是意义深刻和令人兴奋的，这件事通常可以给儿童带来很多动力。然而，入学对于家长和儿童而言还有很多的不确定性，他们要面对"学童"或"学童父母"这样的新角色。幼小衔接涉及到儿童、家长、幼儿园和小学，这要求他们之间有紧密的交流和合作。

帮助儿童过渡到小学生的新角色

幼儿园、儿童和家长可以在技术教育方面为成功的小学学习铺垫一个良好的基础，这个目标可以通过加强以下方面实现：

- 对技术和新发现的积极性。
- 在自然科学、技术和学习能力方面有自信。
- 表达自己的设想，与他人就技术问题进行讨论、反思等方面的能力。

德国国家教育部为各州小学教育拟定的教育大纲中，也强调共同的、探索性的、过程性的学习。

小学阶段加强基础素养

如果把儿童和个性化学习过程的优化作为学习的中心，那么小学教育对学前教育的要求就不只是简单地输送一个"有学习能力的儿童"到小学，而是更加强调所有相关群体——儿童、家长、学前教育机构和小学——之间的合作，这样儿童才能在小学阶段继续个人的学习经历。而小学面临的任务之一，就是了解儿童在学前阶段的学习和发展状况，接手教育儿童的责任，并继续支持儿童的发展。

如果学前阶段和小学阶段的教师合作，并且对技术教育和其他学科领域的教育都有相同程度的理解，对围绕教育大纲要求的教育准备也有充分的交流，他们就能为儿童的连续性学习做出了贡献。学前和小学的教育机构合作开展的项目活动不仅给儿童,也同样会给成人很多乐趣,例如可以开展互相的拜访和交流等活动。

跨阶段的项目

在本系列丛书中倡导的"成长档案袋"就是以因人而异（个性化）的学习过程为导向做的学习记录和反思。在幼小衔接阶段；尤其倡导衔接性的"过渡期档案袋"，记录了儿童个性化的学习过程，包含其能力、兴趣、优势等记录。[1]这里要记录的不只是儿童在技术领域的能力，要让儿童的整个学习发展过程都可视、可反思。

学前儿童档案袋工具

1　详见本系列丛书的《德国学前儿童档案袋工具》分册中关于各种档案袋的详细介绍。

体现了连续的个性化学习过程的档案袋为儿童的升学提供一个很好的评价。因为连续的成长档案袋为今后优化每个儿童的个性化学习提供了支持，为加强每个儿童的优势提供了基础。而入学前对学业的不了解和割裂的教育活动则特别容易打击儿童的学习兴趣，阻碍儿童建构积极的自我形象（Fthenakis, 2007 a）。

7.2 针对儿童个体差异提供不同支持的建议

为所有儿童提供平等教育的机会

每个儿童都是不同的，他们的个性体现在各自的学习过程中。积极教育的前提是，在制定教育计划和组织教育活动时敏感地对待儿童的个性化和多元化的特点（Stremmel, 1997）。儿童的差异可能体现在学习进度、学习需求、文化背景、性别差异等方面，谨慎和敏感地对待这些差异才能保证每个儿童都得到尽可能最好的教育机会。

不同的学习进度

儿童在技术领域的学习和发展进度是不同的。

如果教师能促进儿童在学习中的合作，就可以积极地利用个体差异促进儿童的学习。因为一方面，合作学习可以为年幼和发展稍慢的儿童提供超过其自身发展水平的学习概念；另一方面，发展较快的儿童在合作学习的氛围里也能学习相应的概念，还能学会如何让自己的活动适应他人的需求（Baker，2006）。

在强调意义建构和兴趣培养的技术领域，教师通过难度合适的综合任务和问题，能促进儿童的个性化发展。

对于已有经验较少，或者发展较慢的儿童而言，获得成就感尤其重要。这就更需要有教师的支持和经验丰富的伙伴的帮助。教师应充分地肯定这些儿童的学习进度（Leff，2004），并找到他们的个性化优势所在，例如语言表达、动作发展、艺术表现、音乐感知或者动手操作（如制造和搭建）等方面。

提供体验成功的机会

有特殊需要的儿童

对于身体有缺陷的儿童，也要确保他们有充足的机会去探究技术和科学，体验基于感官和身体的现象，发展想象，以及与他人分享。有创造性的教师要设计各种感官都能体验的教育活动，鼓励各种形式的表达。例如听力受损或有语言障碍的儿童，应该让他们有机会用符号、绘画等方式来表达想法以及与其他人交流，例如搭模型、画草图和施工图等。

在所有活动中，确保有特殊需要的儿童有机会接触各种材料，并且在安全的环境中探索（例如足够开阔的空间）。

文化的多样性

技术教育能提供不同的切入点，尊重并凸显了儿童不同的文化和家庭背景。教师利用这些可能性，给所有的儿童提供机会获得对多样性的积极体验，帮助移民家庭的儿童获得对自己本土文化的认同和安全感。并且帮助儿童把技术学

文化视角下的技术

习和真实的世界联系在一起，让儿童从自己的视角获得可视的、灵活的、有意义的学习经验。

多元文化的融合对于儿童获得成功的教育经历非常重要，尤其是来自于其他文化背景的儿童。因为学前阶段技术教育的基本原则就是加强意义建构、理解学习，当教育内容与儿童的生活经验相关时，才能得到知识的转化。[1] 因此在学习过程中要求家长积极融入，促进与家庭文化背景的融合。[2]

教师应鼓励各种家庭和文化背景的儿童把他们的经验和观念分享给其他人，例如：在双重文化背景下长大的儿童在表达个人见解时通常表现出不确定性和犹豫。而充满包容和尊重的环境可以鼓励他表现出独特的文化背景，让大家觉得他的家庭背景和个性是很有趣的，和主流文化背景中长大的儿童一样是受欢迎的。这样的经历有利于儿童建立自信心。

加强非语言的交流

教师要鼓励儿童自信地表达观点。那些德语不够好的儿童可以用非语言的方式表达自己的观点，例如画画。语言掌握得还不够好，会使这些儿童更加没有交流的把握，倾向于选择沉默，而不是发展他们的德语能力。

在技术教育中，对所有儿童来说语言技能都是很重要的，包括那些以德语为第一语言的儿童。而以德语为第二语言的儿童也能从技术教育中的一些专业表述中获益。

幼儿园里组织的包容文化多样性的主题活动能够让所有的儿童受益，这给儿童带来了关于文化、语言和生活方式多样性的积极体验。

性别的社会性

从学前教育阶段起，性别教育就是重要和必要的内容。性别差异从一出生就有了，但研究显示：男孩和女孩的性别差异有很大程度上是在社会生活中形成的。

格伦达·马克纳夫（MacNaughton, 2004）形象地描述了儿童如何克服传统的性别分工，在探索中发展个人兴趣，解决与外界的冲突，建立自我认知。也正因为如此，在社会化过程中，男孩和女孩不应该被世俗的性别特征限制。所以现代学前教育的目标是：支持儿童在发展过程中不受限制地形成个人的性别认同。这里主要强调的是教育的基本态度（Niesel 2008a）。

1　Lo Cicero, Fuson & Allexshat-Snider, 2003
2　Katz & Chard, 2000b, 详见本书第 5 章

德国各个州的教育大纲采用了不同的方式处理性别这个话题。但是普遍来说，都是作为规则制定的，并没有具体的执行计划（Niesel，2008b）。所以在学前教育阶段，性别教育仍然是一个被忽略的领域（Gender Loops，2008），教师们在课堂上不知道该如何开展性别教育也并不奇怪。但在早期教育的自然科学和技术领域，性别教育恰恰是特别重要的，要防止女孩随着年龄的增加而失去对自然科学和技术的兴趣。

性别刻板印象会限制发展

反思现有的刻板印象或性别分工

要想鼓励儿童克服刻板印象的影响、获得充分的发展，教师自己要先解决这个问题。可以事先研究，在我们的社会中有哪些固有的性别偏见，即女孩和男孩是什么样的，或者应该是什么样的。查阅权威性文献是一种办法，还有一种办法是关注日常中的一些描述，例如什么是"典型的女孩"或"典型的男孩"（Niesel，2008a），还可以仔细观察男孩和女孩不同的生活世界。最好以自己的亲身经历为出发点。然后想象一下，如果有为期一周的性别转换体验（引自Walter，2005），自己的生活会发生怎样的变化？可能会有其他的爱好和兴趣吗？会从事现在的工作吗？会成为不擅长的领域里的专家吗？

注意表达方式

从自然科学和技术教育的角度出发，仔细观察男孩和女孩的区别有哪些：男孩比女孩更喜欢使用工具？女孩在相应的活动中不如男孩？男孩和女孩的典型性别行为在哪些方面特别容易被强化或者表扬？重要的是批判性地反思，关于男孩和女孩的性格以及行为，自己有哪些不自觉的想象？

观察男孩和女孩的行为

教师和儿童之间的互动

即使当教师鼓励儿童可以有一些非典型性别行为时，也不等于说，典型性别行为就应该受到制约。儿童大约从3岁开始发展性别意识，其间经常会接受一些刻板印象的行为方式。这些行为被认定为与发展无关，既没有得到鼓励，也没有受到惩罚。事实上更应该给儿童提供多样的可能性，鼓励他们尝试不同游戏的材料和不同的行为，以及一些传统意义上男孩或女孩不擅长的事，例如男孩的语言表达能力、女孩的空间想象力。所以，可以鼓励男孩多用语言来表达，鼓励女孩多玩建构游戏或者如爬梯子之类的活动。一般来说，男孩更容易吸引成人的注意力，因此在教育中应该保证，女孩所获得的关注度在时间和质量上都应当和男孩一致。

给男孩和女孩提供个性化支持

教师在实践中经常有这样的经验：男孩和女孩在上学之前对科学技术表现出一样的兴趣，例如在同一个项目中探讨某一主题时（vgl.Fischer，2008）。这种兴趣应该得到系统性的支持。如果自然科学和技术的主题跟社会生活联系

注意性别刻板印象

起来，女孩会更感兴趣，这种方式很容易激发她们对这个主题的兴趣。同时也要使男孩从社会关系的角度对自然科学和技术产生兴趣。在描述人和事件时，要注意避免性别刻板印象，甚至可以故意使用一些与刻板印象相反的表达（如女司机、女物理学家、男护士）。还有一种方法是，让儿童在游戏时更容易接触到异性的典型游戏材料。向儿童示范某些东西也是很有意义的（如使用手工工具和仪器），以及指导他们如何操作。教师还可以通过表扬提高儿童的积极性。但是这种表扬不能给得太早，因为女孩得到表扬后经常很快就会放弃某样物品。[1] 比较大的科学技术项目经常包括不同的活动和任务，在整体的项目框架下应该注意把男孩和女孩分配到相同的模块中去探索，而不是根据性别刻板印象来分配任务。

儿童之间的互动

在发展的过程中，儿童也互相影响彼此的性别认知，其中一个方面体现在性别典型行为上。所以教师的一个重要任务是观察儿童的举止行为，尤其是在共同建构的学习过程中。

女孩和男孩会采取不同的冲突解决策略。女孩更喜欢口头上争辩观点的区别，而男孩更愿意通过肢体的冲突解决问题。当发生肢体冲突时，女孩会退回到男女混合的队伍里。而在共同建构的过程中，男孩的观点在总的队伍中占主导地位。[2] 教师可以积极地支持女孩的想法以维持平衡。在某些情况下按性别分组工作也是很有意义的。例如角色扮演经常是由男孩主导的，在选择故事背景时，他们的影响力要比女孩大，而且经常选择主要角色，教师这时可以参与进来，例如建议其他可选择的故事，或者支持女孩的提议等。

在技术项目的框架下关注儿童之间的互动是很重要的。因为项目通常以小组为单位进行工作，其中尤其要保证男孩和女孩获得同样的机会，共同提出想法，积极参与项目的进展。在尝试一些传统理解中不属于自己性别角色的工作时，例如女孩尝试使用手工工具，或男孩用香水以及化妆品作实验，一定要避免儿童受到同伴的贬低性评价，不管来自同性还是异性伙伴。

榜样的树立

意识到自身的榜样角色

儿童通过观察榜样来学习。榜样不仅可以来自家庭、幼儿园或者朋友中的具体某个人，也可以是书籍、歌曲、图画、电影和电视里的虚拟人物。幼儿园里教师的榜样示范是非常重要的，儿童会观察教师在不同的情况下针对不同人的行为，自己也会模仿。所以，教师经常无意识地影响着儿童的行为，

1　MacNaughton, in Vorbereitung; MacNaughton & Williams, 2003

2　MacNaughton, in Vorbereitung; MacNaughton & Williams, 2003

尤其是与教师同性别的儿童，他们会把教师当做性别角色行为榜样（Walter，2005）。教师要有目的地利用榜样效应，鼓励儿童尝试非典型性别行为。例如，当女性教师想要鼓励女孩使用工具时，她自己应该经常在手工作坊里逗留。当教师做示范时，例如示范如何使用工具，其榜样效应也会产生直接的影响。

幼儿园里的男性教师的比例一直很低，所以教师的榜样效应一直有局限性。女性教师可以通过榜样效应，来鼓励和引导女孩对自然科学和技术感兴趣；但是因为缺少男性教师，所以很难找到男孩的榜样。重要的是让他们知道，男孩学习自然科学和技术等方面的知识，这和传统的性别刻板印象不是一回事。想让大家都明白：兴趣和活动并不是与性别联系在一起的，这不是一件很容易的事，因为在家庭生活中男性榜样也经常缺失，这是日益严重的一个教育缺失（Rohrmann，2005）。所以在幼儿园里，男性榜样非常重要的性别教育领域经常被忽视。因此，在学前教育领域提高男性教师的比例，也是一个长期的目标。

男孩往往缺乏男性榜样

8

项目合作伙伴

"建构自然知识"项目是在一个有着四个层面的框架内发展起来的,这个框架的特点是顾及和综合了来自科学和实践的各种观点。与此同时,项目得到了科学界和幼儿教育实践合作伙伴的众多支持。另外,本项目也得到科学顾问委员会一位委员持续性的关注和参与。

本项目运用四个层面的步骤如下:

1. 起草

"建构自然知识"项目组的工作人员起草各分册的文字表述。然后根据其他层面的状况,再对起草的文字进行加工。

2. 借鉴试点园中经验丰富的专业人员的实践观点

来自全德国 25 个试点园的教育从业人员,通读本项目文本的草稿,从易于理解和具有实践指导意义的角度,对文本加以评论。

3. 来自科学界专家的专业观点

科学家们评估每一册文本的草稿,并运用他们的专业知识和经验进一步丰富本项目的内容。参与这项工作的有科学界的专家、德国国家儿童早期教育研究所的工作人员和本项目顾问委员会的成员。

4. 编辑

通过出版社编辑对所有草稿的认真阅读,最终保证了文稿的可读性和专业性。

"建构自然知识"项目的科学顾问委员会

我们在此对本项目的顾问委员会表达感谢,他们对本项目的文本初稿提出了诸多建设性的意见和批判性的关注。他们是:

- Prof.Dr. Lilian Fried,Institut für Sozialpädagogik, Erwachsenenbildung und Pädagogik der frühen Kindheit,

Universität Dortmund

- Prof.Dr.Hans-Werner Klusemann,Fachbereich Soziale Arbeit, Bildung und Erziehung,Hochschule Neubrandenburg
- Dr.Jeff J.van Kuyk,Citogroep Niederlande,Arnheim
- Prof.Dr.Gisela Lück,Fakultät für Chemie,Didaktik der Chemie, Universität Bielfeld
- Prof.Dr.Kornelia Möller,Seminar für die Didaktik des Sachunterrichts,Westfälische Wilhelms-Universität Münster
- Stephanie Otto,Erzieherin,Bonn
- Prof.Dr.Manfred Prenzel,Leibniz-Institut für die Pädagogik der Naturwissenschaften an der Universität Kiel
- Xenia Roth,Referat Kindertagesstätten,Ministerium für Bildung, Wissenschaft,Jugend und Kultur,Rheinland-Pfalz,Mainz
- Wilfried Steinert,Schulleiter Waldhofschule Templin,Projektleiter NETZWERK Bildung für alle in Templin
- Prof.Dr.Gerwald Wallnöfer,Fakultät für Bildungs-wissenschaften,Freie Universität Bozen
- Dr.Ilse Wehrmann,Sachverständige für Frühpädagogik,Bremen

合作伙伴

我们要在此感谢法宾纳·贝克尔·施托尔（Fabienne Becker-Stoll）女士（博士）领导的德国国家儿童早期教育研究院（IFP）给予本项目的许多启发、对讨论的激励以及众多的专业观点。特别感谢埃娃·赖歇特·加沙哈梅（Eva Reichert-Garschhammer）女士和科学专题报告人达格玛·温特哈尔特·扎尔威托（Dagmar Winterhalter-Salvatore）女士，感谢她们的诸多付出，与她们的合作非常愉快。

专家

我们感谢那些来自科学界的专家，感谢他们对本项目的文本初稿提出了许多专业性的建议和观点。这些专业知识和启发，对本项目面向幼儿教育人员的继续发展起了决定性作用。本书作者将承担本书内容的全部责任，给予我们诸多帮助的专家有：

- Prof.Dr.Peter Gallin,Institut für Gymnasial- und Berufspädagogik,Universität Zürich
- Prof.Dr.Klaus Hasemann,Institut für Didaktik der Mathematik

und Physik, Leibniz Universität Hannover

- Dr. Susanne Koerber, Professur für Frühe Bildung (Vertretung), Pädagogische Hochschule Schwäbisch Gmünd
- Prof. Dr. Andrea Peter-Koop, Institut für Mathematik, Carl von Ossietzky Universität Oldenburg
- Eva Reichert-Garschhammer, Abteilungsleiterin, Staatsinstitut für Frühpädagogik, München
- Prof. Dr. Christoph Selter, Fakultät für Mathematik, Lehrstuhl IEEM, Technische Universität Dortmund
- Dagmar Winterhalter-Salvator, wissenschaftliche Referentin, Staatsinstitut für Frühpädagogik, München

试点园

我们要在这里感谢 25 个试点园，感谢他们愿意与我们进行理论与实践之间的积极交流。特别要感谢那些对我们项目的可行性与可读性进行检验的专业教育从业者们，他们是：

- Kindertagesheim Borgfeld, Bremen
- Kindertagesheim Friedenskirche, Bremen
- Kindertagesheim Matin-Luther, Bremen
- Das Entdeckerhaus, Kindertagesstätte Technologiepark e.V. Bremen
- Kindertagesstätte Heinrich-Seekamp-Straße, Bremen
- Kindergarten St. Achaz, München
- Kindertagesstätte Siepmannstraße, Dortmund
- Kindertageseinrichtung „Die mobilen Strolche", Bonn
- Kindertagesstätte Kaisersesch, Kaisersesch
- Kindertagesstätte St. Martin, Remagen
- Kindergarten Löwenzahn e.V., Königswinter
- Kindertagesstätte Mikado e.V., Königswinter
- Integrativer Kindergarten St. Monika, Lüdinghausen
- Kindertagesheim St. Johannes Arsten, Bremen
- Evangelische Kindertagesstätte Freilassing, Freilassing
- Kinderwelt Hamburg e.V., Hamburg
- Kinderhaus Seckenheim, Mannheim
- Kindergarten „Wilde Wiese"Hundham, Fischbachau

- Bonhoeffer Haus, Evangelische Kindertagesstätte und Hort, Überlingen
- Kindergarten Petersberg (Kindergartendirektion Neumarkt), Petersberg-Italien
- Kindertagesstätte „Burratno", Eggersdorf
- Ev. Kindertagesstätte der Kirchengemeinde Limbach / Kändler, Limbach / Oberfrohna
- Kindertagesstätte „Wilde Wiese"Lemgo, Lemgo
- Kindertagesstätte St. Thomas Morus, Rostock
- Kindertagesstätte Dom-Stifte, Naumburg

关于这些机构的更多信息可以在"建构自然知识"项目的网站上找到：
www.natur-wissen-schaffen.de

有5个试点园为本项目提供了儿童照片和儿童图画。其中的一些被我们用来作为书中的插图。因此，在此真诚感谢这些机构的所有儿童和教育人员。这些机构是：

- Das Entdeckerhaus, Kita Technologiepark e. V., Bremen
- Kita Heinrich-Seekamp-Straße, Bremen
- KTH Borgfeld, Bremen
- KTH Martin-Luther, Bremen
- KTH St. Johannes Arsten, Bremen

9

参考文献

9.1   参考文献

Anderson, C. W., Nagle, R. J., Roberts, W. A. & Smith, J. W. (1981). Attachment to substitute caregivers as a function of centre quality and caregiver involvement. *Child Development, 52*, 53–61.

Anderson, N. H. & Wilkening, F. (1991). Adaptive thinking in intuitive physics. In N. H. Anderson (Hrsg.), *Contributions to information integration theory* (S. 1–42). Hillsdale, NJ: Lawrence Erlbaum Associates.

Arbeitsstab Forum Bildung in der Geschäftsstelle der Bund-Länder-Kommission für Bildungsplanung und Forschungsförderung. (2001). *Empfehlungen des Forum Bildung.* Zugriff am 15. März 2008 von http://www.ganztagsschulen.org/_downloads/Forum-Bildung-Empf.pdf

Atkinson, J. & Braddick, O. (1989). Development of basic visual functions. In A. Slater & G. Bremner (Hrsg.), *Infant development* (S. 7–41). London: Lawrence Erlbaum Associates.

Baillargeon, R. (1994). Physical reasoning in young infants: Seeking explanations for impossible events. *British Journal of Developmental Psychology, 12*, 9–33.

Baillargeon, R. & Gelman, R. (1980). *Young children's understanding of simple causal sequences: Predictions and explanations.* Paper presented at the APA Meeting, Montreal.

Baker, A. (2006). Multiage mathematics: Scaffolding young children's mathematical learning. *Teaching Children Mathematics, 13*, 19–21.

Banks, M. S. & Salapatek, P. (1983). Infant visual perception. In M. M. Haith & J. J. Campos (Hrsg.), *Infancy and developmental psychobiology. Handbook of child psychology* (Vol. 2, S. 435–571). New York: Wiley.

Bayerisches Staatsministerium für Arbeit und Sozialordnung, Familie und Frauen & Staatsinstitut für Frühpädagogik (Hrsg.). (2007). *Der Bayerische Bildungs- und Erziehungsplan für Kinder in Tageseinrichtungen bis zur Einschulung* (2. Aufl.). Düsseldorf: Cornelsen Verlag Scriptor.

Berger, U. (2004). *Wie spült die Klospülung?* Freiburg im Breisgau: Family Media.

Bildungswerk der Bayerischen Wirtschaft e. V. (Hrsg.). (2007). *„Es funktioniert?!" – Kinder in der Welt der Technik.* München: Don Bosco.

Bodrova, E. & Leong, D. J. (2007). *Tools of the mind. The Vygotskian approach to early childhood education.* (2. Aufl.). Columbus: Merrill/Prentice Hall.

Brewer, W. & Samarapungavan, A. (1991). Children's theories vs. scientific theories: Differences in reasoning or differences in knowledge? In R. Hoffmann & D. Palermo (Hrsg.), *Cognition and the symbolic processes* (S. 209–232). Hillsdale, NJ: Lawrence Erlbaum Associates.

Bruner, J. S., Herrmann, T. & Aeschbacher, U. (2002). *Wie das Kind sprechen lernt.* (2., erg. Aufl.). Bern: Huber.

Bullock, M., Gelman, R. & Baillargeon, R. (1982). The development of causal reasoning. In W. J. Friedman (Hrsg.), *The developmental psychology of time* (S. 209–254). New York: Academic Press.

Carew, J. (1980). Experience and the development of intelligence in young children at home and in day care. *Monographs of the Society for Research in Child Development, 45*, S. 6–7, Serial No. 187.

Carey, S. (1991). Knowledge acquisition: Enrichment and conceptual change? In S. Carey & R. Gelman (Hrsg.), *The epigenesis of mind: Essays on biology and cognition* (S. 257–292). Hillsdale, NJ: Lawrence Erlbaum Associates.

Carey, S., Evans, R., Honda, M., Jay, E. & Unger, C. (1989). „An experiment is when you try it and see if it works." A study of junior high school students' understanding of the construction of scientific knowledge. *International Journal of Science Education, 11*, 514–529.

Carey, S. & Smith, C. (1993). On understanding the nature of scientific knowledge. *Educational Psychologist, 28*, 235–251.

Chen, Z., Sanchez, R. P. & Campbell, T. (1997). From beyond to within their grasp. Analogical problem solving in 10- and 13-month olds. *Developmental Psychology, 33*, 790–801.

Chen, Z. & Siegler, R. S. (2000). Across the great divide: Bridging the gap between understanding of toddlers' and older children's thinking. *Monographs of the Society for Research in Child Development, 65*.

Colberg-Schrader, H. (2003). Informelle und institutionelle Bildungsorte: Zum Verhältnis von Familie und Kindertageseinrichtung. In W. E. Fthenakis (Hrsg.), *Elementarpädagogik nach PISA. Wie aus Kindertagesstätten Bildungseinrichtungen werden können* (5. Aufl., S. 266–284). Freiburg: Herder.

Craft, A. (1997). *Can you teach creativity?* Nottingham: Education Now.

Deci, E. L. & Ryan, R. M. (1993). Die Selbstbestimmungstheorie der Motivation und ihre Bedeutung für die Pädagogik. *Zeitschrift für Pädagogik, 39*, 223–238.

Der Bundesminister für Frauen und Jugend Bonn (Hrsg.). (1993). *Übereinkommen über die Rechte des Kindes. UN-Konventionen im Wortlaut mit Materialien.* Düsseldorf: Livonia.

Der Kinder Brockhaus Technik. (2005). Mannheim: Brockhaus.

Derman-Sparks, L. (1992). Reaching potentials through antibias, multicultural curriculum. In S. Bredekamp & T. Rosegrant (Hrsg.), *Reaching potentials: Appropriate curriculum and assessment for young children* (S. 114–127). Washington, DC: National Association for the Education of Young Children.

Deutsche Unesco-Kommission (Hrsg.). (2007). *Kulturelle Vielfalt – Unser gemeinsamer Reichtum. Das Essener/Ruhr. 2010 Bellini Handbuch zu Perspektiven Kultureller Vielfalt.* Bonn: Deutsche Unesco-Kommission.

Dobson, V. & Teller, D. Y. (1978). Visual acuity in human infants: A review and comparison of behavioral and electrophysiological studies. *Vision Research, 18*, 1469–1483.

Donaldson, M. (1982). *Wie Kinder denken.* Bern: Huber.

Dornes, M. (2004). *Der kompetente Säugling: Die präverbale Entwicklung des Menschen.* (11. Aufl.). Frankfurt am Main: Fischer.

Duden Technik. (2004). (2., aktualisierte Aufl.). Mannheim: PAETEC, Bibliografisches Institut & F. A. Brockhaus.

Fischer, B. (2008). Überraschend selbstverständlich. Naturwissenschaft und Technik für Jungen und Mädchen. *Theorie und Praxis der Sozialpädagogik, 2*, 20–22.

Fritz, A. & Funke, J. (2002). Planen und Problemlösen als fächerübergreifende Kompetenzen. *Lernchancen, 25*, 6–14.

Fthenakis, W. E. (2000). Kommentar zum Projektansatz. In W. E. Fthenakis & M.R. Textor (Hrsg.), *Pädagogische Ansätze im Kindergarten* (S. 224–233). Weinheim: Beltz.

Fthenakis, W. E. (2003). Pädagogische Qualität in Tageseinrichtungen für Kinder. In W. E. Fthenakis (Hrsg.), *Elementarpädagogik nach PISA. Wie aus Kindertagesstätten Bildungseinrichtungen werden können* (5. Aufl., S. 208–242). Freiburg: Herder.

Fthenakis, W. E. (2004). *Der Bildungsauftrag in Kindertageseinrichtungen: ein umstrittenes Terrain?* Zugriff am 16.08. 2007 von http://www.familienhandbuch.de

Fthenakis, W. E. (2007a). Auf den Anfang kommt es an. Die Qualität von Bildungsprogrammen, die Dilemmata deutscher Bildungspolitik und Perspektiven der Entwicklung. *Betrifft: Kinder, 08-09*, 6–17.

Fthenakis, W. E. (2007b). Bildung neu konzeptualisiert. In C. Henry-Huthmacher, G. Erler & Konrad-Adenauer-Stiftung (Hrsg.), *Kinder in besten Händen: Frühkindliche Bildung, Betreuung und Erziehung in Deutschland. Eine Veröffentlichung der Konrad-Adenauer-Stiftung e. V.* (2., überarb. Aufl., S. 63–90). Sankt Augustin: Konrad-Adenauer-Stiftung.

Fthenakis, W. E., Eitel, A., Winterhalter-Salvatore, D., Daut, M., Schmitt, A. & Wendell, A. (2008). *Natur-Wissen schaffen. Frühkindliches Verständnis für Zahlen, Natur und Technik fördern. Band 1: Dokumentation des Forschkönige-Wettbewerbs.* Troisdorf: Bildungsverlag EINS.

Galinsky, E., Howes, C., Kontos, S. & Shinn, M. (1994). *The study of children in family child care and relative care: Highlights of findings.* New York: Families and Work Institute.

Gelman, S.A. & Kalish, C. W. (2006). Conceptual development. In D. Kuhn & R. S. Siegler (Hrsg.), *Handbook of child psychology, Vol.2: Cognition, perception, and language* (6. Aufl., S. 687–733). New York: Wiley.

Gender Loops. (2008). *Gender Mainstreaming Implementierungsstrategien für die Aus- und Fortbildung im Bereich der frühkindlichen Erziehung und für Kindertageseinrichtungen. Auswertungsergebnisse für den Projektzeitraum 01.10.2006 bis 31.03.2007.* Verfügbar unter http://www.dissens.de/de/forschung/genderloops.php, Zugriff am 07.04.2008.

Gibson, E. J. & Walker, A. S. (1984). Development of knowledge of visual and tactual affordances of substance. *Child Development, 55*, 453–460.

Gisbert, K. (2004). *Lernen lernen. Lernmethodische Kompetenzen von Kindern in Tageseinrichtungen fördern.* Basel: Beltz.

Glauert, E. (1998). Science in the early years. In I. Siraj-Blatchford (Hrsg.), *A curriculum development handbook for early childhood educators* (S. 77–92). Stoke on Trent: Trentham Books.

Goelman, H. & Pence, A. R. (1988). Children in three types of day care: Daily experiences, quality of care and developmental outcomes. *Early Child Development and Care, 33*, 67–76.

Golden, M., Rosenbluth, L., Grossi, M. T., Policare, H. J., Freeman, H. J. & Brownlee, E. M. (1978). *The New York City Infant Day Care Study.* New York: Medical and Health Research Association of New York City.

Göschel, M. & Kaiser-Zundel, E. (2007). Das Rad wird nicht neu erfunden, aber jedes Kind entdeckt es neu. *KiTa spezial, Sonderausgabe: Einstein, Newton & Co. – Natur und Technik in Kitas, 1,* 24–28.

Goswami, U. (1992). *Analogical reasoning in children.* Hove: Lawrence Erlbaum Associates.

Goswami, U. (2001). *So denken Kinder.* Bern: Huber.

Gronlund, G. & Engel, B. (2001). *Focused portfolios. A complete assessment for the young child.* St. Paul, MN: Redleaf Press.

Groot-Wilken, B. (2007). *Bildungsprozesse in Kindergarten und KiTa.* Freiburg im Breisgau: Herder.

Harlan, J. D. & Rivkin, M. S. (2004). *Science experiences for the early childhood years.* Upper Saddle River: Pearson.

Hasselhorn, M. (2006). Metakognition. In D. H. Rost (Hrsg.), *Handwörterbuch Pädagogische Psychologie* (3., überarb. und erw. Aufl., S. 480–485). Weinheim: Beltz PVU.

Hayne, H. & Rovee-Collier, C. (1995). The organization of reactivated memory in infancy. *Child Development, 66,* 893–906.

Helburn, S. (Hrsg.). (1995). *Cost, quality and child outcomes in child care centres. Technical report.* Denver, Colorado: Department of Economics, Center for Research in Economics, University of Colorado at Denver.

Hessisches Sozialministerium & Hessisches Kultusministerium (Hrsg.). (2007). *Bildung von Anfang an. Bildungs- und Erziehungsplan für Kinder von 0 bis 10 Jahren in Hessen.* Paderborn: Bonifatius.

Heuer, H. (1983). *Bewegungslernen.* Stuttgart: Kohlhammer.

Hoenisch, N. & Niggemeyer, E. (2003). *Bildung mit Demokratie und Zärtlichkeit: Lernvergnügen Vierjähriger.* Weinheim: Beltz.

Holloway, S. D. & Reichhart-Erikson, M. (1988). The relationship of day care quality to children's free-play behavior and social problem-solving skills. *Early Childhood Research Quarterly, 3,* 39–53.

Hope, G. (2004). *Teaching design and technology 3–11. The essential guide for teachers.* London: Continuum.

Howes, C. & Galinsky, E. (1995). Accreditation of Johnson & Johnson's child development center. In S. Bredekamp & B. A. Willer (Hrsg.), *NAEYC accreditation: A decade of learning and the years ahead* (S. 47–60). Washington: National Association for the Education of Young Children.

Huettel, S. A. & Needham, A. (2000). Effects of balance relations between objects on infants' object segregation. *Developmental Science, 3,* 415–427.

Huston, A. C. (1983). Sex-typing. In M. Hetherington (Hrsg.), *Handbook of child psychology: Socialization, personality, and social development* (S. 387–468). New York: Wiley.

Jampert, K., Zehnbauer, A., Leuckefeld, K. & Best, P. (2006). *Sprachliche Förderung in der Kita. Wie viel Sprache steckt in Musik, Bewegung, Naturwissenschaften und Medien?* Berlin: Verlag das netz.

Jugendministerkonferenz & Kultusministerkonferenz. (2004). *Gemeinsamer Rahmen der Länder für die frühe Bildung in Kindertageseinrichtungen.* Zugriff am 27. März 2008 von http://www.kmk.org

Katz, L. G. & Chard, S. C. (2000a). Der Projekt-Ansatz. In W. E. Fthenakis & M. R. Textor (Hrsg.), *Pädagogische Ansätze im Kindergarten* (S. 209–223). Weinheim: Beltz.

Katz, L. G. & Chard, S. C. (2000b). *Engaging children's minds: The project approach.* New York: Ablex.

Katz, L. G. & Chard, S. C. (1996). *The contribution of documentation to the quality of early childhood education.* Verfügbar unter http://www.ericdigests.org/1996-4/quality.htm, Zugriff am 06.09.2007.

Keil, F. C. (1994). The birth and the nurturance of concepts by domains: The origins of concepts of living things. In L. A. Hirschfeld & S. A. Gelman (Hrsg.), *Mapping the mind: Domain specificity in cognition and culture* (S. 234–254). New York: Cambridge University Press.

Kelly, V. (2004). Curriculum und Demokratie in den frühen Jahren. In W. E. Fthenakis & P. Oberhuemer (Hrsg.), *Frühpädagogik international. Bildungsqualität im Blickpunkt* (S. 105–115). Wiesbaden: Verlag für Sozialwissenschaften.

Kluge, N. (2006). Das Bild des Kindes in der Pädagogik der frühen Kindheit. In L. Fried & S. Roux (Hrsg.), *Pädagogik der frühen Kindheit: Handbuch und Nachschlagewerk* (1. Aufl., S. 22–33). Weinheim: Beltz.

Knauf, T., Düx, G., Schlüter, D. & Gärtner, P. (2007). *Handbuch pädagogische Ansätze: Praxisorientierte Konzeptions- und Qualitätsentwicklung in Kindertageseinrichtungen.* Berlin: Cornelsen Scriptor.

Krapp, A. & Weidenmann, B. (2001). *Pädagogische Psychologie: ein Lehrbuch.* (4., vollst. überarb. Aufl.). Weinheim: Beltz, PVU.

Krieg, E. (2004). *Lernen von Reggio: Theorie und Praxis der Reggio-Pädagogik im Kindergarten.* (2. Aufl.). Lage: Verlag Hans Jacobs.

Krist, H. (2006). Psychomotorische Entwicklung. In W. Schneider & B. Sodian (Hrsg.), *Enzyklopädie der Psychologie, Entwicklungspsychologie, Band 2: Kognitive Entwicklung* (S. 151–238). Göttingen: Hogrefe.

Krist, H., Natour, N., Jäger, S. & Knopf, M. (1998). Kognitive Entwicklung im Säuglingsalter: Vom Neo-Nativismus zu einer entwicklungsorientierten Konzeption. *Zeitschrift für Entwicklungspsychologie und Pädagogische Psychologie, 30,* 153–173.

Lamb, M. E., Hwang, C.-P., Broberg, A. & Bookstein, F. L. (1988). The effects of out-of-home care on the development of social competence in Sweden: A longitudinal study. *Early Childhood Research Quarterly, 3,* S. 379–402.

Langeheine, R., Häußler, P., Hoffmann, L., Rost, J. & Sievers, K. (2000). Veränderungen im Interesse an Physik über die Zeit: Altersdifferenzen oder epochale Effekte? *Empirische Pädagogik, 14,* 35–57.

Laucken, U. (1998). *Sozialpsychologie. Geschichte, Hauptströmungen, Tendenzen.* Oldenburg: BIS-Verlag.

Leff, R. (2004). Vive la difference! Gifted kindergartners and mathematics. *Teaching Children Mathematics, 11,* 155–157.

Lewkowicz, D. J. & Lickliter, R. (Hrsg.). (1994). *The development of intersensory perception: Comparative perspectives.* Hillsdale, NJ: Erlbaum.

Lind, K. K. (2005). *Exploring science in early childhood: A developmental approach* (4. Aufl.). Clifton Park: Thomson Delmar Learning.

Lindemann, H. (2006). *Konstruktivismus und Pädagogik. Grundlagen, Modelle, Wege zur Praxis.* München: Reinhardt.

Lo Cicero, A. M., Fuson, K. C. & Allexshat-Snider, M. (2003). Mathematizing children's stories, helping children solve word problems, and supporting parental involvement. In L. Ortiz-Franco, N. G. Hernandez & Y. De la Cruz. (Hrsg.), *Perspectives on Latinos.* (2. Aufl., S. 59–70). Reston, Va.: National Council of Teachers of Mathematics.

Macaulay, D. & Ardley, N. (2004). *Das Grosse Mammut-Buch der Technik.* London: Dorling Kindersley.

MacNaughton, G. (2004). Gender – neu gedacht in der Pädagogik der frühen Kindheit. In W. E. Fthenakis & P. Oberhuemer (Hrsg.), *Frühpädagogik international. Bildungsqualität im Blickpunkt* (S. 345–358). Wiesbaden: Sozialwissenschaften.

MacNaughton, G. (in Vorbereitung). *Interventionsmethoden in der Frühpädagogik.*

MacNaughton, G. & Williams, G. (2003). *Teaching young children: Choices in theory and practice.* Maidenhead: Pearson & Open University Press.

Mähler, C. (1999). Naive Theorien im kindlichen Denken. *Zeitschrift für Entwicklungspsychologie und Pädagogische Psychologie, 31,* 53–66.

McCartney, K. (1984). Effect of quality of day care environment on children's language development. *Developmental Psychology, 20,* 244–260.

McCartney, K., Scarr, S., Phillips, D., Grajek, S. & Schwarz, J. C. (1982). Environmental differences among day care centers and their effects on children's development. In E. Zigler & E. Gordon (Hrsg.), *Day Care: Scientific and social policy issues* (S. 126–151). Boston: Auburn house.

McCarty, M. E., Clifton, R. K. & Collard, R. R. (1999). Problem solving in infancy: The emergence of an action plan. *Developmental Psychology, 35,* 1091–1101.

Meltzoff, A. N. & Borton, R. W. (1979). Intermodal matching by human neonates. *Nature, 282,* 403–404.

Miller, C. F., Trautner, H. M. & Ruble, D. N. (2006). The role of gender stereotypes in children's preferences and behaviour. In L. Balter & C. S. Tamis-LeMonda (Hrsg.), *Child psychology – A handbook of contemporary issues* (2. Aufl., S. 293–324). New York: Psychology Press.

Miller, P. H. (1993). *Theorien der Entwicklungspsychologie.* Heidelberg: Spektrum.

Montada, L. (2002). Fragen, Konzepte, Perspektiven. In R. Oerter & L. Montada (Hrsg.), *Entwicklungspsychologie* (5. Aufl., S. 3–53). Weinheim: Beltz.

Mülders, B., Petersein, B., Schmahl, B. & Wilhelm, M. (2007). Ko-Konstruieren beim Dokumentieren. In C. Lipp-Peetz (Hrsg.), *Praxis Beobachtung. Auf dem Weg zu individuellen Bildungs- und Erziehungsplänen* (1. Aufl., S. 158–163). Mannheim: Cornelson Scriptor.

Näger, S. (2004). *Die Welt der tausend Sachen erforschen.* Freiburg: Herder.

National Association for the Education of Young Children. (1997). *Developmentally appropriate practice in early childhood programs serving children from birth through age 8.* Washington: naeyc.

Needham, A. (2000). Improvements in object exploration skills may facilitate the development of object segregation in early infancy. *Journal of Cognition and Development, 1,* 131–156.

Needham, A. & Baillargeon, R. (1997). Object segregation in 8-month-old infants. *Cognition, 62,* 121–149.

Neisser, U. (1987). *Concepts and conceptual development: Ecological and intellectual factors in categorisation.* Cambridge: Cambridge University Press.

New Zealand Ministry of Education. (2001). *Design and grafics in technology: A resource for teachers of years 1–8.* Wellington: Learning Media.

Newell, A. & Simon, H. A. (1972). *Human problem solving.* Englewood Cliffs, NJ: Prentice Hall.

Newton, D. (2005). *Teaching design and technology 3–11.* London: Paul Chapman.

Niesel, R. (2008a). Feigenblatt oder Wegweiser? Geschlechtsbewusste Pädagogik in Bildungsplänen. *Theorie und Praxis der Sozialpädagogik, 2,* 32–37.

Niesel, R. (2008b). Kinder sind niemals geschlechtsneutral. Die Kita als Erfahrungsraum des sozialen Geschlechts. *Theorie und Praxis der Sozialpädagogik, 2,* 12–14.

Nutbrown, C. (2004). Kinderrechte: Ein Grundstein frühpädagogischer Curricula. In W. E. Fthenakis & P. Oberhuemer, *Frühpädagogik International* (S. 117–127). Wiesbaden: Verlag für Sozialwissenschaften.

Oerter, R. & Dreher, M. (2002). Entwicklung des Problemlösens. In R. Oerter & L. Montada (Hrsg.), *Entwicklungspsychologie* (S. 469–494). Weinheim: Beltz.

Olsho, L. W., Koch, E. G., Halpin, C. F. & Carter, E. A. (1987). An observer based psychoacoustic procedure for use with young infants. *Developmental Psychology, 23,* 627–640.

Penfold, J. (1988). *Craft, design and technology: Past, present and future.* Stoke-on-Trent: Trentham Books.

Phillips, D., McCartney, K. & Scarr, S. (1987). Child care quality and children's social development. *Developmental Psychology, 23,* 537–543.

Popper, K. (2002). *Alles Leben ist Problemlösen.* München: Piper.

Pramling Samuelsson, I. & Carlsson, M. A. (2007). *Spielend lernen. Stärkung lernmethodischer Kompetenzen.* Troisdorf: Bildungsverlag Eins.

Preissing, C. (2003). Die Vielfalt wertschätzen – Vorurteilsbewusste Bildung und Erziehung im Kindergarten. In S. Weber (Hrsg.), *Die Bildungsbereiche im Kindergarten* (S. 87–105). Freiburg: Herder.

Rohrmann, T. (2005). Warum ich mir mehr Männer im Kindergarten wünsche. Ein Plädoyer für „Männliches" in der Kita-Arbeit. *Theorie und Praxis der Sozialpädagogik, 2,* S. 26–27.

Rübel, D. & Holzwarth-Reather, U. (2003). *Technik bei uns zu Hause.* Ravensburg: Ravensburger Buchverlag.

Rubenstein, J. & Howes, C. (1983). Social-emotional development to toddlers in day care: The role of peers and individual difference. In S. Kilmer (Hrsg.), *Advances in early education and day care* (S. 13–45). Greenwich: JAI Press.

Ruble, D. N. & Martin, C. L. (1998). Gender development. In W. Damon & N. Eisenberg (Hrsg.), *Handbook of child psychology, Vol.3: Personality and social development* (5. Aufl., S. 933–1016). New York: Wiley.

Schäfer, G. E. (2001). Frühkindliche Bildung. *Klein & groß, 9*, S. 6–11.

Schwarzer, C. & Posse, N. (1986). Beratung. In B. Weidenmann & A. Krapp (Hrsg.), *Pädagogische Psychologie: ein Lehrbuch* (S. 633–666). München: PVU, Urban & Schwarzenberg.

Siegler, R. S. (2001). *Das Denken von Kindern.* München: Oldenbourg.

Siraj-Blatchford, J. & MacLeod-Brudenell, I. (1999). *Supporting science, design and technology in the early years.* Buckingham: Open University Press.

Smith, A. B. (2004). Vielfalt statt Standardisierung: Curriculumentwicklung in Neuseeland in theoretischer und praktischer Perspektive. In W. E. Fthenakis & P. Oberhuemer (Hrsg.), *Frühpädagogik international. Bildungsqualität im Blickpunkt* (S. 71–87). Wiesbaden: Verlag für Sozialwissenschaften.

Sodian, B. (1998). Entwicklung bereichsspezifischen Wissens. In R. Oerter & L. Montada (Hrsg.), *Entwicklungspsychologie* (S. 622–653). Weinheim: PVU.

Sodian, B. (2002). Entwicklung begrifflichen Wissens. In R. Oerter & L. Montada (Hrsg.), *Entwicklungspsychologie* (S. 443–468). Weinheim: PVU.

Sodian, B. (2005). Entwicklung des Denkens im Alter von vier bis acht Jahren – Was entwickelt sich? In T. Guldimann & B. Hauser (Hrsg.), *Bildung 4- bis 8-jähriger Kinder* (S. 9–28). Münster: Waxmann.

Sodian, B. (2007). Entwicklung des Denkens. In M. Hasselhorn & W. Schneider (Hrsg.), *Handbuch der Entwicklungspsychologie* (S. 244–254). Göttingen: Hogrefe.

Sodian, B. (2008). Entwicklung des Denkens. In R. Oerter & L. Montada (Hrsg.), *Entwicklungspsychologie* (6., vollst. überarb. Aufl., S. 463–479). Weinheim: Beltz PVU.

Spelke, E. S. (1990). Principles of object perception. *Cognitive Science, 14*, 29–56.

Spelke, E. S., Breinlinger, K., Macomber, J. & Jacobson, K. (1992). Origins of knowledge. *Psychological Review, 99*, 605–633.

Spiegel, H. & Selter, C. (2004). *Kinder & Mathematik: Was Erwachsene wissen sollten.* Seelze-Velber: Kallmeyer.

Stamer-Brandt, P. (2007). Wo Kinder zu Experten werden. *Welt des Kindes, 4*, 8–11.

Stenger, U. (2001). Grundlagen der Reggiopädagogik: Das Bild vom Kind. *PÄD Forum, Sonderheft Reggio-Pädagogik, 3*, 181–186.

Stern, E. (2004). Entwicklung und Lernen im Kindesalter. In D. Diskowski & E. Hammes-Di Bernardo (Hrsg.), *Lernkulturen und Bildungsstandards: Kindergarten und Schule zwischen Vielfalt und Verbindlichkeit* (S. 37–47). Baltmannsweiler: Schneider.

Stewart, D. (1990). *The right to movement: Motor development in every school.* London: Falmer Press.

Stoltenberg, U. (2008). *Bildungspläne im Elementarbereich – ein Beitrag zur Bildung für eine nachhaltige Entwicklung?* Verfügbar unter http://www.bne-portal.de/coremedia/generator/unesco/de/Downloads/Arbeitsgruppen/AG_20Elementarbereich/Studie_20Prof._20Stoltenberg_20Universit_C3_A4t_20L_C3_BCneburg.pdf, Zugriff am 20.03.2008.

Stremmel, A. J. (1997). Diversity and the multicultural perspective. In C. H. Hart, D. C. Burts & R. Charlesworth (Hrsg.), *Integrated curriculum and developmentally appropriate practice: Birth to age eight* (S. 363–388). Albany: State University of New York Press.

Streri, A. (1987). Tactile discrimination of shape and intermodal transfer in 2- to 3-month-old infants. *British Journal of Developmental Psychology, 5*, 213–220.

Streri, A. (1993). *Seeing, reaching, touching: The relation between vision and touch in infancy.* New York: Harvester Wheatsheaf.

Sylva, K., Bruner, J. S. & Genova, P. (1976). The role of play in the problem-solving of children 3–5 years old. In J. S. Bruner, A. Jolly & K. Sylva (Hrsg.), *Play: Its role in development and evolution.* Harmondsworth: Penguin.

Sylva, K., Melhuish, E., Sammons, P., Siraj-Blatchford, I., Taggart, B. & Elliot, K. (2004). The effective provision of pre-school education project – Zu den Auswirkungen vorschulischer Einrichtungen in England. In G. Faust, M. Götz, H. Hacker & H.-G. Rossbach (Hrsg.), *Anschlussfähige Bildungsprozesse im Elementar- und Primarbereich* (S. 154–167). Bad Heilbrunn: Verlag Julius Klinkhardt.

Technischer Jugendfreizeit- und Bildungsverein. (2006). Spielend die Welt der Physik erforschen. *Kontexis, 18*, 12–13.

Textor, M. R. (1999). *Projektarbeit in Kindertageseinrichtungen: theoretische und praktische Grundlagen.* Verfügbar unter http://www.kindergartenpaedagogik.de/14.html, Zugriff am 04.09.2007.

Textor, M. R. (2005). *Projektarbeit im Kindergarten: Planung, Durchführung, Nachbereitung.* Norderstedt: Books on Demand.

Todt, E. (2000). Geschlechtsspezifische Interessen – Entwicklung und Möglichkeiten der Modifikation. *Empirische Pädagogik, 14*, 215–254.

van Kuyk, J. J. (2003). *Pyramide – die Methode für junge Kinder.* Arnheim: Cito.

Veidt, A. (1997). *Ganzheitlichkeit – eine pädagogische Fiktion? Zur Polarität von Element und Ganzheit bei Johann Heinrich Pestalozzi.* Wuppertal: Deimling.

Vosniadou, S. (1991). Conceptual development in astronomy. In S. M. Glynn, R. H. Yeany & B. K. Britton (Hrsg.), *The psychology of learning science* (S. 149–178). Hillsdale, NJ: Lawrence Erlbaum Associates.

Walter, M. (2005). *Jungen sind anders, Mädchen auch. Den Blick schärfen für eine geschlechtergerechte Erziehung.* München: Kösel.

Wang, S. & Baillargeon, R. (2003). *Reasoning about weight information in collision events in 10-month-old infants.* Unpublished manuscript.

Warneken, F. & Tomasello, M. (2006). Altruistic helping in human infants and young chimpanzees. *Science, 311*, 1301–1303.

Wellman, H. M. (1988). The early development of memory strategies. In P. Weinert & M. Perlmutter (Hrsg.), *Memory development: Universal changes and individual differences* (S. 3–29). Hillsdale, NJ: Lawrence Erlbaum Associates.

Wellman, H. M. & Gelman, S. A. (1998). Knowledge acquisition in foundational domains. In D. Kuhn & R. S. Siegler (Hrsg.), *Handbook of child psychology, Vol.2: Cognition, perception, and language* (S. 523–573). New York: Wiley.

Whitebook, M., Howes, C. & Phillips, D. A. (1990). *Who cares? Child care teachers and the quality of care in America. Final report of the National Child Care Staffing Study.* Oakland, California: Child Care Employee Project.

Wilkening, F. (1981). Integrating velocity, time, and distance information: A developmental study. *Cognitive Psychology, 13,* 231–247.

Wilkening, F., Huber, S. & Cacchione, T. (2006). Intuitive Physik im Kindesalter. In N. Birbaumer, D. Frey, J. Kuhl, W. Schneider & B. Sodian (Hrsg.), *Enzyklopädie der Psychologie. Band 2: Kognitive Entwicklung* (S. 823–859). Göttingen: Hogrefe.

Wilkening, F. & Krist, H. (2002). Entwicklung der Wahrnehmung und Psychomotorik. In R. Oerter & L. Montada (Hrsg.), *Entwicklungspsychologie* (S. 395–417). Weinheim: Beltz.

Willatts, P., Domminney, C. & Rosie, K. (1989). *How two-year-olds use forward-search strategy to solve problems.* Paper presented at the Biennial Meeting of the Society for Research in Child Development, Kansas City, MO.

Wustmann, C. (2003). Was Kinder stärkt. Ergebnisse der Resilienzforschung und ihre Bedeutung für die Praxis. In W. E. Fthenakis (Hrsg.), *Elementarpädagogik nach PISA. Wie aus Kindertagesstätten Bildungseinrichtungen werden können* (5. Aufl., S. 106–135). Freiburg: Herder.

Wustmann, C. (2007). Resilienz. In Bundesministerium für Bildung und Forschung (Hrsg.), *Auf den Anfang kommt es an: Perspektiven für eine Neuorientierung frühkindlicher Bildung; Bildungsforschung Band 16* (Unveränd. Nachdr. Aufl., S. 119–190). Bonn: BMBF.

Zitzlsperger, H. (1989). *Ganzheitliches Lernen. Welterschließung über alle Sinne mit Beispielen aus dem Elementarbereich.* Weinheim: Beltz.

9.2　德国各联邦州的教育大纲

Baden-Württemberg
Ministerium für Kultus, Jugend und Sport Baden-Württemberg. (2006). *Orientierungsplan für Bildung und Erziehung für die baden-württembergischen Kindergärten: Pilotphase.* Weinheim: Beltz.

Bayern
Bayerisches Staatsministerium für Arbeit und Sozialordnung, Familie und Frauen (Hrsg.). (2007). *Der Bayerische Bildungs- und Erziehungsplan für Kinder in Tageseinrichtungen bis zur Einschulung* (2. Aufl.). Düsseldorf: Cornelsen Verlag Scriptor.

Berlin
Berlin. Senatsverwaltung für Bildung Jugend und Sport (Hrsg.). (2004). *Berliner Bildungsprogramm für die Bildung, Erziehung und Betreuung von Kindern in Tageseinrichtungen bis zu ihrem Schuleintritt.* Berlin: Verlag das netz.

Brandenburg
Brandenburg. Ministerium für Bildung, Jugend und Sport. (2004). *Grundsätze elementarer Bildung in Einrichtungen der Kindertagesbetreuung im Land Brandenburg.* (1. Aufl.). Potsdam: MBJS.

Bremen

Senator für Arbeit, Frauen, Gesundheit, Jugend und Soziales. Bremen. (2004). *Rahmenplan für Bildung und Erziehung im Elementarbereich.* Bremen.

Hamburg

Hamburg. Behörde für Soziales und Familie (Hrsg.). (2005). *Hamburger Bildungsempfehlungen für die Bildung und Erziehung von Kindern in Tageseinrichtungen.* Hamburg: Lütcke & Wulff.

Hessen

Hessisches Sozialministerium & Hessisches Kultusministerium (Hrsg.). (2007). *Bildung von Anfang an. Bildungs- und Erziehungsplan für Kinder von 0 bis 10 Jahren in Hessen.* Paderborn: Bonifatius.

Mecklenburg-Vorpommern

Mecklenburg-Vorpommern. Sozialministerium. (2004). *Rahmenplan für die zielgerichtete Vorbereitung von Kindern in Kindertageseinrichtungen auf die Schule: in der Fassung vom 1. August 2004.* Schwerin.

Niedersachsen

Niedersächsisches Kultusministerium. (2005). *Orientierungsplan für Bildung und Erziehung im Elementarbereich niedersächsischer Tageseinrichtungen für Kinder.* Hannover: Niedersächsisches Kultusministerium.

Nordrhein-Westfalen

Nordrhein-Westfalen. Ministerium für Schule, Jugend und Kinder. (2003). *Bildungsvereinbarung NRW: Fundament stärken und erfolgreich starten.* Düsseldorf: MSJK.

Rheinland-Pfalz

Rheinland-Pfalz. Ministerium für Bildung, Frauen und Jugend. (2004). *Bildungs- und Erziehungsempfehlungen für Kindertagesstätten in Rheinland-Pfalz.* Weinheim: Beltz.

Saarland

Saarländisches Ministerium für Bildung, Kultur und Wissenschaft. (2006). *Bildungsprogramm für saarländische Kindergärten.* Weimar: Verlag das netz.

Saarländisches Ministerium für Bildung, Kultur und Wissenschaft (Hrsg.). (2004). *Bildungsprogramm für saarländische Kindergärten: Handreichungen für die Praxis.* Saarbrücken: Ministerium für Bildung, Kultur und Wissenschaft, Saarland.

Sachsen

Sächsisches Staatsministerium für Soziales (Hrsg.). (2006). *Der sächsische Bildungsplan – ein Leitfaden für pädagogische Fachkräfte in Kinderkrippen und Kindergärten.* Weimar: verlag das netz.

Sachsen-Anhalt

Institut für Pädagogik. Projektgruppe Bildung: Elementar (2004). *Bildung als Programm für Kindertageseinrichtungen in Sachsen-Anhalt.* Halle (Saale): Projektgruppe Bildung: Elementar, Martin-Luther-Universität Halle-Wittenberg, Fachbereich Erziehungswissenschaften, Institut für Pädagogik.

Schleswig-Holstein

Ministerium für Bildung, Wissenschaft, Forschung und Kultur. Schleswig-Holstein (Hrsg.). (2004). *Erfolgreich starten: Leitlinien zum Bildungsauftrag von Kindertageseinrichtungen.* Kiel.

Thüringen

Thüringer Kultusministerium. (2006). *Thüringer Bildungsplan für Kinder bis 10 Jahre: Arbeitsfassung vom 11.08.2006.* Erfurt.

9.3　德国教育网站

WWW.bildungsserver.de

此教育网站是德国教育信息的指南性网站，它汇总了各网站的信息和来源。作为元服务器，主要涵盖了德国教育系统的信息，如联邦和州政府、欧盟、大学、学校、州立研究所、非大学的研究所和服务机构、科学学会、图书馆、文献中心、博物馆等。

例如，在技术教育领域，此教育网站可以为幼儿园的技术领域的项目提供有趣的参考信息。

- 在幼儿园里进行实验

  http://www.bildungsserver.de/zeigen.html?seite=2570

- 幼儿园里的自然科学及技术领域项目

  http://www.bildungsserver.de/zeigen.html?seite=2641

- 对环境教育的实际帮助

  http://www.bildungsserver.de/zeigen.html?seite=2574